Manuel Quarta | Stefan Gericke

BESSERE FOTOS MIT DER SONY RX 10

RX 10 III / RX 10 IV

Schritt für Schritt zu faszinierenden Bild- und Videoergebnissen

ständlich
rklärt –
t vielen
praktischen
Beispielen

humboldt

INHALT

VORWORT

Liebe Leserin, lieber Leser,

willkommen zu diesem Kamera-Ratgeber und kreativen Foto-Lernbuch! Schön, dass du deine Sony RX10 besser kennenlernen möchtest. Wahrscheinlich hast du schon bemerkt, dass deine Kamera ganz schön viele Tasten, Rädchen und Menüfunktionen hat. Wir möchten dir durch diesen Dschungel an Möglichkeiten hindurchhelfen, damit du dich auf das Wesentliche konzentrieren kannst, nämlich mit Spaß zu fotografieren. Dafür haben wir einen umfangreichen Theorieteil zusammengestellt.

Damit du dich in den umfangreichen Menüs deiner Kamera schnell zurechtfindest, gibt es eine komplette Übersicht mit allen Menüpunkten. Einfach, verständlich und ausführlich erklärt, damit du deine Sony-Kamera von A bis Z kennenlernst. Und damit du all das Gelernte auch gleich praktisch umsetzen kannst und ganz leicht zu spannenden Fotos kommst, verknüpfen wir diese Funktionen im Praxisteil am Ende dieses Buches mit echten Fotosituationen, Inspirationen und leicht nachvollziehbaren Schritt-für-Schritt-Anleitungen. So kannst du die für dich wichtigsten Punkte schnell finden und bei deinem nächsten Fotoabenteuer gleich umsetzen.

Dieses Buch ist also vollgepackt mit der ganzen Power, die es für herausragende Fotos braucht: technisches Wissen, um alles aus deiner Sony RX10 herauszuholen, und viele kreative Tipps, Tricks und Anleitungen, um deine eigenen besonderen Bilder zu erschaffen.

Die RX10-Reihe ist mit der dritten und vierten Generation, den Modellen RX10 III und RX10 IV, zu einem Standard unter den vollausgestatteten Reise- und Superzoom-Kameras geworden. Um nur ein Beispiel zu nennen: Der Autofokus-Algorithmus der RX10 IV ist aus dem professionellen Vollformatsystem der Sony α9 entnommen. Dazu gehört natürlich auch der Augen-Autofokus für Menschen und Tiere. Aber es gibt noch viele weitere Features, die deine Fotografie und Videofilme leichter, schneller und effektiver machen. Ob dich Tier- und Landschaftsfotografie, actiongeladene Sportfotografie, ausdruckstarke Porträts oder Makro- und Nahaufnahmen interessieren, deine Sony RX10 macht all deine Abenteuer mit.

Schick uns deine Fotos oder Fragen: Unter www.fototrainer.com findest du unseren E-Mail-Kontakt. Wir freuen uns auf dein Feedback!

Ganz viel Spaß mit diesem Buch wünschen dir

Manuel Quarta

Stefan Gericke

DIE SONY RX10 III UND IV IM ÜBERBLICK

Die Sony RX10-Reihe gibt es seit 2013. Vor allem die letzten beiden Generationen III und IV haben dieser Kameraklasse einen großen Schub nach vorne gegeben. Damit sind diese Modelle mit ihrem großen Zoombereich ernst zu nehmende Alternativen zu Systemkameras mit Wechselobjektiven. Welche der beiden RX10 was kann, erfährst du hier.

Die Modelle III und IV im Vergleich

Die beiden letzten RX10-Modelle liegen von ihrer Funktion und Bedienung sehr nah beieinander; selbst äußerlich sind sie sehr schwer voneinander zu unterscheiden. Der Autofokus mit seinen hilfreichen Funktionen wie der Augen-Erkennung und die AF-Verfolgung machen scharfe Fotos in jeder Situation ganz einfach, aber auch die Geschwindigkeit der Kameras und ihre Ausstattung zum Videofilmen wurden immer weiter verbessert. Durch den viermal größeren Sensor gegenüber Kompaktkameras oder Smartphones ist die Foto- und Videoqualität bei beiden Kameras in alltäglichen Situationen gleich. In sehr actionreichen Szenen ist die RX10 IV etwas im Vorteil.

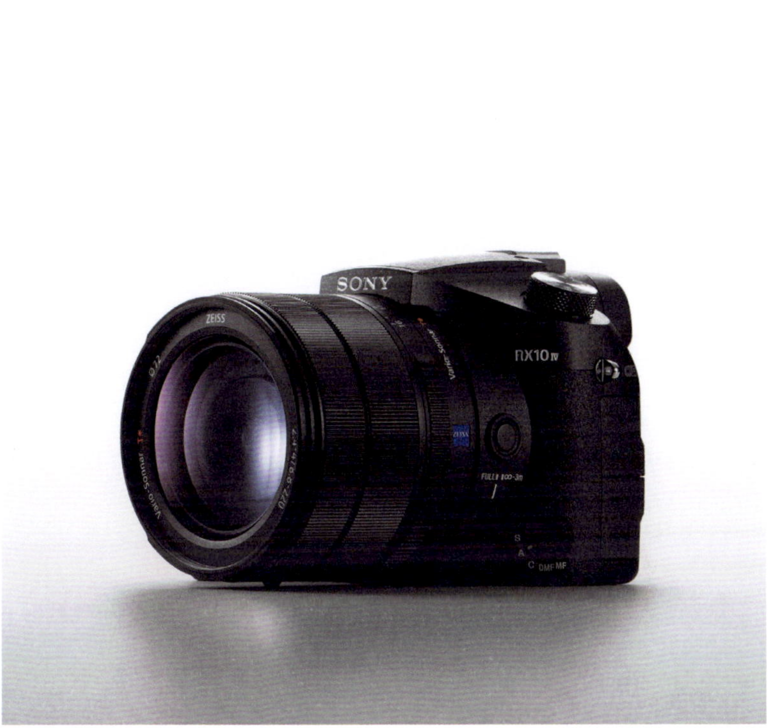

Die RX10 IV und RX10 III unterscheiden sich äußerlich kaum

Im Praxisteil dieses Buches wirst du Fotos sehen, die mit beiden Generationen gemacht wurden. Du siehst also, beide Versionen sind sehr leistungsfähig. Funktionen wie die 24-Bilder/s-Serienbildgeschwindigkeit oder der Touchscreen machen es lediglich einfacher, zu einem tollen Bild zu kommen.

Was unterscheidet nun beide Modelle? Ein Beispiel: Den Augen-Autofokus kann Generation III nur im AF-S-Fokusmodus, das heißt, er funktioniert eher für statische Porträts, während die Generation IV diesen auch kontinuierlich im AF-C nachführen kann, wodurch sich dynamischere Porträts leichter umsetzen lassen. Sogar auf einen Tieraugen-Autofokus muss bei der Generation IV nicht mehr verzichtet werden. Die Serienbildgeschwindigkeit ist seit der dritten Generation immer weiter gestiegen: Die RX10 III schafft 14 Bilder, die RX10 IV durch eine veränderte Bauweise des Sensors 24 Bilder pro

Sekunde. Bisher gibt es nur die Sony α1 mit 30 Bildern pro Sekunde, die besser performt. Somit ist die RX10 IV ein echter Geheimtipp für eindrucksvolle Actionfotos.

Der interne Bildstabilisator im Kameragehäuse ist bei beiden Generationen gleichwertig. Wer vom Smartphone kommt oder gern untersichtig arbeitet, wird den Touchscreen der RX10 IV lieben, um den Fokus, also den Schärfepunkt zu setzen. Bei den Fokusfunktionen finden sich auch die meisten Unterschiede. Durch die geänderte Sensorbauweise ist die Art der Fokussierung vom präzisen Kontrast-Autofokus um den schnellen Phasen-Autofokus erweitert worden, was die RX10 IV beim Scharfstellen klar in den Vorteil setzt. Sie ist mit dieser Technologie so schnell wie eine hochwertige spiegellose Sony α6600 und nah an der α9. Die Geschwindigkeitssteigerung betrifft sowohl den Foto- als auch den Videomodus und macht hier besonders Spaß.

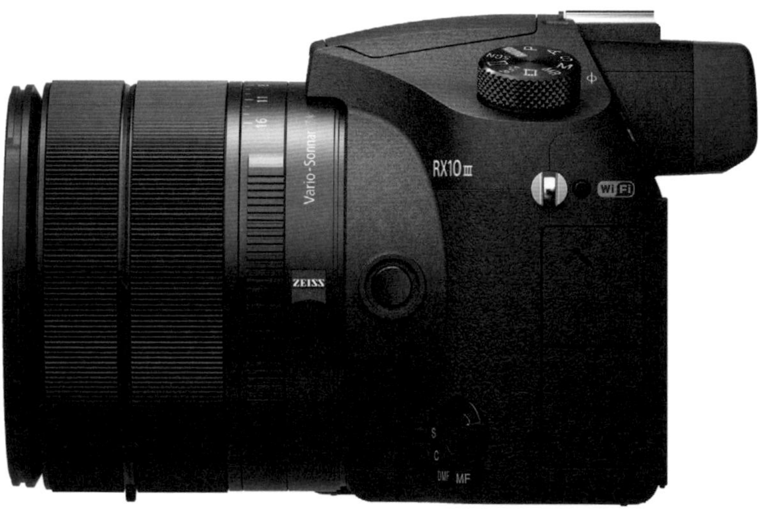

Die rechte Seite der RX10 III ...

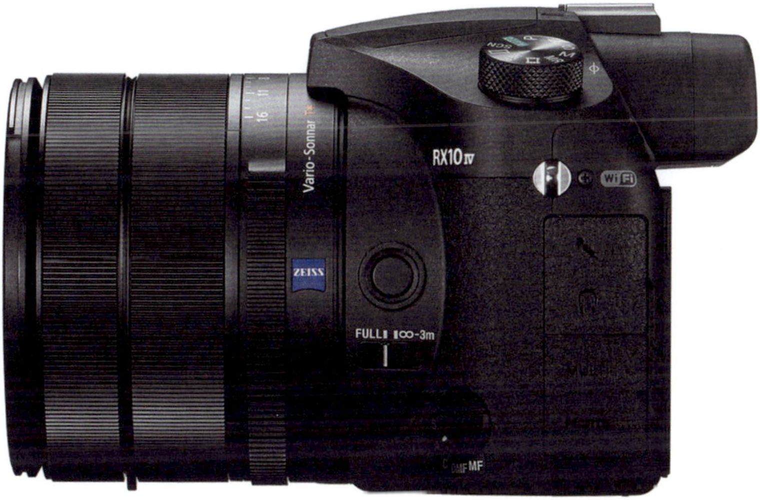

... und die der RX10 IV: Den Fokuslimitschalter „Full/∞–3m" gibt es nur bei der Mark IV; er ist relevant für die Geschwindigkeit.

Äußerlich gibt es tatsächlich einen Unterschied: Den Fokuslimitschalter bei der RX10 IV. Wenn du den Fokussierbereich auf alles über drei Meter begrenzt, kann die Kamera den Nahbereich darunter nicht scharfstellen. Der Nahbereich ist für das Objektiv ein langer Weg, der zurückgelegt werden muss, das heißt, es kostet Zeit, wenn die Kamera versucht, den Nahbereich unter drei Metern scharfzustellen. Wenn du ohnehin nur Objekte fotografierst, die weiter als drei Meter entfernt sind, lohnt sich diese Einstellung.

Auf der nächsten Doppelseite folgt eine tabellarische Übersicht über die Features der verschiedenen Modelle.

Technische Daten der RX10 III und RX10 IV

	RX 10 IV	RX10 III
Anzahl der Pixel (effektiv)	ca. 20,1 Megapixel	ca. 20,1 Megapixel
Sensortyp	Exmor RS CMOS 1" 13,2 x 8,8 mm	Exmor R CMOS 1" 13,2 x 8,8 mm
Bildprofil	ja (S-Log2, S-Log3, HLG, HLG1–3)	ja (S-Log2, S-Log3)
unkomprimiertes RAW	ja	ja
Aufnahmeformat	4K/FullHD XAVC S, FullHD AVCHD, MP4	4K/FullHD XAVC S, FullHD AVCHD, MP4
Zeitlupe und Zeitraffer	ja (1–1000 fps)	ja (1–1000 fps)
Speicherkarten	SDXC UHS-I/Memory-Stick PRO Duo	SDXC UHS-I/Memory-Stick PRO Duo
Messfeld	315/25 AF-Punkte Phase/Kontrast	25 AF-Punkte Kontrast
Augen-Autofokus	Foto: Mensch/Tier in AF-S und AF-C	Foto: Mensch, nur in AF-S
Belichtungsreihe	3 Bilder bis 3 EV/ 5 Bilder bis 3 EV/ 9 Bilder bis 1 EV	3 Bilder bis 3 EV/ 5 Bilder bis 3 EV/ 9 Bilder bis 1 EV
ISO-Empfindlichkeit	ISO 64–12800	ISO 64–12800
Suchertyp	OLED, 100 % Abdeckung, 0,70 Vergrößerung	OLED, 100 % Abdeckung, 0,70 Vergrößerung

	RX 10 IV	RX10 III
Anzahl der Bildpunkte	2.359.296	2.359.296
Klappmonitor	7,5 cm (3 Zoll) großes TFT, 0,9 Mio Pixel (107–41 Grad neigbar)	7,5 cm (3 Zoll) großes TFT, 1,2 Mio Pixel (107–41 Grad neigbar)
Touchscreen	ja	nein
geräuschlose Aufnahme	ja	ja
Bildstabilisator	ja	ja
Serienbilder	24 Bilder pro Sekunde	14 Bilder pro Sekunde
Bluetooth/Wi-Fi	ja, Standard-Version 4.1/ja, bis n-Standard (2,4 GHz)	nein/ja, bis n-Standard (2,4 GHz)
Mikrofon-/Kopfhörer-anschluss 3,5-Klinke	ja/ja	ja/ja
Akkulaufzeit	ca. 370 Aufnahmen (Sucher)/ca. 400 Aufnahmen (LC-Display) (CIPA-Standard)	ca. 370 Aufnahmen (Sucher)/ca. 400 Aufnahmen (LC-Display) (CIPA-Standard)
Stromversorgung über USB	ja (verfügbar mit Multi-/Micro-USB)	ja (verfügbar mit Multi-/Micro-USB)
Gewicht (inklusive Akku und Speicherkarte)	ca. 1095 g	ca. 1095 g

Die wichtigsten Bedienelemente

Damit du möglichst schnell mit dem Fotografieren beginnen kannst, wollen wir uns die Tasten, Schalter und Regler, die du auf den folgenden Abbildungen siehst, mit ihren Funktionen genauer betrachten. Die wichtigsten Bedienelemente sind dir vielleicht schon vertraut, aber jetzt machen wir einen vollständigen „Rundgang“, damit du und deine Kamera schnell zu einem eingespielten Team werden.

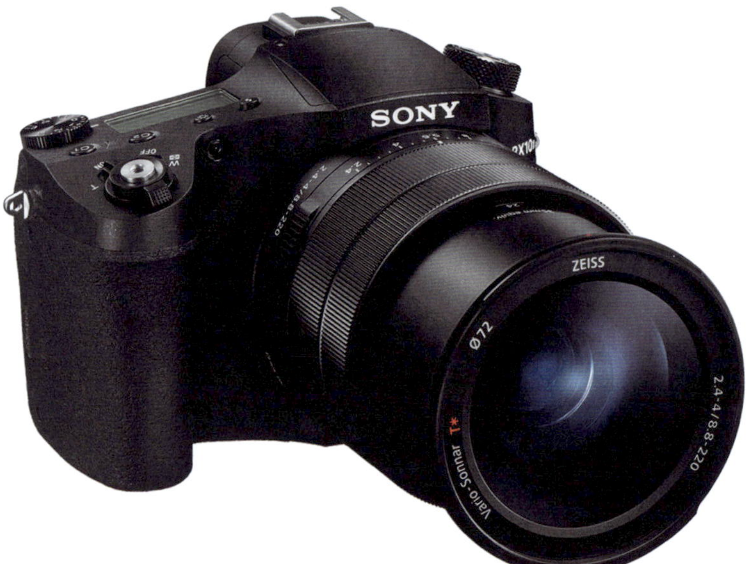

Ansicht der RX10 IV von schräg vorne gesehen

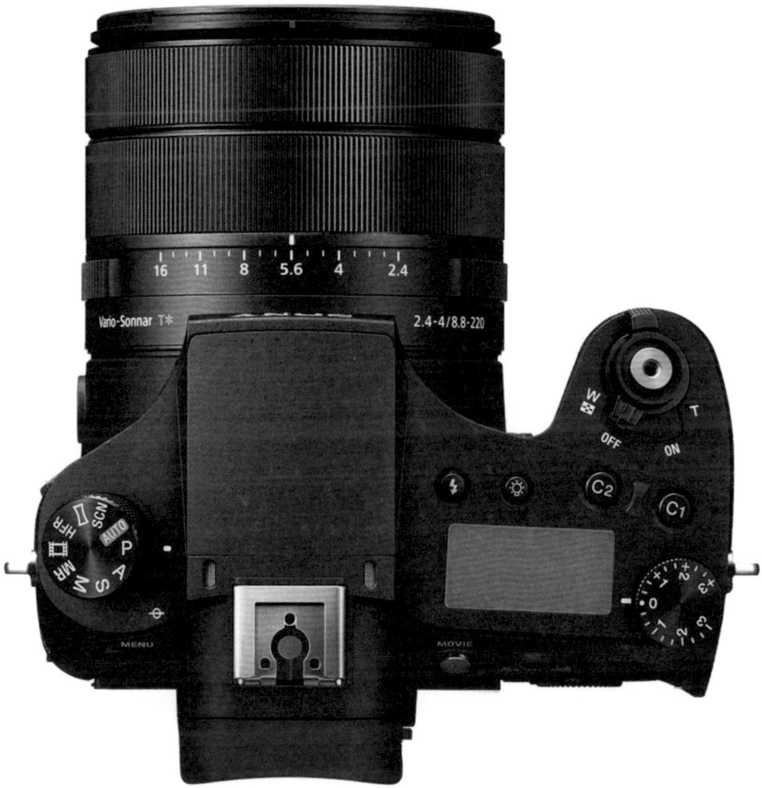

Die RX10 IV von oben gesehen: Hier findest du auf der rechten Seite den Ein-/Aus-Schalter, den Auslöser, den Zoomhebel und noch weitere Tasten. Links befindet sich das Moduswahlrad.

Der Auslöser

Mit dem Auslöser machst du deine Bilder, so weit alles klar. Der Auslöser kann aber noch mehr, er hat nämlich auch die Funktion der Schärfe- und Belichtungsspeicherung. Diese Taste ist funktionell besonders: Sie hat zwei Stufen, sogenannte Druckpunkte. Wenn du den Auslöser halb drückst, siehst du ein grünes Symbol links unten im Monitor, und auch die Fokuspunkte auf deinem Monitor oder im Sucher werden grün angezeigt. Wenn du den Auslöser ganz durchdrückst, löst du aus, machst also das Foto. Dein Monitor zeigt dir nun das Bild an. Wenn du den Auslöser wieder halb drückst, siehst du wieder dein Live-Bild.

In deinem Auslöser siehst du ein Gewinde: Hier kannst du einen sogenannten Drahtauslöser verwenden, um z. B. Langzeitbelichtungen zu machen.

AUSLÖSER-EXTRAS

Der Auslöser hat noch mehr zu bieten. Er ist die einfachste und eleganteste Art, aus dem Menü oder der Bildwiedergabe zurück in den Fotomodus zu kommen. Du kannst also immer blitzschnell fotografieren, auch wenn du gerade tief in irgendeiner Menüansicht bist. Außerdem hältst du die Kamera mit sanftem Antippen des Auslösers wach, damit sie bei Schnappschüssen sofort bereit ist.

Diese Taste kann sogar als Start- und Stoppschalter für die Videoaufnahme konfiguriert werden – für Vielfilmer eine sehr praktische Einstellung. Wie du diese Funktion („Film mit Verschluss") aktivieren kannst, findest du im Abschnitt „Einstellungen2/Film 4" im Kapitel „Das Menü der Sony RX10".

Das Moduswahlrad

Mit diesem Rad auf der linken Seite wählst du deine Belichtungsprogramme, schaltest in die Videoaufnahme, wählst aus Szeneprogrammen das gewünschte aus oder rufst benutzerdefinierte Einstellungen ab. Die sRX10 IV bietet mit HFR („High Frame Rate") auch einen Schnellzugriff für Zeitlupen- und Zeitraffervideos mit bis zu 1 000 Bildern pro Sekunde.

Das Belichtungskorrekturrad

Mit diesem praktischen Rad, das bei Sony sonderbarerweise „Knopf" heißt, kannst du die Helligkeit deiner Fotos vor der Aufnahme beeinflussen. Besser nimmst du deine Fotos gleich in der richtigen Helligkeit auf, anstatt sie nachträglich am Computer zu verändern. Du kannst mit dem Rad Werte von bis zu +3 EV (Lichtwerten) und –3 EV einstellen, ein sehr breiter Bereich. In der Automatik und den Szeneprogrammen hat die Belichtungskorrektur keine Auswirkung – allein das ist ein Grund, lieber die Modi P, A, S oder M zu nutzen, um mehr Gestaltungsspielraum zu haben.

C1 und C2

Diese Tasten gehören zu den benutzerdefinierten Tasten, sie lassen sich also mit verschiedenen Funktionen belegen. Mehr dazu im Abschnitt „Schärfe II: Fokusmodi".

Anzeigefeldbeleuchtung

Um die Anzeigen auf dem Display auch im Dunkeln ablesen zu können, musst du nur diese Taste drücken. Erneutes Drücken lässt die Beleuchtung erlöschen.

Blitzauslösetaste

Mit ihr klappst du den eingebauten Blitz aus. Wenn du ihn nicht mehr brauchst, drückst du den Blitz einfach wieder nach unten.

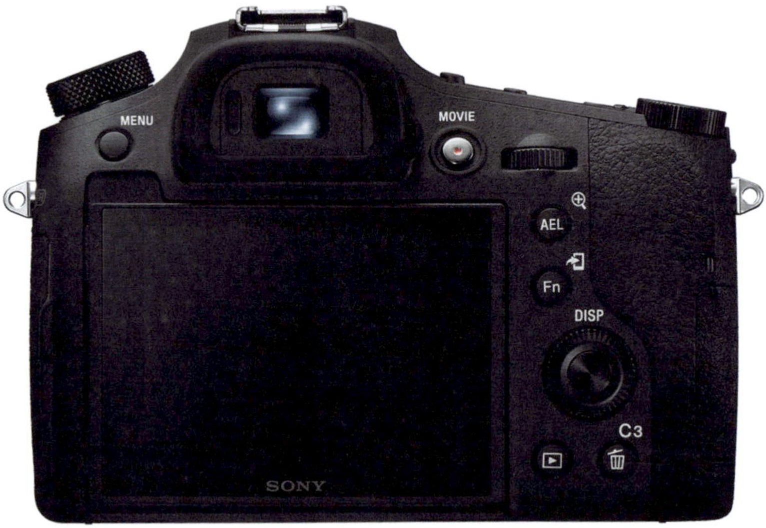

Die Rückseite deiner Kamera hat eine Menge zu bieten

Der Drehregler

Hiermit verstellst du deine Verschlusszeiten. Du kannst ihn auch benutzen, um im Fn-Menü Einstellungen wie z. B. das Fokusfeld oder die ISO-Werte zu ändern.

Die Menü-Taste

Auf der Rückseite findest du die Menü-Taste. Die Inhalte des Menüs erklären wir ausführlich im Kapitel „Das Menü der Sony RX10 III und IV“.

AEL-Taste/Lupentaste

Mit dieser Taste vergrößerst du in der Wiedergabe mit einem Tastendruck ins Bild, um die Schärfe zu beurteilen. Im Aufnahmemodus hast du auf dieser Taste die Belichtungsspeicherung, abgekürzt mit AEL („Automatic Exposure Lock"). Du kannst diese Taste auch mit anderen Funktionen belegen. Wie das geht, findest du im Kapitel „Die Tastenbelegung".

Movie-Taste

Mit dieser roten Taste startest du deine Videoaufnahme. Das funktioniert, wenn du den Videomodus (über das Moduswahlrad) gewählt hast, aber auch, wenn du in einem anderen Modus bist, z. B. P, A, S, M oder einem Szene- oder Automatikprogramm.

Die Fn-Taste

Diese Taste ruft das Fn-Menü auf. Wenn du gerade in der Wiedergabe von Fotos bist, verrät das Smartphone-Symbol neben der Taste, dass du damit Bilder und Videos an dein Smartphone oder Tablet schicken kannst. Dafür benötigst du die App „Imaging Edge Mobile". Die Fn-Taste kann für die Wiedergabe mit anderen Funktionen belegt werden.

TIPP AUS EIGENER ERFAHRUNG

Wenn du die Fn-Taste während der Wiedergabe aus Versehen gedrückt hast, betätige einfach den Auslöser halb, damit du schnell aus dem Menü zum Versenden von Bildern rauskommst. Alternativ kannst du sie auch mit einer anderen Funktion belegen.

Das Einstellrad

Auch durch Drehen des Einstellrads kannst du Parameter wie den ISO-Wert, den Weißabgleich oder anderes ändern. Das muss aber erst im Menü unter *BenutzerKey* konfiguriert werden. In der Wiedergabe kannst du beinahe stufenlos aus der sehr starken Vergrößerung, die du mit der AEL-Taste aktiviert hast, herauszoomen.

Das Einstellrad kann aber auch in vier Richtungen gedrückt werden. Welche Funktionen du auf diese Klicks legst, stellst du im Menü ein. Im Kapitel „Die Tastenbelegung“ zeigen wir dir, wie das geht und welche Funktionen hier sinnvoll sind.

Über dem Rad steht „DISP“. Hier kannst du verschiedene Ansichten für Monitor und Sucher aufrufen. Außerdem kannst du dieses Rad auch zum Verschieben des Fokusfelds benutzen.

Die Mitteltaste

Innerhalb des Einstellrads gibt es eine unbedruckte Taste. Mit ihr bestätigst du Menüänderungen, aktivierst während der Aufnahme das Verschieben des Fokusfelds, und während der Bildwiedergabe springst du zurück aus der vergrößerten Ansicht. Auch diese Taste kannst du mit individuellen Funktionen belegen.

Die Wiedergabetaste

Das Dreiecksymbol, das wie ein „Play“-Knopf aussieht, lässt dich deine gemachten Fotos und Videos ansehen. Um aus der Wiedergabeansicht wieder in den Aufnahmemodus zu kommen, kannst du sie entweder erneut drücken oder – eleganter – den Auslöser halb antippen. Die Wiedergabetaste lässt sich nicht mit anderen Funktionen belegen.

Die Löschen-Taste/C3

Das Mülleimersymbol steht für das Löschen von Fotos und Videos. Nach dem Drücken wirst du sicherheitshalber gefragt, ob du das Foto wirklich löschen möchtest. Wenn du mehrere Bilder löschen möchtest, kannst du dies auch über das Menü tun (siehe Abschnitt „Wiedergabe/Wiedergabe1“). Während des Fotografierens kann dir diese Taste als deine dritte benutzerdefinierte Taste auch mit einer selbst programmierten Funktion nützlich sein.

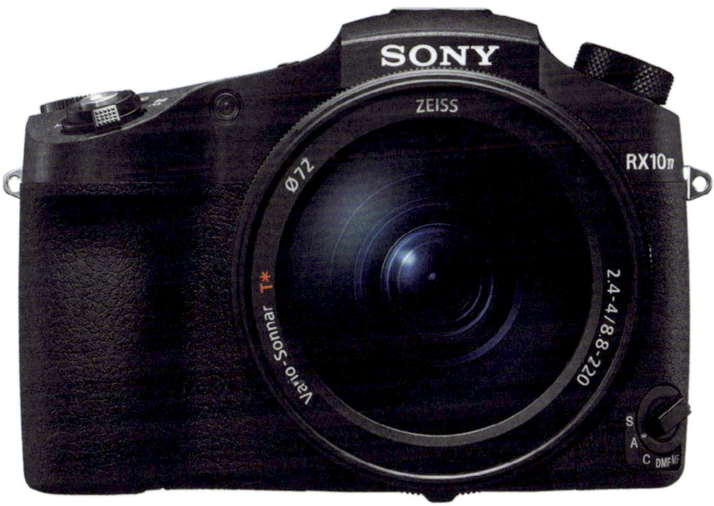

Die RX10 IV von vorn. Du siehst den Drehschalter für die Fokusmodi. Die kleine Lampe ist das Autofokus-Hilfslicht, das auch blinkt, wenn du den Selbstauslöser aktiviert hast.

Schalter für Fokusmodi

Besonders einfach durch ein eigenes Bedienelement lassen sich die Fokusmodi (AF-)S, (AF-)A, (AF-)C, DMF und der manuelle Fokus MF auswählen. Soviel Bedienfreundlichkeit bieten selbst Spiegelreflex- und Systemkameras selten. Alles über den Autofokus und manuellen Fokus erfährst du in den Abschnitten „Schärfe I: Fokusfelder" und „Schärfe II: Fokusmodi".

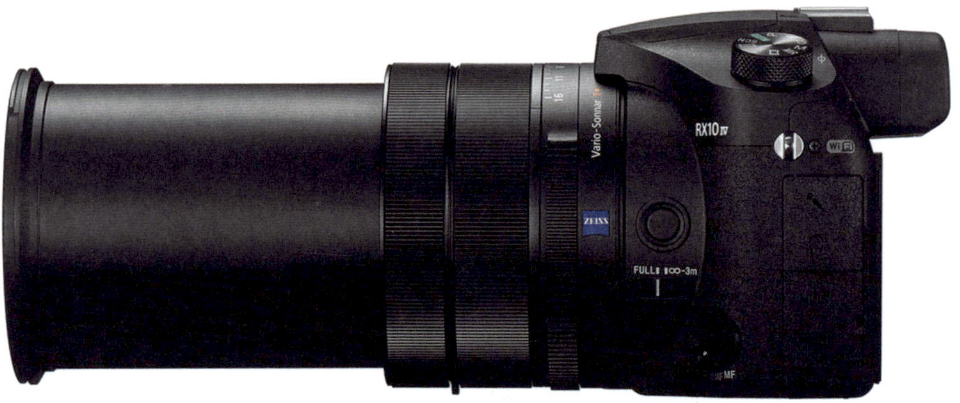

Am Objektiv der Sony RX10 IV findest du drei weitere Bedienelemente: den Blendenring, die Fokushaltetaste und den Fokuslimitschalter

Der Blendenring

Die Blendenwerte verstellst du ganz klassisch über diesen Ring. Er hat nur Auswirkungen in den Belichtungsprogrammen A und M.

Die Fokushaltetaste

Hier hast du noch eine weitere sehr gut erreichbare Taste, um eine riesengroße Auswahl an Funktionen einzustellen. Mehr dazu findest du im Abschnitt „Die Tastenbelegung“.

Der Fokuslimitschalter

Gerade wenn du im starken Telebereich, also mit einer Brennweite von 200 mm oder mehr fotografierst, kannst du mithilfe des „Fokussierbereich-Begrenzungsschalters“, wie ihn Sony nennt, mit der Einstellung „∞–3m“ den Fokusbereich zwischen der Unendlicheinstellung und drei Metern begrenzen. Damit verhinderst du z. B., dass bei Tier- oder Sportaufnahmen aus Versehen auf ein Objekt in der Nähe fokussiert wird. Aber Achtung, nicht vergessen, wieder auf „Full“ zu stellen, wenn du auch Dinge in der Nähe fotografieren willst.

Die Monitor- und Sucheransichten

Ob du gerne viele Einstellungen und Informationen oder lieber eine aufgeräumte Ansicht mit freiem Blick auf dein Motiv bevorzugst, kannst du für Monitor und Sucher selbst bestimmen. Die verschiedenen Ansichten rufst du mit Drücken der DISP-Taste auf dem Einstellrad auf.

Monitor

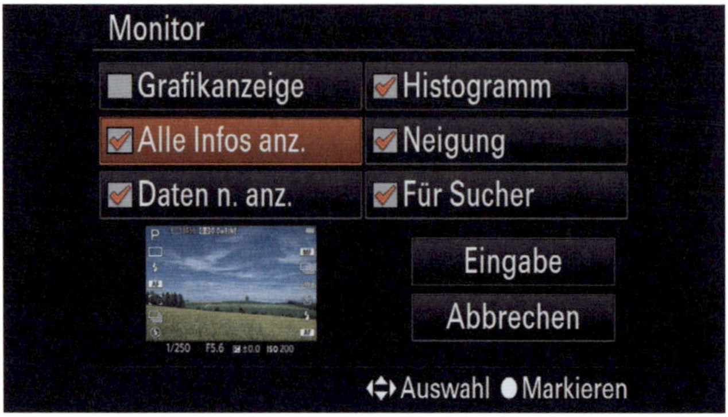

Alle Ansichtsoptionen in der Übersicht

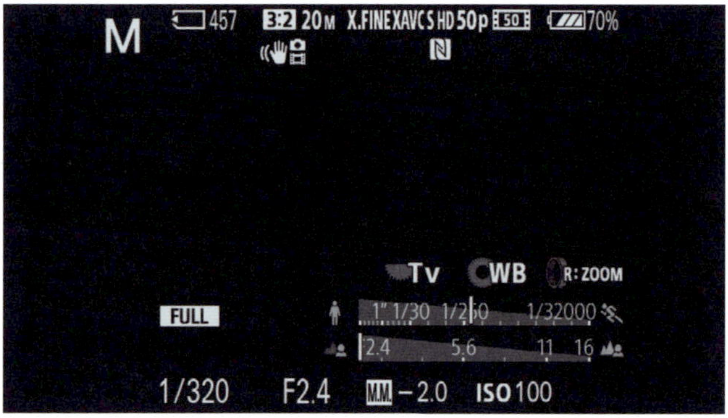

Diese Ansicht nennt sich Grafikanzeige

Die Grafikanzeige gibt neben den Belichtungsparametern in der unteren Reihe weitere Informationen. Das Besondere an ihr ist die Anzeige in der rechten unteren Ecke. Hier werden dir die Belichtungszeiten und Blendenwerte auf zwei Achsen angezeigt. Du siehst links und rechts in dieser Anzeige Symbole, die dir helfen, passende Werte für unbewegte oder bewegte Objekte sowie selektive Schärfe oder eine große Tiefenschärfe zu wählen. Nach einiger Zeit wirst du diese Hilfestellungen wahrscheinlich nicht mehr brauchen.

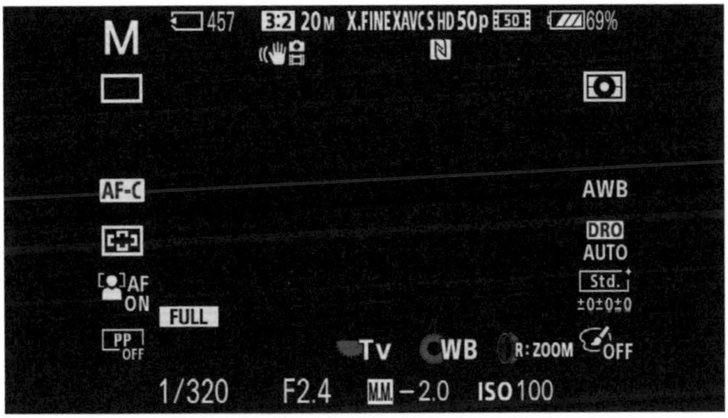

Die Ansicht mit allen Informationen: „Alle Infos anz."

Die Ansicht „Alle Infos anz." zeigt dir in einer linken und rechten Spalte viele Einstellungswerte an, z. B. den Fokusmodus, das Fokusfeld, den Weißabgleich und den Kreativmodus. Bei den Automatik- und Szeneprogrammen wird nur die linke Spalte angezeigt, da du dort viele Einstellungen gar nicht ändern kannst.

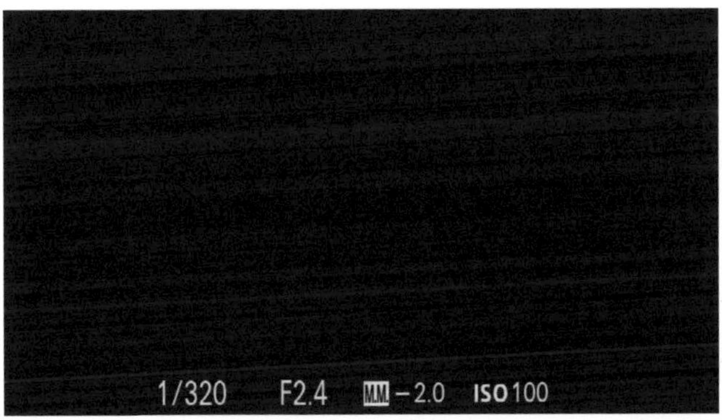

Reduzierte Monitoranzeige, bei der weniger Parameter angezeigt werden: „Daten n. anz."

Die reduzierte Monitoranzeige zeigt nur die Belichtungswerte und, wenn aktiviert, die Verwacklungswarnung an. Diese Ansicht ist gut, wenn dir die Gestaltung und die freie Sicht aufs Motiv wichtig sind.

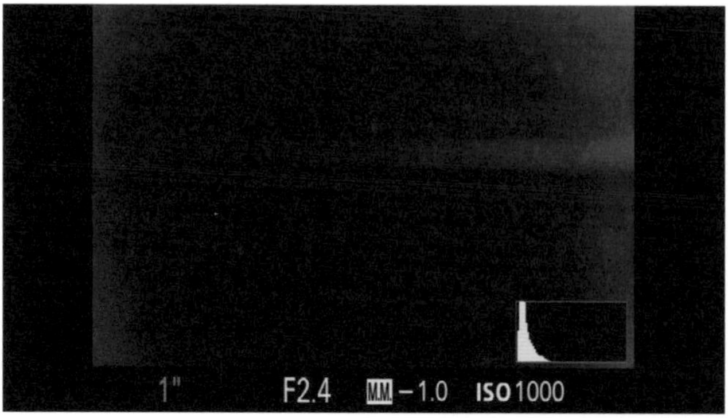

Die Anzeige „Histogramm". In diesem Fall liegt eine Unterbelichtung vor.

Bei der Ansicht „Histogramm" wird das Histogramm angezeigt. Der Sinn: Bei sehr heller Umgebung kannst du die Helligkeit deines Fotos nicht so gut abschätzen. Dann kannst du im Histogramm sehen, ob Bereiche links (Schatten) oder rechts (helle Lichter) im Rechteck des Histogramms herausragen – was nicht passieren sollte. In der Wiedergabe zeigt diese Ansicht sogar blinkend zu dunkle und zu helle Bildbereiche an.

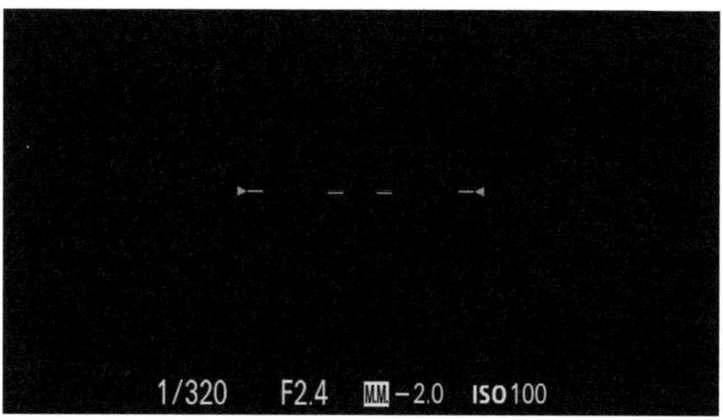

Monitoransicht mit Neigungsanzeige: „Neigung"

Bei „Neigung“ wird der sogenannte künstliche Horizont mittig auf dem Monitor angezeigt. Er hilft dir, deine Kamera genau in der Waagerechten und auch ohne ein Kippen der Kamera nach vorne oder hinten auszurichten. Das ist sehr hilfreich bei Landschafts- oder Architekturaufnahmen.

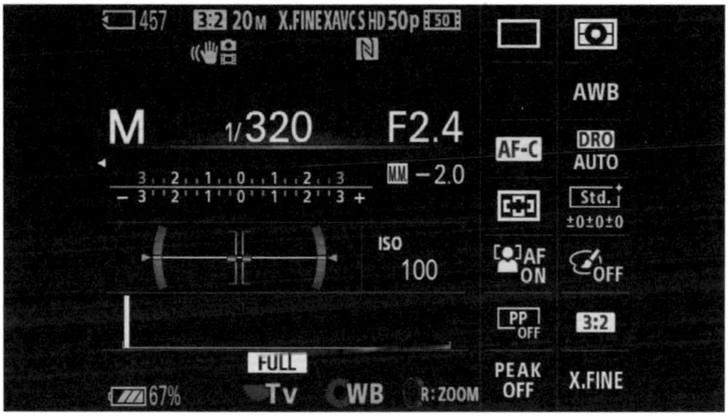

Hier zeigt der Monitor nur Anzeigen und kein Live-View

Wenn du beim Fotografieren vorwiegend durch den Sucher schaust und deine Einstellungen gerne im Überblick hast, kann diese Ansicht deine Lieblingseinstellung sein. In den beiden rechts liegenden Spalten wird dir auch dauerhaft das Funktionsmenü angezeigt, das wir im nächsten Abschnitt genauer anschauen. Da du dein Motiv hier gar nicht siehst, funktioniert dieser Ansichtsmodus nur auf dem Monitor, aber nicht im Sucher.

Sucher

Du kannst für Monitor und Sucher getrennte Einstellungen festlegen, z. B. für den Sucher nur die Ansicht mit „Histogramm“ und die Ansicht „Daten nicht anzeigen“.

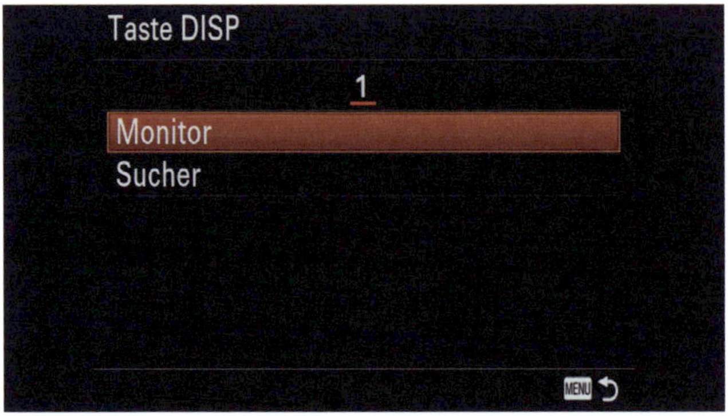

Unter diesem Punkt kannst du deine Monitor- und Sucheranzeigen konfigurieren

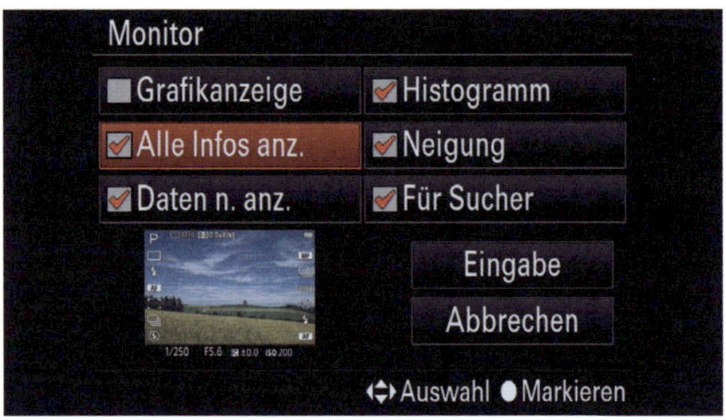

Hier kannst du Anzeigemodi aktivieren oder ausblenden

Das Funktionsmenü

Das Fn-Menü ist neben den Tasten dein wichtigstes Steuerelement beim Fotografieren. Du rufst es mit der Fn-Taste auf der Rückseite der Kamera auf. Dieses Menü kannst du ganz frei und individuell aus einer riesigen Anzahl an Einstellungen belegen. Aber sehen wir uns erst einmal das Menü in der Grundeinstellung an.

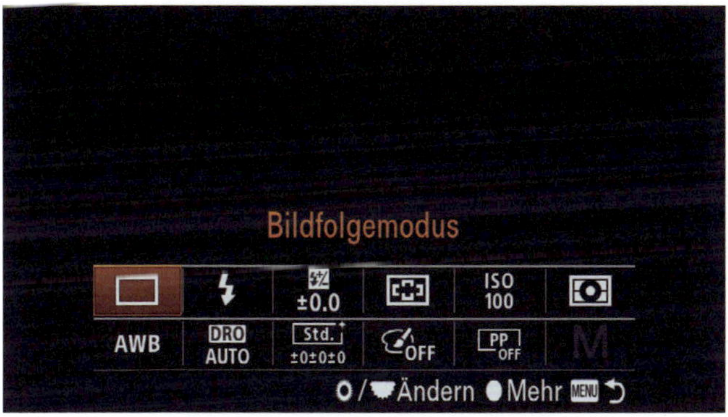

Das Fn-Menü deiner Kamera

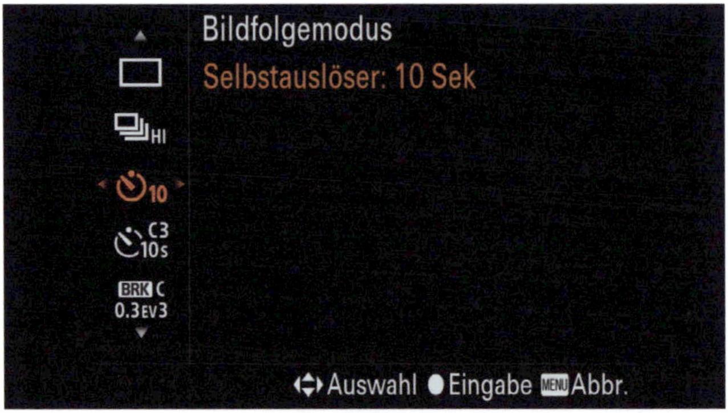

Hier kannst du den Bildfolgemodus einstellen, das heißt, Einzel- oder Serienbilder oder den Selbstauslöser aktivieren, aber auch umfangreiche Belichtungsreihen

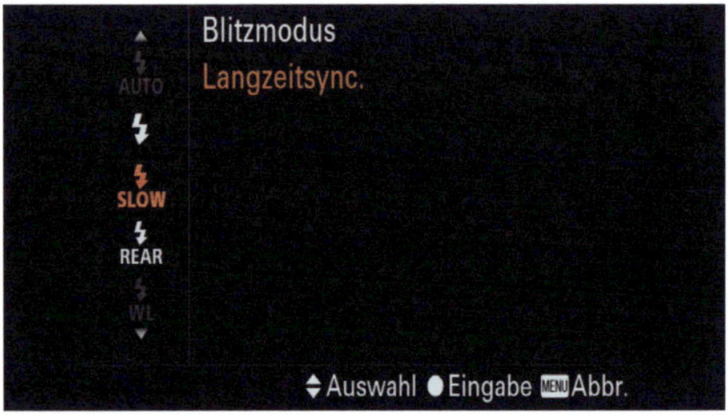

Optionen für den eingebauten Blitz oder ein externes Blitzgerät

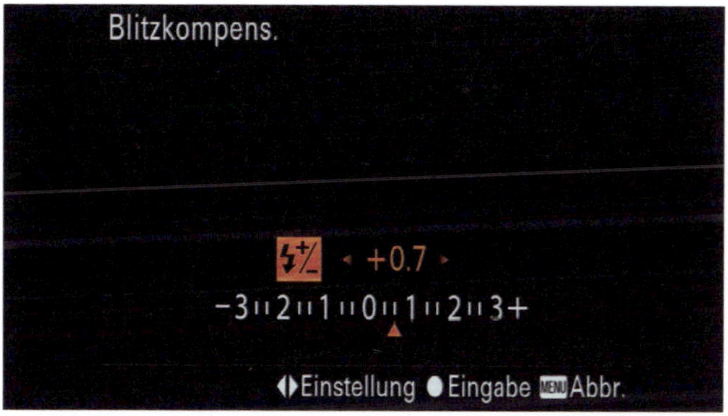

Die Helligkeit deines Blitzgeräts kannst du mit der Blitzkompensation regeln

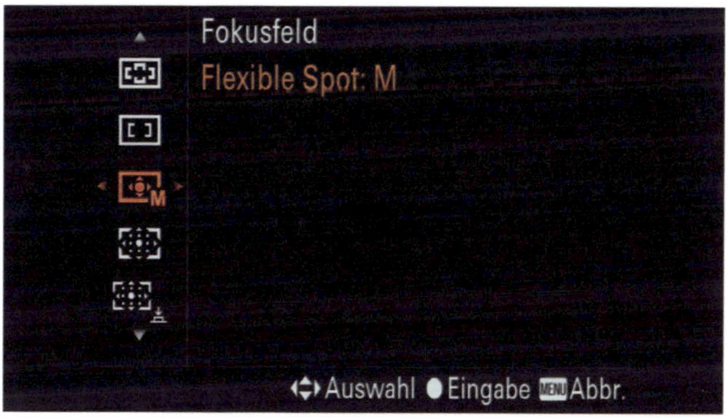

Hier kanst du deine Fokusfelder wählen, also ob du der Kamera die Wahl des Fokusfelds überlässt, wie bei Breit oder Feld, oder z. B. mit dem Flexible Spot selber entscheiden möchtest.

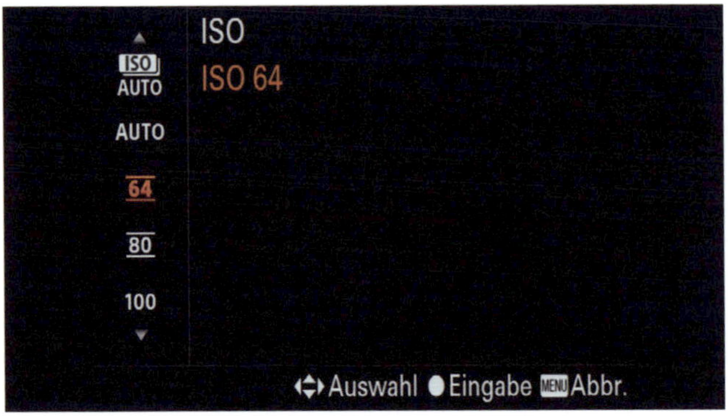

Hier sind die ISO-Werte und die ISO-Automatik zu finden. Achtung: Über der AUTO-Funktion gibt es noch eine weitere Automatik zur Rauschminderung bei hohen ISO-Werten. Die Kamera macht hierbei Serienbilder, die dann zu einer Aufnahme mit weniger Bildrauschen zusammengefügt werden – praktisch, wenn du abends kein Stativ dabeihast. Es darf sich dabei aber nicht allzu viel in deinem Bild bewegen.

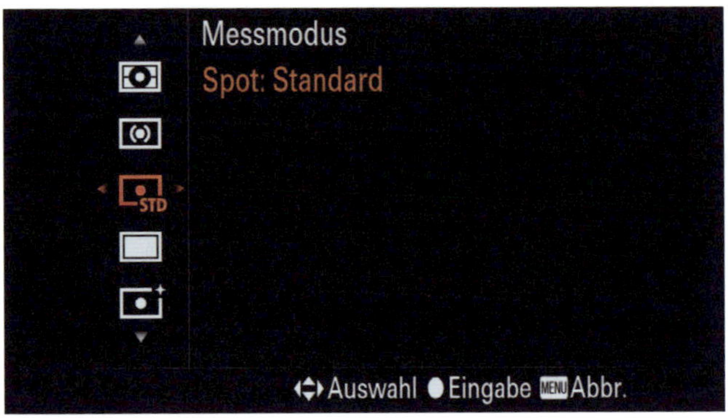

Bei der Belichtungsmessmethode kannst du in den meisten Fällen die Multimessung verwenden. Sie führt meistens zu einem guten Ergebnis. Die anderen Messmethoden sind für speziellere Anwendungen. Die Spotmessung ist gut für Theater- und Konzertfotografie geeignet. „Mitte" ist die traditionellste Messmethode, die – anders als „Multi" – eine feste Gewichtung hat und vor allem den mittleren Bildausschnitt berücksichtigt. Sie ist bei einigen Fotografen beliebt, da man bei ihr sehr gut die eigene Erfahrung mit der Belichtungskorrektur kombinieren kann.

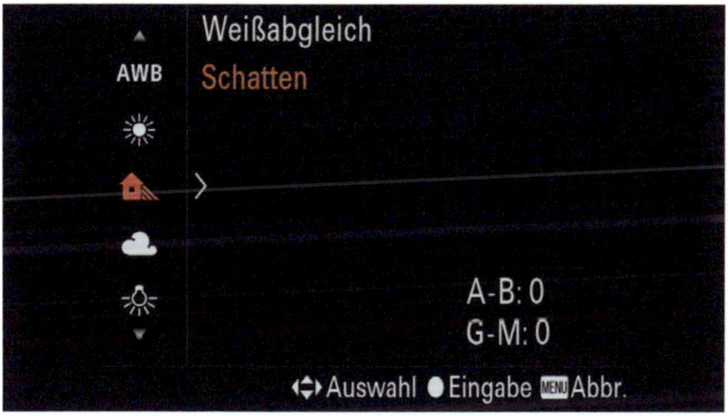

Den Weißabgleich kannst du hier einstellen und ganz individuell anpassen Er sorgt dafür, dass die Farben im Bild richtig dargestellt werden. Im Praxisteil erfährst du, wie du ihn kreativ zur Farbsteuerung deiner Fotos nutzen kannst.

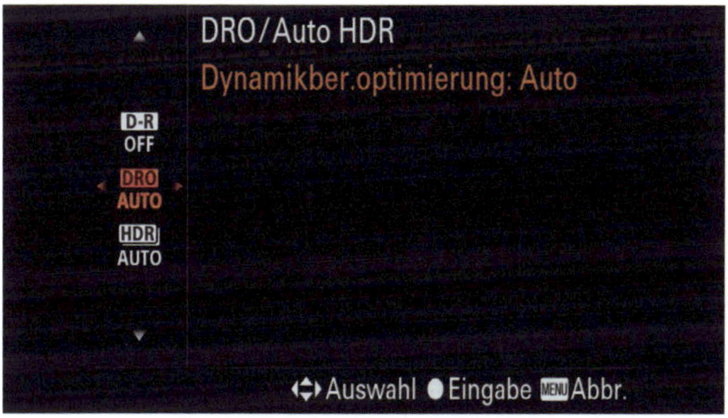

DRO/Auto HDR ermöglicht es, mehr Helligkeitsabstufungen (auch Dynamik genannt) im Bild darzustellen, als es ein JPEG normalerweise kann. Damit ist es ein sehr starkes Werkzeug zur Bildverbesserung. Im RAW ist der Dynamikumfang größer und man passt die hellen und dunklen Bildbereiche in der Bildbearbeitung an. Daher sind DRO und HDR auch nicht bei RAWs einstellbar.

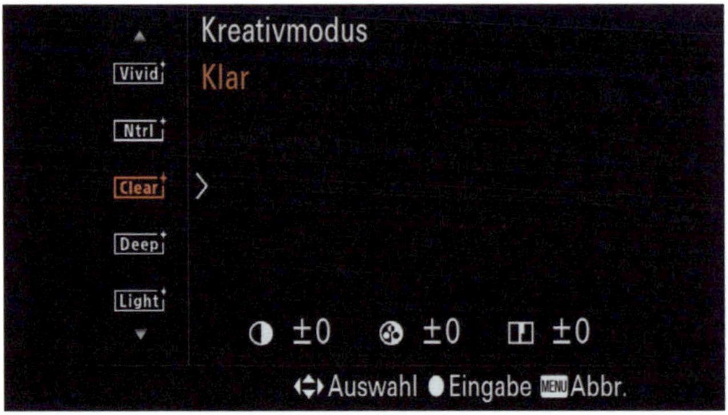

Der Kreativmodus beeinflusst Farben, Kontraste und Scharfzeichnung. Auch Schwarz-Weiß kannst du hier anwählen. Der Kreativmodus ist besonders wichtig, wenn du im JPEG-Format fotografieren willst.

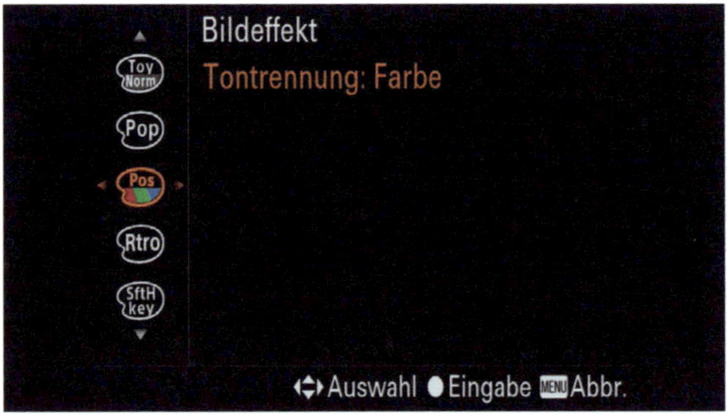

Auch der Bildeffekt beeinflusst den Look deiner Fotos. Anders als der Kreativmodus steht er dir nicht im RAW-Format zur Verfügung, und manche Einstellungen wie z. B. eine Belichtungskorrektur lassen sich nicht einstellen. Hier findest du extremere Bearbeitungen wie Spielzeugkamera oder die Tontrennung. Ist extreme kamerainterne Bearbeitung nicht so dein Fall, nutze diesen Platz für eine andere Funktion.

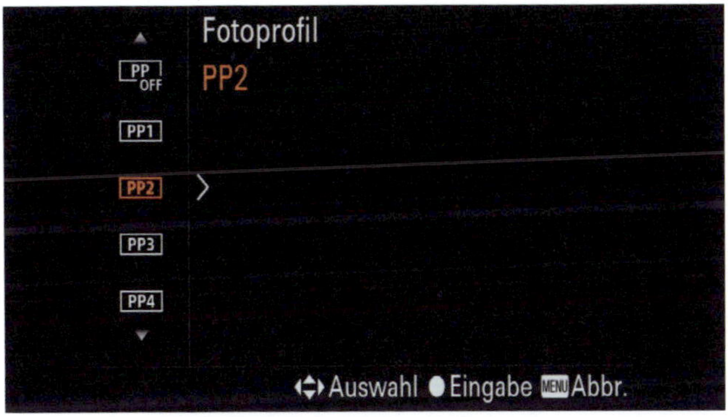

Etwas verwirrend für diese Funktion ist die Bezeichnung Fotoprofil. Sie ist für professionellere Videofilmer interessant: So wie mit den Kreativmodi für Fotos können hier spezielle Profile mit einem flachen Kontrast und anderen Einstellungen gewählt werden, wenn du deine Videos am Computer optimieren willst. Wenn du nicht so anspruchsvoll filmst, hättest du hier einen Platz für eine andere Funktion frei.

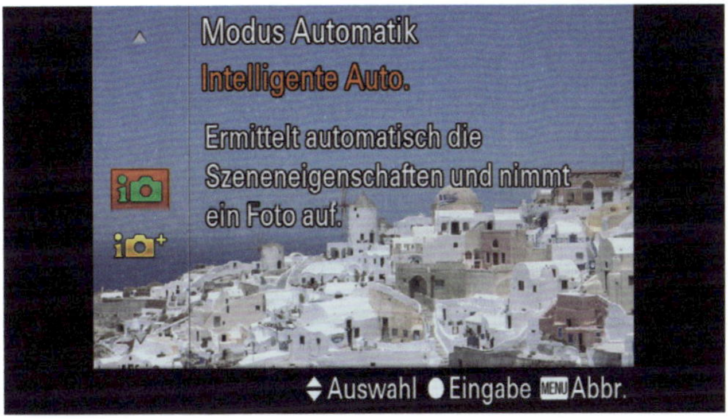

Wenn du SCN auf dem Moduswahlrad einstellst, kannst du hier zwischen der „intelligenten" und der „überlegenen Automatik" wählen; wenn du den Videomodus oder HFR gewählt hast, zwischen verschiedenen Belichtungsmodi. Wenn du selten in den Szeneprogrammen fotografierst, kannst du hier gut einen anderen Punkt einprogrammieren.

Das Fn-Menü individuell belegen

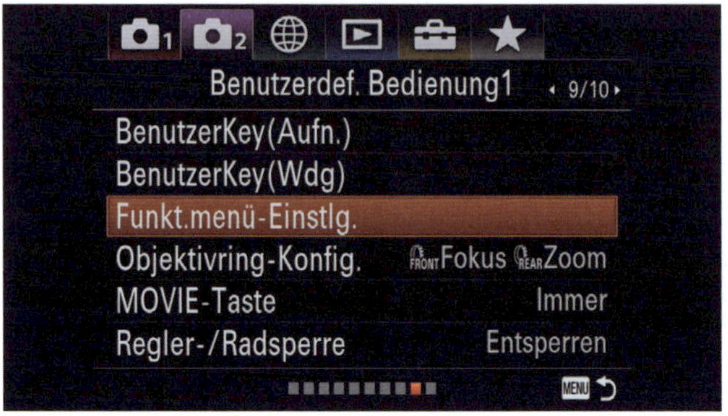

Unter diesem Menüpunkt kannst du dein Fn-Menü ganz individuell mit deinen Lieblingsfunktionen belegen.

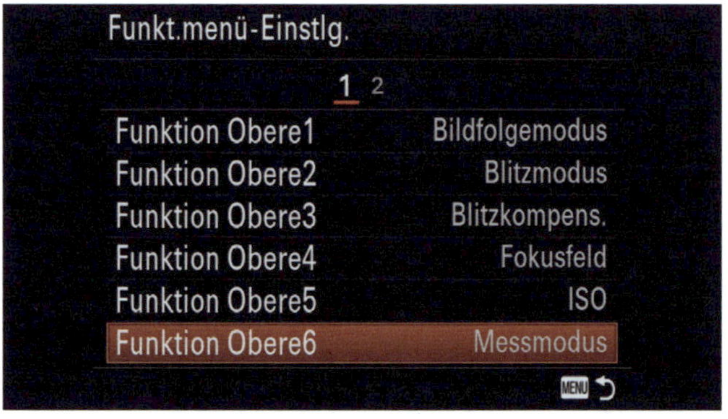

Das Feld, das du ändern möchtest, wählst du hier aus. Als Beispiel: „Obere6" ist das ganz rechts liegende Feld in deinem Fn-Menü.

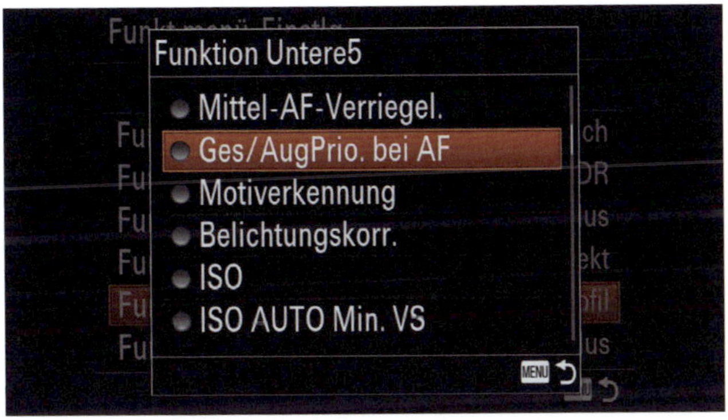

Wenn du ein Feld gewählt hast, kannst du aus dieser Liste die gewünschte Funktion auswählen. Die Liste ist wirklich sehr lang – schau dir alle Punkte in Ruhe an.

DIE KONFIGURATION DES FN-MENÜS

Nimm dir für die Konfiguration deines Fn-Menüs etwas Zeit und ändere nicht alle Punkte auf einmal. Wenn du merkst, dass du eine Einstellung aus dem Fn-Menü selten oder gar nicht verwendest, kannst du sie mit einer Funktion belegen, die du häufiger benutzen willst. Die Motiverkennung, also ob die Kamera automatisch Tier- oder Menschenaugen fokussieren soll, ist beispielsweise eine tolle Funktion.

Die Tastenbelegung

Deine Sony RX10 verfügt über eine Menge Tasten. Diese kannst du zum großen Teil frei nach deinen Wünschen belegen. Das ist ein Riesenvorteil, denn dir sind vielleicht andere Funktionen wichtiger als die vorprogrammierten.

In diesem Abschnitt zeigen wir dir die verschiedenen Möglichkeiten und geben Empfehlungen, die du ganz individuell an deine eigenen Bedürfnisse anpassen kannst. Hauptsache, du nutzt dieses coole Feature, denn es lässt dich beim Fotografieren schneller und effektiver Einstellungen verändern.

Die Tastenbelegung kann für die Aufnahme und Wiedergabe getrennt belegt werden. Das heißt, du kannst die benutzerdefinierte Taste für die Aufnahme mit der ISO-Auswahl belegen und für die Wiedergabe die Fotoaufzeichnung auswählen, um ein einzelnes Bild aus einer Videoaufnahme abzuspeichern.

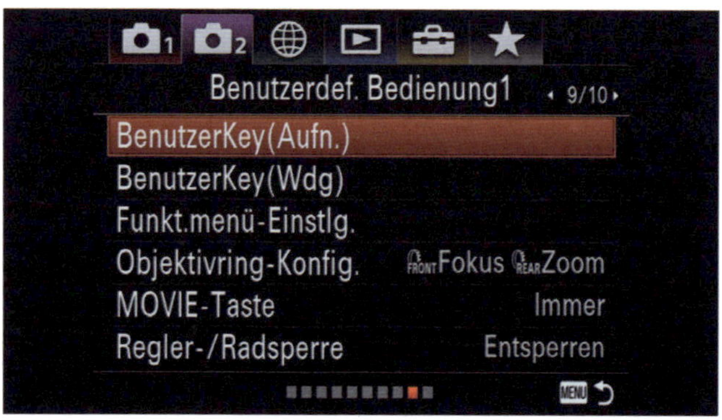

Im Menü der Kamera kannst du unter dem Punkt „BenutzerKey(Aufn.)" deine Tastenbelegungen festlegen

Außerdem sind einige Tasten nicht belegt. Die Funktionen der Links-, Rechts- und Unten- sowie die benutzerdefinierte Taste 3 warten auf sinnvolle Belegungen. Beispielsweise ist der Kameraführer für die benutzderdefinierte Taste 3 für sporadische Kameranutzer sehr empfehlenswert, denn er erklärt jeden Menüposten näher, sobald man die Taste drückt.

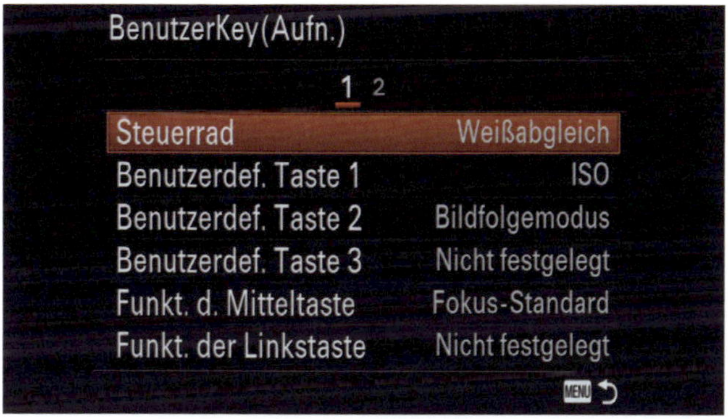

Ähnlich wie bei der Konfiguration deines Fn-Menüs wählst du hier deine Taste oder dein Rad

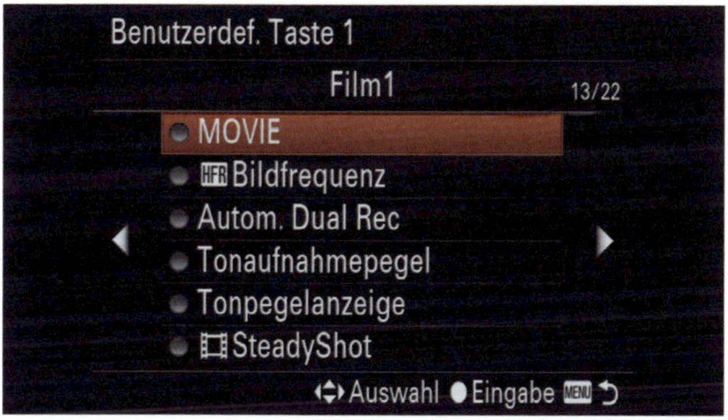

Für jede Taste hast du nun ganz viele Auswahlmöglichkeiten: Für diese Taste werden sie auf 22 Seiten dargestellt.

Die Reihenfolge der 22 Seiten orientiert sich an der Reihenfolge der Menüposten im Menü der Kamera. Qualitätseinstellungen findet man also auf den vorderen Seiten, Filmeinstellungen in der Mitte und Wiedergabeeinstellungen am Ende.

Weitere individuell belegbare Bedienelemente

Bei manchen Tasten, wie z. B. der DISP-Taste, kannst du unter einem eigenen Menüpunkt eine Funktion anpassen, aber ihre Grundfunktion nicht ändern. Die DISP-Taste ist also immer mit der gleichen Funktion belegt, nämlich, durch verschiedene Ansichtsmöglichkeiten auf dem Monitor oder Sucher zu blättern. Diese Ansichten sollen dir helfen, dein Foto zu machen, beispielsweise die Wasserwage einzublenden, um einen geraden Horizont zu bekommen, wenn du nichts zum Orientieren hast.

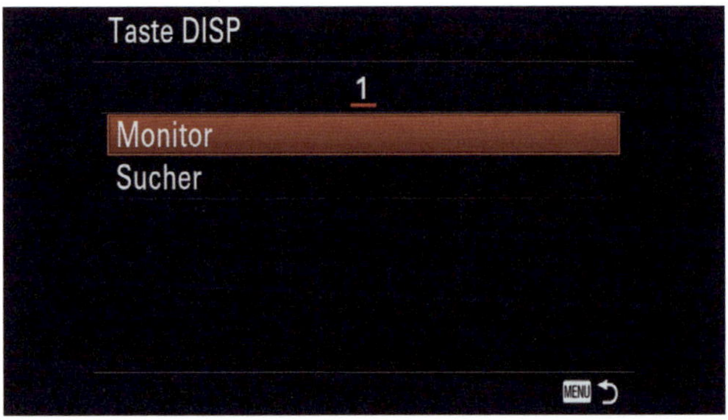

Hier kannst du die Anzeigeoptionen für die DISP-Taste auswählen, also auswählen, welche Ansichten dir auf Monitor und Sucher zur Verfügung stehen sollen. Damit du nicht durch so viele Ansichtsmodi blättern musst, kannst du z. B. die Übersicht auf dem Monitor, aber nicht im Sucher anwählen (mehr dazu im Abschnitt „Einstellungen2/Anzeige/Bildkontrolle1").

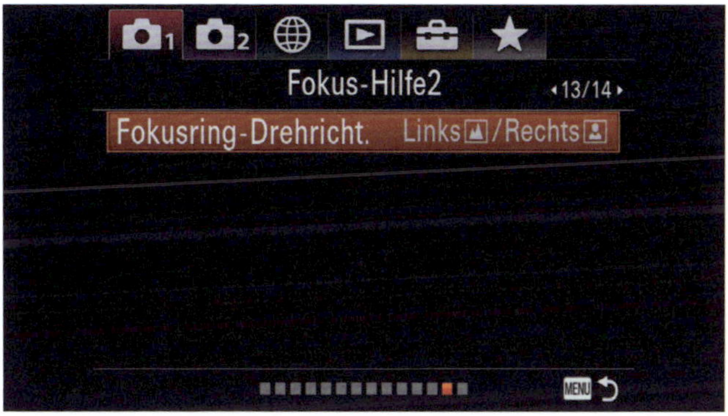

Wenn du zum manuellen Fokussieren lieber in die andere Richtung drehen möchtest, kannst du hier die Drehrichtung ändern

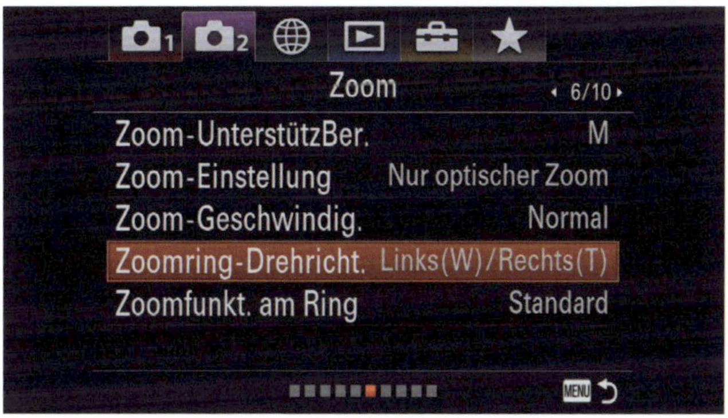

Gleiches gilt für die Drehrichtung des Zoomrings

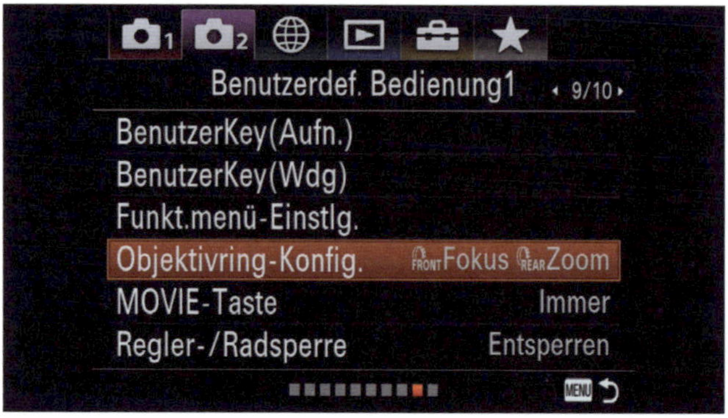

Wenn du oft manuell fokussierst, findest du den breiten Ring am Objektiv vielleicht angenehmer. Hier vertauschst du die Funktion der beiden Ringe. Wirklich Luxus, dass man sogar das ändern kann!

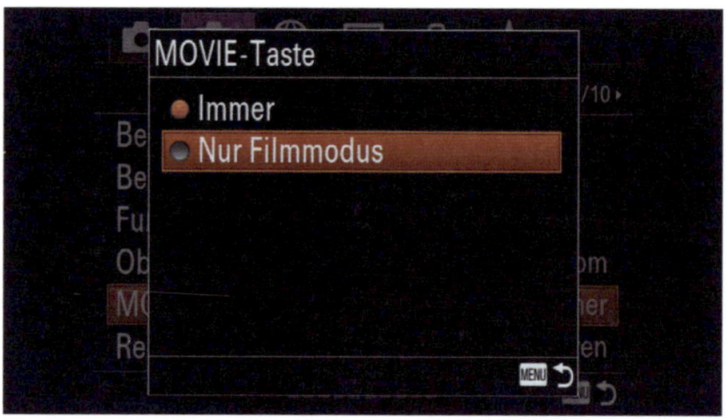

Standardmäßig kannst du aus fast jedem Fotoprogramm auch spontan eine Videoaufnahme starten. Wenn du nur im Filmmodus Videoaufnahmen machen möchtest, kannst du das hier einstellen.

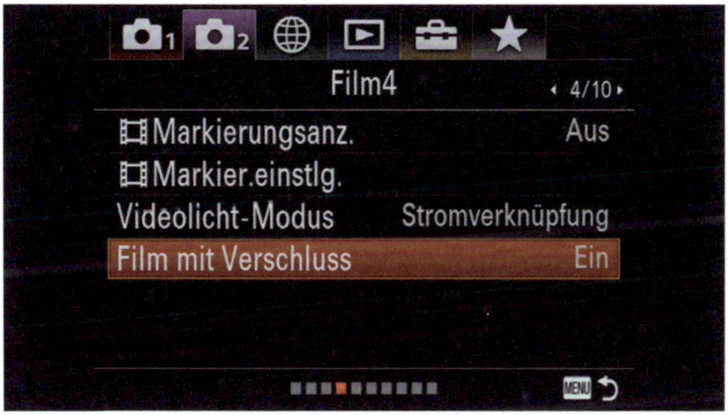

Unter diesem zugegebenermaßen etwas schwer verständlichen Menüpunkt kannst du einstellen, dass die Filmaufnahme mit dem Fotoauslöser startet. Für Vielfilmer ist das Gold wert, da der Fotoauslöser größer ist und ein gutes Feedback beim Drücken hat. Du musst dann allerdings auch wirklich im Videomodus sein. Die MOVIE-Taste auf der Rückseite funktioniert allerdings weiter in den anderen Modi.

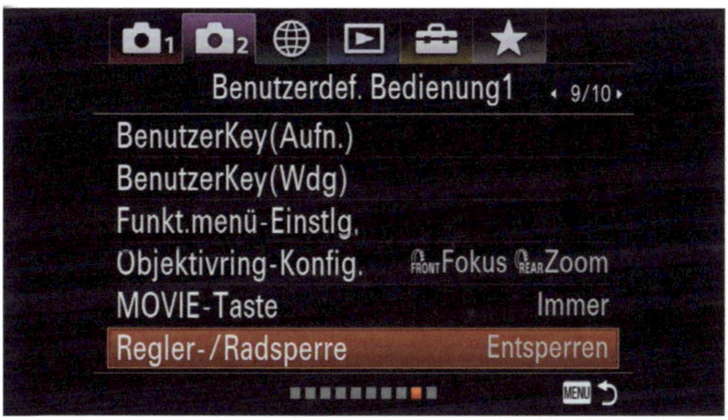

Hier kannst du die Fn-Taste durch langes Drücken nutzen, um die Regler und Einstellräder zu sperren. Das kann z. B. bei der Fotografie im Studio nützlich sein, wo man gerne stundenlang mit den gleichen Kameraeinstellungen fotografiert.

Der Speicherabruf

Neben der Tastenbelegung gibt es noch die Möglichkeit, umfangreiche Einstellungen abzuspeichern und diese über das Moduswahlrad abzurufen. Dieser Speicherplatz nennt sich MR („Memory Recall", Speicherabruf). Das bedeutet, du kannst z. B. ein Programm für Sport- und Actionaufnahmen erstellen. Dann sind alle Parameter, z. B. Verschlusszeit, ISO-Empfindlichkeit, Autofokusmodus und mehr schon richtig eingestellt und du kannst gleich loslegen.

Du kannst unterschiedliche Tastenbelegungen für die Fotoaufnahme, das Videofilmen und die Wiedergabe einstellen. Insgesamt stehen dir drei Speicherplätze zur Verfügung. Weitere vier könntest du auf der Speicherkarte ablegen, das ist in der Praxis aber meist nicht nötig.

Der Speicherabruf ist eine sehr einfache Möglichkeit, Einstellungen für häufige Foto- und Filmsituationen sicher aufrufen zu können. Nehmen wir an, du willst ein Porträt-Set-up auf Speicherabruf 1 programmieren. Stell deine Kamera zunächst auf den richtigen Aufnahmemodus. Für Porträts ist das der Aufnahmemodus A, Blendenpriorität. Dann aktivierst du im Menü die *Ges./AugenAF-Einst[ellung]* auf *Mensch* und legst dir, wenn du möchtest, über die Tastenbelegung (BenutzerKey) noch den Augen-AF auf die Taste *Fokus halten*. Das kannst du nun mit weiteren Einstellungen so fortführen. Zuletzt willst du vielleicht noch den Kreativmodus *Porträt* einstellen oder lieber in Schwarz-Weiß fotografieren.

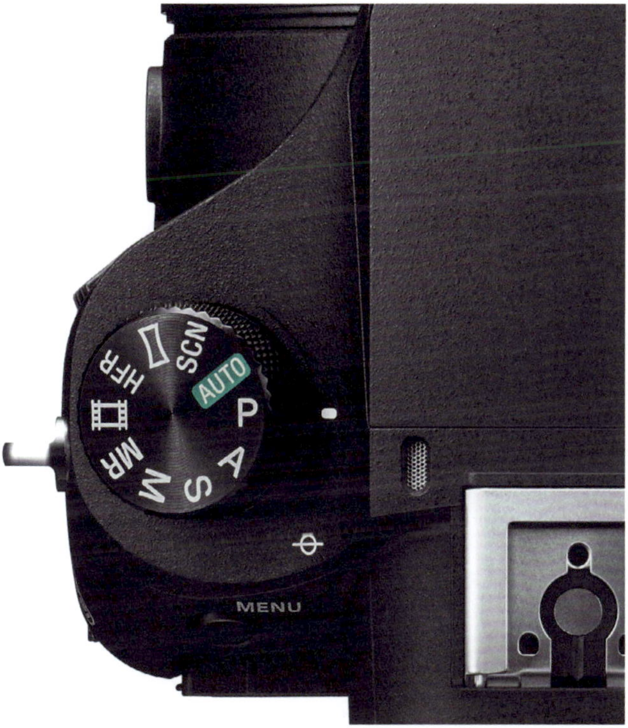

Das Moduswahlrad stellst du auf MR, um deine individuellen Programme abzurufen.

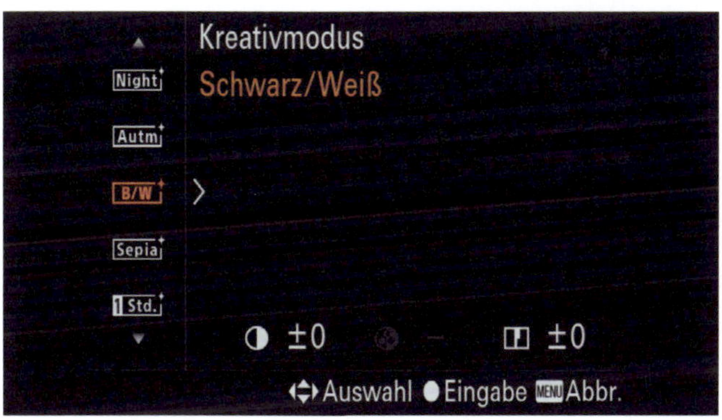

Einstellung des Kreativmodus auf Schwarz-Weiß

Generell kannst du aus allen Einstellungen und Modi deine Lieblingskombination abspeichern, also auch Szeneprogramme (SCN), den Panoramamodus und Videoeinstellungen.

Das Abspeichern geht ganz einfach: Im Menü gehst du auf *Kamera-Einstellung 1* auf Seite 3 und wählst den Menüposten *Speicher*. Jetzt suchst du dir einen der drei Posten in diesem Menü aus und drückst die Mitteltaste zum Bestätigen.

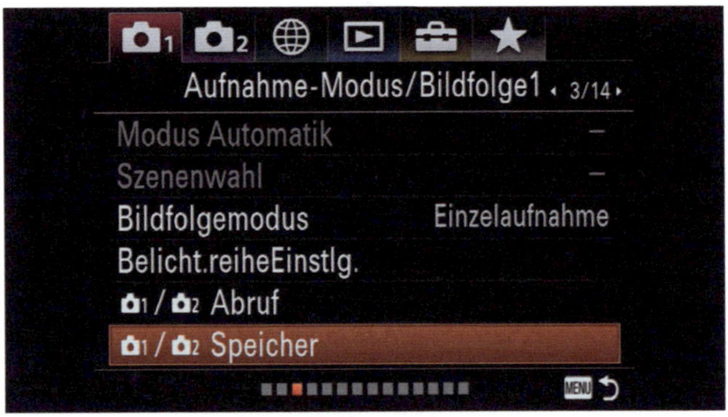

Hier findest du den Menüposten zum Abspeichern deiner Einstellungen bei der RX10 IV, darüber den Abruf deiner gespeicherten Programme

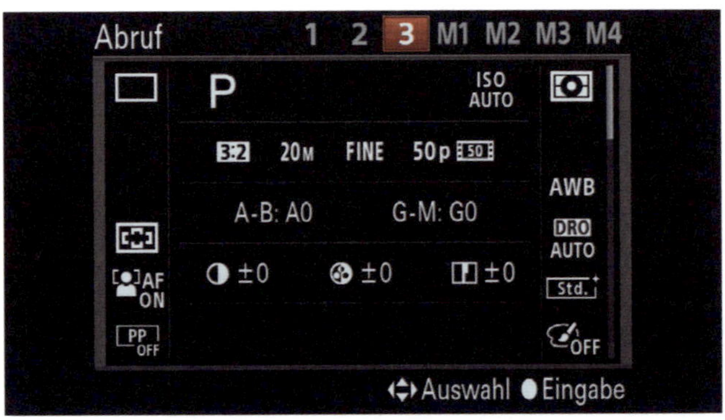

Im Abruf kannst du jetzt deine Speicherbänke aufrufen. 1 bis 3 sind auf deiner Kamera, M1 bis M4 kannst du auf einer Speicherkarte ablegen.

Wenn du später dein selbst konfiguriertes Programm benutzen willst, stellst du das Moduswahlrad wieder auf MR. Hast du mehrere eigene Programme abgespeichert, ruftst du sie über den Menüpunkt „Abruf" auf. Es gibt auch die Möglichkeit, dies über das Fn-Menü zu machen. Der Punkt *Aufnahmemodus* zeigt die gewählte Bank, wenn das Moduswahlrad auf MR steht.

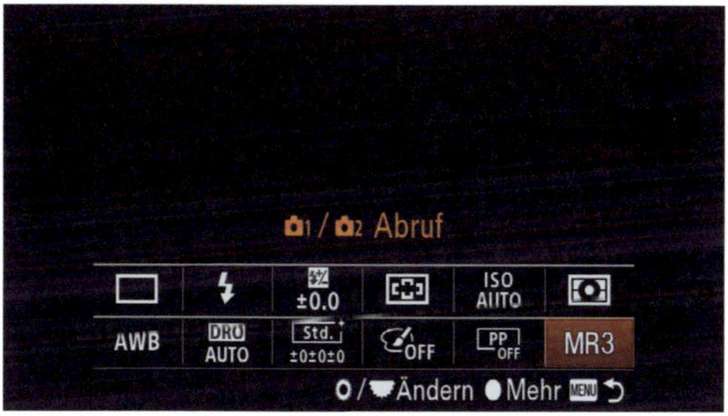

Die Auswahl der Speicherbänke über das Fn-Menü

FOTOGRAFIEREN MIT DER SONY RX10 III UND IV

Du möchtest deine RX10 sofort ausprobieren und tolle Fotos schießen? Damit der Einstieg ohne Probleme klappt, zeigen wir dir hier Schritt für Schritt, wie du vorgehst, um perfekte Bilder zu erhalten.

Der Akku

Wenn deine Kamera ganz neu ist, solltest du zu allererst ein wenig Geduld aufbringen und den Akku richtig vollladen. Es ist zwar etwas Energie drauf, wenn du ihn neu auspackst, aber sie wird nicht lange halten. Und es ist besser für die Lebensdauer des Akkus, wenn du ihn vor der Erstbenutzung einmal komplett aufladst.

Jeder Akku ist irgendwann mal leer – und wahrscheinlich passiert das genau in dem Moment, wenn du das eindrucksvollste deiner Urlaubsmotive ablichten willst oder dein Kind gerade die ersten Schritte macht. Deshalb hier schon der Hinweis auf den obligatorischen Ersatzakku. Er zahlt sich aus – immer!

POWERBANK

Für alle Sparfüchse ein Hinweis: Natürlich kannst du den Akku auch mit einer Powerbank laden, aber nicht nur das. Die Kamera kannst du auch über einen USB-Anschluss oder die Powerbank dauerhaft mit Energie versorgen.

Die Bildqualität

Die ISO

Ein Tipp voraus: Um die Einstellungen in diesem Abschnitt vornehmen zu können, musst du den grün markierten AUTO-Modus auf dem Moduswahlrad verlassen. Wähle zunächst Modus P, um dich ganz auf die ISO-Einstellungen zu konzentrieren.

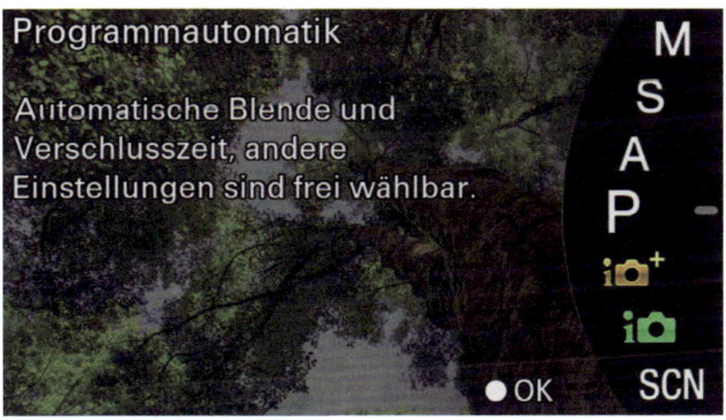

In der Programmautomatik kümmert sich die Kamera um die Belichtungswerte, Verschlusszeit und Blende, du kannst aber alle weiteren Einstellungen selbst vornehmen

FESTER ISO-WERT ODER ISO-AUTOMATIK?

Die ISO, also die Empfindlichkeit, mit der der Sensor eingestellt wird, ist entscheidend für die Bildqualität. Vor allem Detailreichtum, Farben und die Dynamik deiner Fotos werden davon beeinflusst. Es gilt als Faustregel, die ISO so niedrig wie möglich und so hoch wie nötig einzustellen.

Bei Stillleben, Landschaften oder Architektur eignen sich feste und möglichst niedrige ISO-Werte, Gleiches gilt für Porträts. Bei Events, für Online-Zwecke und kleinere Fotoabzüge nimmst du eher die ISO-Automatik, denn hier funktionieren auch hohe Werte wie ISO 6400 noch sehr gut.

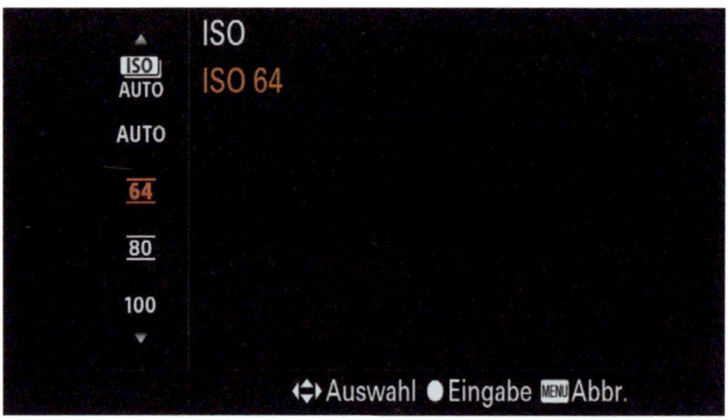

Hier stellst du die ISO-Automatik oder feste Werte ein

Damit die ISO-Automatik nicht zu hoch geht und Werte einstellt, die du persönlich nicht mehr schön findest, kannst du die Obergrenze auf einen Wert deiner Erfahrung setzen. Für die Untergrenze empfehlen wir immer ISO 100. Um die Obergrenze zu ändern, klickst du einfach ganz nach rechts und wählst dann deinen Grenzwert.

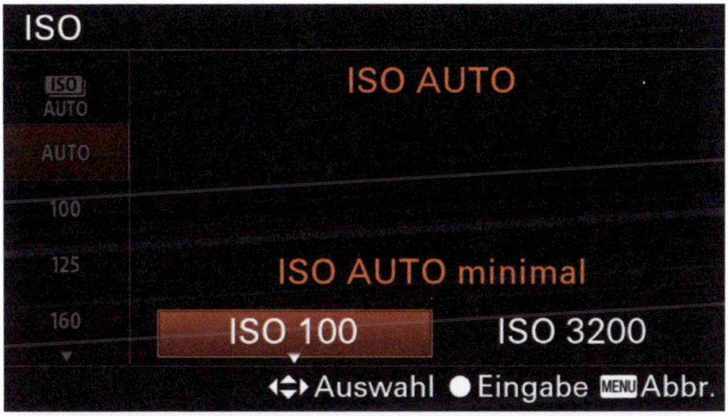

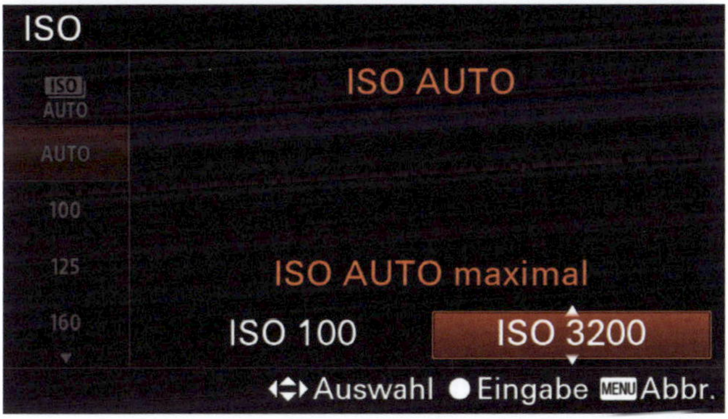

So änderst du Ober- und Untergrenze bei der ISO-Automatik

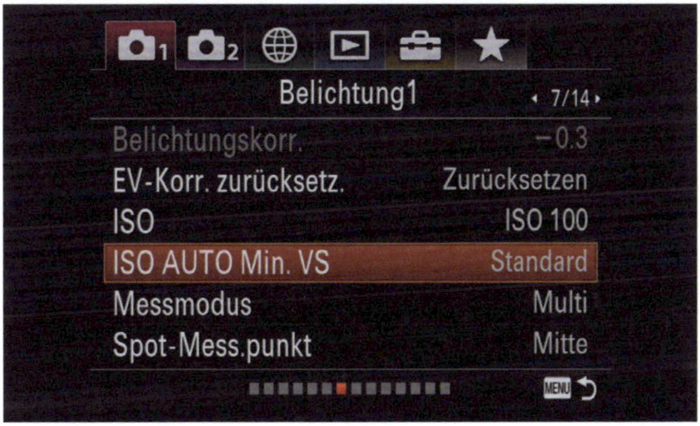

Unter diesem Menüpunkt kannst du den Wert für die längste Verschlusszeit wählen, ab der die Kamera den ISO-Wert erhöht

Über das Fn-Menü kommst du in die ISO-Einstellungen. Achtung, hier steht ganz oben, noch über *AUTO, ISO AUTO* und daneben *Multiframe-RM*, das bedeutet „Mehrfachbelichtungsrauschminderung“. Das ist eine tolle Funktion, wenn du z. B. ohne Stativ eine abendliche Szene fotografieren möchtest. Deine Kamera macht vier Aufnahmen mit einer hohen ISO-Einstellung und verrechnet diese Bilder zu einem einzigen Foto mit einem geringen Rauschen.

Es gibt allerdings zwei Einschränkungen: Das Ganze funktioniert nicht in der Bildqualität RAW und es darf sich nichts im Bild bewegen, da es sonst zu sogenannten Geisterbildern kommt. Beispielsweise würde eine Person, die durch das Bild geht, schemenhaft und mehrfach auf dem Foto zu sehen sein. Merke dir also: *AUTO* ist die eigentliche ISO-Automatik.

Unter diesen AUTO-Einstellungen siehst du drei ISO-Werte mit Balken darüber und darunter (ISO 50, 64, 80). Auch hier solltest du im Hinterkopf behalten, dass die Bildqualität nicht im optimalen Bereich ist. Es sind Absenkungen der normalen ISO-Empfindlichkeit. Die Fotos „rauschen“ zwar nicht, haben aber weniger Helligkeits- und Farbdynamik. Bei einem besonders schönen Landschaftsmotiv wäre das schade. Einstellungen wie ISO 50 oder 64 solltest du wählen, wenn du entweder bei starkem Sonnenschein einen Blitz und trotzdem eine große Blendenöffnung verwenden möchtest oder eine lange Verschlusszeit anstrebst, um z. B. einen Wasserfall etwas glatter zu zeigen. Wenn du solche Aufnahmen häufiger machen möchtest, solltest du dir lieber einen Graufilter (auch ND-Filter genannt, siehe Abschnitt „Filter“) zulegen. Dann kannst du in ISO 100 fotografieren und trotzdem solche Fotos machen.

Darunter kommen die „normalen“ ISO-Werte. ISO 100 sorgt ganz klar für die allerbeste Bildqualität. Aber auch ISO 200 oder 400 sehen nahezu gleichwertig aus. Ab etwa ISO 800 können die Unterschiede in der Bildqualität schon eher wahrgenommen werden. Feine Details werden jetzt etwas gröber wiedergegeben, und bei noch höheren Stufen werden die Farben auch etwas weniger brillant abgebildet. Diese Bildqualitätsminderung steigt mit zunehmend höheren ISO-Werten.

Empfindlichkeiten von über ISO 6400 solltest du nur in Ausnahmefällen einstellen, wenn du beispielsweise auf einer Feier bei gemütlicher Beleuchtung fotografierst. Zuletzt gilt aber: Lieber ein leichtes Rauschen anstatt eine Verwacklungsunschärfe durch zu lange Verschlusszeiten!

JPEG- oder RAW-Format?

Zu Beginn bist du mit dem JPEG-Format immer auf der sicheren Seite, weil du viele Fotos auf der Speicherkarte unterbringen und sie direkt benutzen kannst, ohne viel Bildbearbeitung leisten zu müssen. Du solltest dir aber darüber im Klaren sein, dass der JPEG-Standard aus dem Jahr 1994 stammt und eine Menge an Bildqualität „liegen lässt", insbesondere in Zeiten von HDR-Displays auf Smartphones, Laptops und Fernsehern. Wer das volle Potenzial seiner Kamera nutzen möchte, sollte das RAW-Format wählen.

Wer aus Platzgründen oder zur einfachen Weitergabe der Fotos an andere zum JPEG greift, kann die Stärke der Komprimierung, also die Zusammenfassung von Bildelementen, steuern und damit entweder zur Verkleinerung bzw. zur Verbesserung der Bilddateien beitragen: *Fine* oder *X.Fine/Extrafine* ist unser Rat, damit auch feinste Strukturen im Bild erhalten bleiben. Als Bildgröße empfehlen wir, immer die volle Auflösung von 20 Megapixeln einzustellen.

Es ist auch möglich, das RAW- und JPEG-Format gleichzeitig abzuspeichern. Dann hast du zwei Dateien je Foto auf der Speicherkarte.

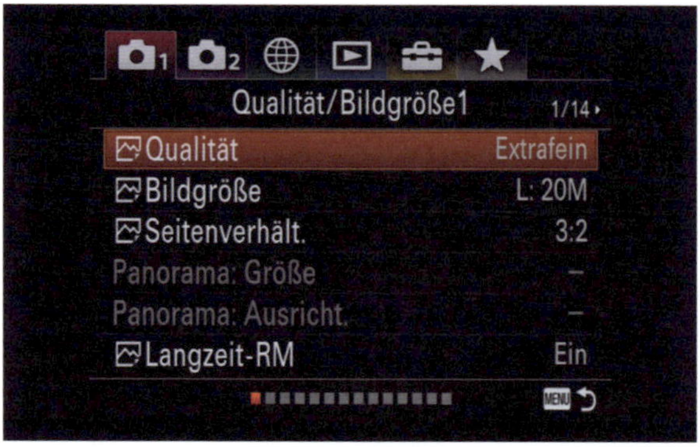

Auswahl des Dateiformats: RAW, JPEG oder beides

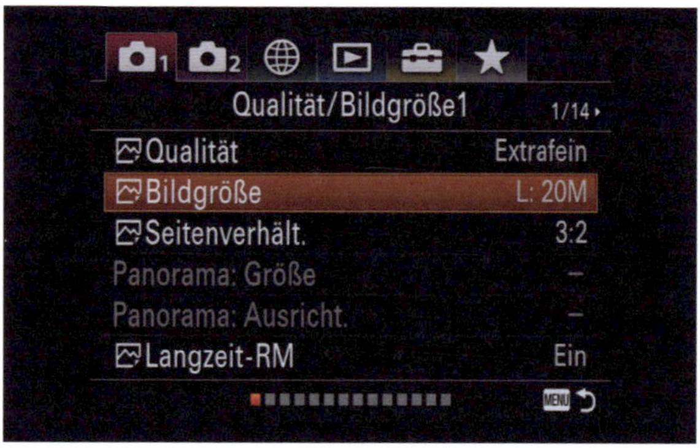

Wenn du JPEG als Bildqualität wählst, kannst du auch die Auflösung, also die Anzahl der gespeicherten Pixel bestimmen

Schärfe I: Fokusfelder

Nichts ist ärgerlicher als unscharfe Bilder. Im folgenden Abschnitt geht es daher um die verschiedenen **Fokusfeldsteuerungen** und im nächsten um die **Fokusmodi** und wie du sicherstellst, dass die Schärfe immer auch dort sitzt, wo du sie haben willst. Wähle zum Probieren den Modus P (die Einstellungen in diesem Abschnitt funktionieren nicht in vollem Umfang im AUTO-Modus), um dich ganz auf die Autofokuseinstellungen zu konzentrieren. Wenn du bereits mit den Modi A, S und M vertraut bist, kannst du auch diese einstellen.

Welche Fokusfelder gibt es?

Um der Kamera zu sagen, wo genau sie scharfstellen soll, nutzt du die Fokusfeldeinstellung des Fn-Menüs. Hier gibt es verschiedene Auswahlmöglichkeiten, z. B. *Breit*, *Mitte* und *Flexible Spot*. Bei *Breit* bestimmt die Kamera selbstständig, wo scharfgestellt wird. Das klappt ganz gut, wenn es ein eindeutiges Motiv gibt, das sich gut vom Hintergrund abhebt. Aber es gibt oft Situationen, wo das nicht so gut funktioniert, z. B. wenn sich bei einer Feierlichkeit mehrere Personen oder bei Landschaften mehrere Bäume im Bild befinden.

Damit du auch in diesen Fällen eindeutig deine Schärfe festlegen kannst, gibt es die Fokusfeldsteuerungen *Mitte, Flexible Spot* und die Objektverfolgung über die *AF-Verriegelung*. Mit der Einstellung *Mitte* kannst du erst mal nichts falsch machen, denn damit sorgst du dafür, dass das, was du in der Mitte im Sucher siehst, auf deinem Bild auch wirklich scharfgestellt ist.

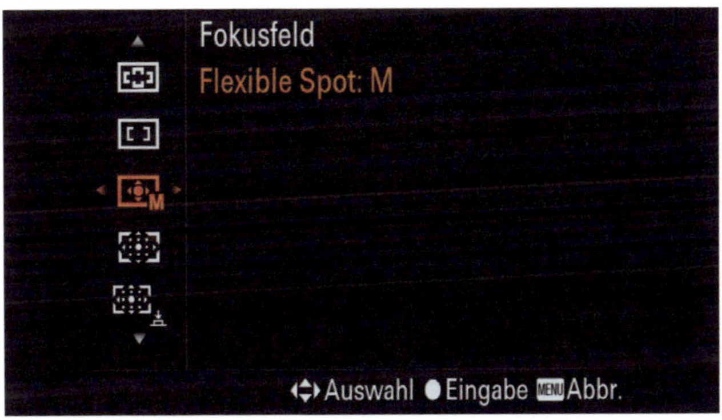

Hier findest du die Fokusfeldsteuerungen im Fn-Menü

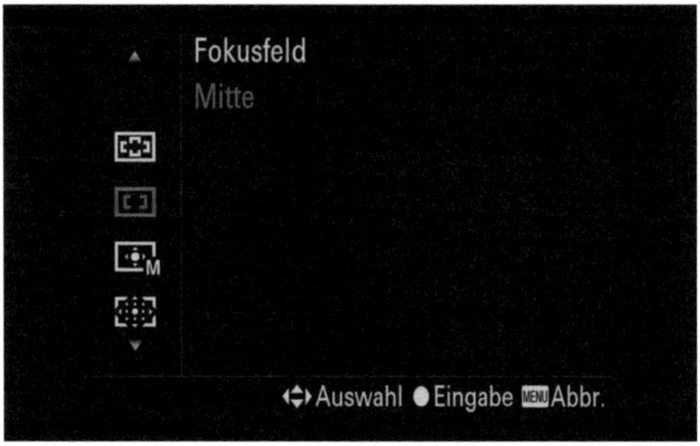

Fokusfeld Mitte

Um die Einstellung vorzunehmen, drückst du die Fn-Taste, navigierst mit dem Einstellrad durch Klicken nach rechts, links, oben oder unten auf den Punkt *Fokusfeld*, bis er orange markiert ist, und wählst ihn mit der Mitteltaste in der Mitte des Einstellrads. Im nun erscheinenden Menü wählst du das Fokusfeld *Mitte* aus.

Am besten probierst du gleich einmal aus, etwas scharfzustellen und ein Foto zu machen. Das kann alles in deiner Nähe sein, am besten jedoch zu Beginn etwas, das sich nicht bewegt: ein Blumentopf, Legofiguren, ein Obstteller oder dein Lieblingsschuh – ganz egal was.

Du visierst also dein Motiv mit dem mittleren Fokusfeld an und nutzt nun den Auslöser. Wie schon erklärt, hat der Auslöser zwei Stufen. Bei der ersten Stufe wird scharfgestellt, das Fokusfeld leuchtet grün, und unten links im Monitor erscheint zusätzlich ein grüner Punkt zur Bestätigung, dass die Kamera scharfgestellt hat.

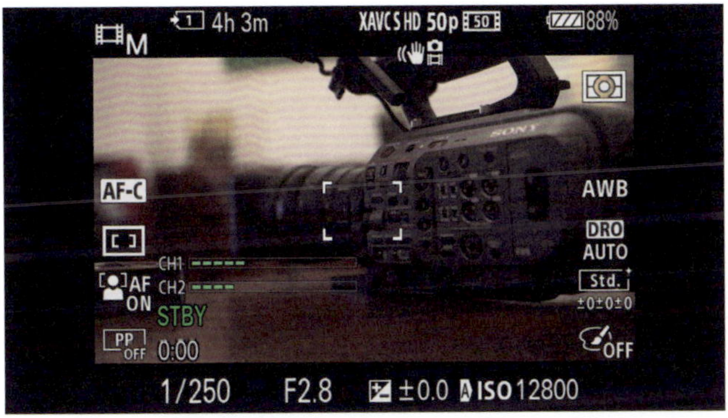

Die Monitoransicht für das mittlere Fokusfeld

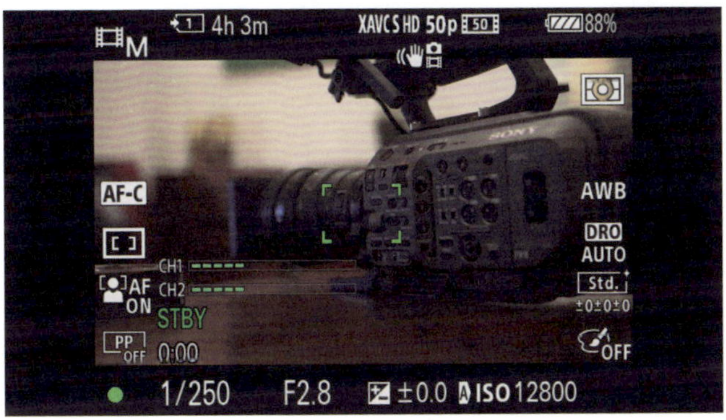

Das Fokusfeld in der Mitte wird bei erfolgreicher Scharfstellung grün

Vielleicht merkst du aber schon, dass das feste Fokusfeld in der Mitte dir wenig Flexibilität bei der Gestaltung gibt und du gern etwas anderes in deinem Bild scharfstellen würdest. Dafür gibt es die nächste Fokusfeldoption.

Individuell das Fokusfeld verschieben

Es gibt viele verschiedene Fokusfelder, also nicht nur den mittleren Punkt, sondern auch einen Punkt, den du verschieben kannst. Wähle jetzt im Fn-Menü unter *Fokusfeld* den *Flexible Spot: M*.

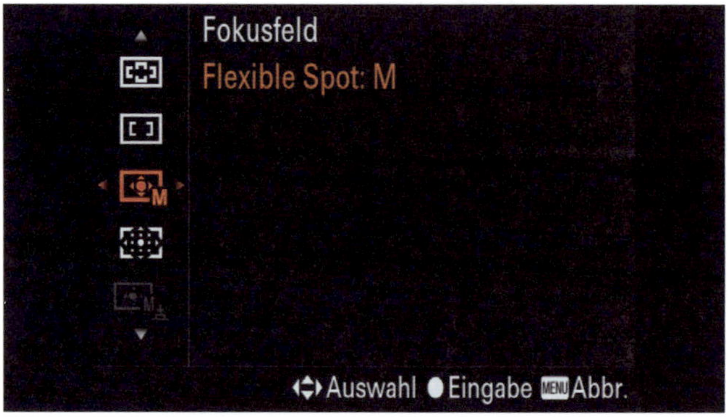

Der Flexible Spot im Fn-Menü

Den *Flexible Spot* kannst du durch Klicken auf dem Einstellrad nach rechts oder links auch in seiner Größe ändern. *S*, *M* oder *L* stehen zur Verfügung, meist ist aber die Größe *M* die beste Wahl.

DER FLEXIBLE SPOT

Der *Flexible Spot* ist, wie sein Name schon verrät, die flexibelste Art, die Schärfe ganz exakt im Bild zu bestimmen – vor allem für ruhige Motive und Fotos mit ganz exaktem Bildausschnitt.

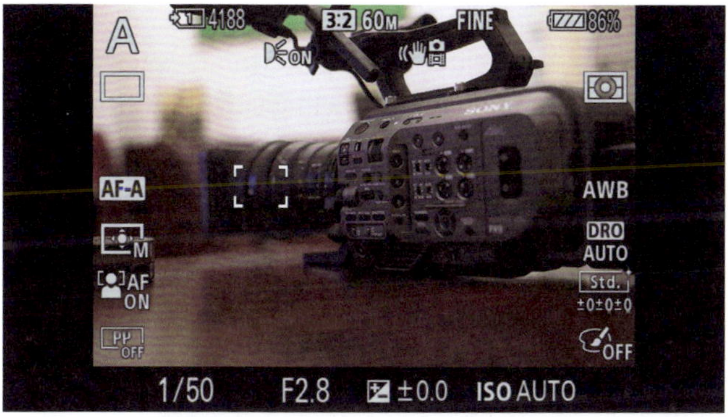

Der Flexible Spot in der Ansicht zum Verschieben

Du kannst deinen Fokuspunkt dahin bewegen, wo dein Hauptmotiv liegt und dein Bild auch wirklich scharf werden soll. Wenn du deine Aufteilung nach der Drittelregel oder dem Goldenen Schnitt arrangieren möchtest, legst du das Fokusfeld auf ein Drittel in horizontaler und vertikaler Richtung des Bildausschnitts und kannst jetzt sichergehen, dass dort scharfgestellt wird.

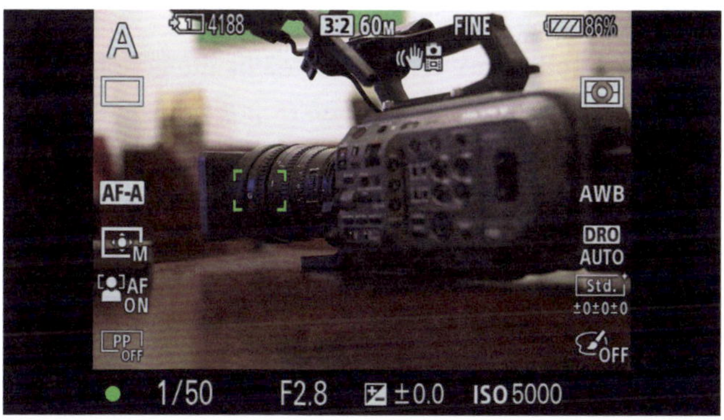

Anzeige bei halb gedrücktem Auslöser: Die Kamera hat scharfgestellt, das Fokusfeld ist grün

Zusätzlich gibt es den *Erweiterten Flexible Spot*. Das gewählte Fokusfeld hat eine „Aura" von Hilfsfeldern, die weiterhin das gewünschte Hauptmotiv erfassen, auch wenn du mal nicht genau draufliegst. Das ist hilfreich, wenn sich dein Objekt etwas bewegt. Ansonsten benutzt du diese Steuerung genauso wie den normalen *Flexible Spot*.

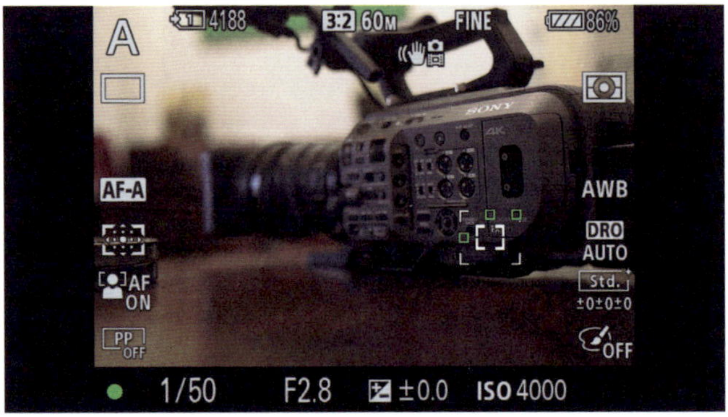

Um das eigentliche Fokusfeld sind die Hilfsfelder zu sehen

Der Augen-AF

Für Porträts und Fotos von Menschen auf Feierlichkeiten oder Events ist der *Augen-Autofokus* (*Augen-AF*) besonders praktisch. Er macht diese Art der Fotografie deutlich einfacher und führt zu mehr scharfen Fotos. Hier gibt es zwischen beiden Kameragenerationen Unterschiede.

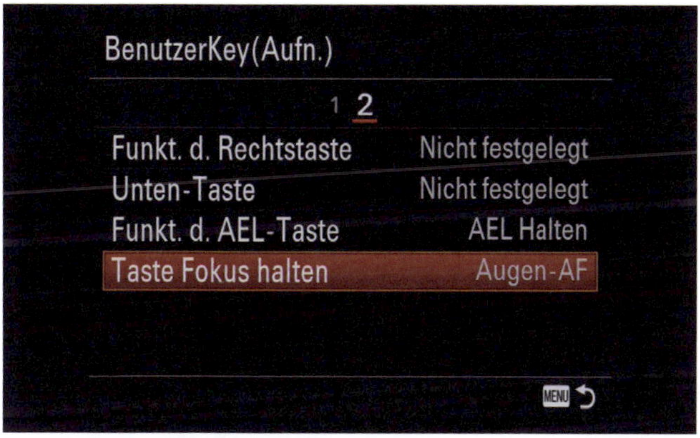

Wie du eine Taste belegen kannst, erfährst du im Abschnitt „Die Tastenbelegung"

Bei der RX10 IV funktioniert der Augen-AF auch im Nachführ-AF, dem *AF-C* und auch ohne zusätzliches Drücken einer Taste: Sobald ein Auge zu sehen ist, wird dir das angezeigt und du fotografierst einfach. Je nachdem welche Fokusfeldsteuerung du angewählt hast, kannst du bei mehreren Personen im Bild mit dem Fokusfeld eine Person auswählen. Im Menü kannst du auch einstellen, dass du den Tieraugen-AF nutzen möchtest. Dieser kann bei einer Vielzahl an Tierarten die Augen fokussieren, auf jeden Fall bei Hunden und Katzen, aber auch bei vielen Vögeln und Wildtieren.

Wenn du mal keinen Augen-AF nutzen möchtest, weil du weißt, dass du in nächster Zeit nur Architektur oder Landschaften fotografierst, kannst du ihn im Menü ausschalten. Es gibt außerdem weiterhin die Option, den Augen-AF nur über eine Taste zu aktivieren.

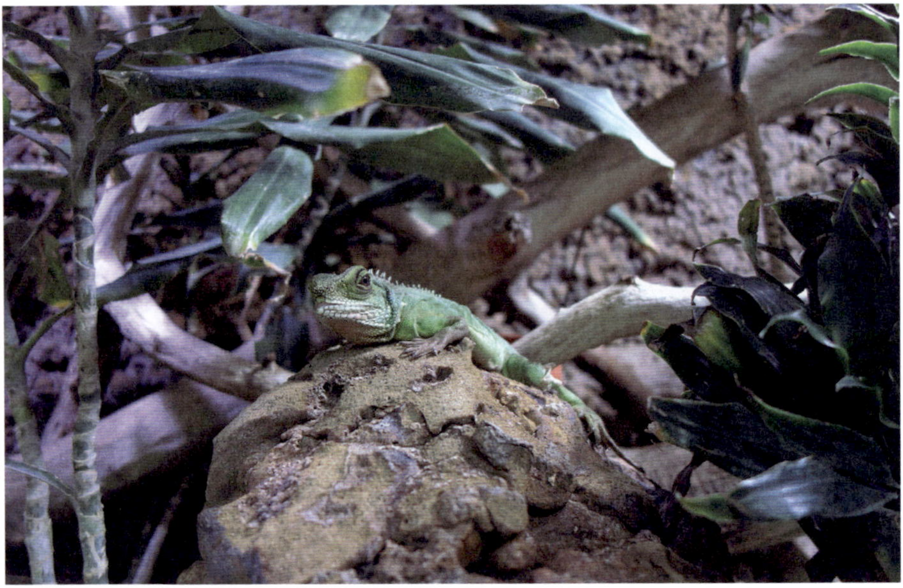

Selbst ungewöhnliche Tiere wie Reptilien werden vom Tieraugen-AF erkannt

AUTOFOKUS BRAUCHT PRAXISÜBUNG

Welche Fokusfeldwahl in welcher Situation am besten passt und wann Unterstützungen wie Echtzeit-Tracking/AF-Verriegelung und der Augen-AF perfekt funktionieren, musst du ausprobieren. Scharfe Actionfotos oder ein Habicht im Sturzflug sind und bleiben anspruchsvolle Motive. Deine Kamera kann dir mit diesen Optionen, sogenannten Assistenzsystemen, sehr gut helfen. Aber der Fotograf oder die Fotografin bleibst du!

Schärfe II: Fokusmodi

Jetzt hast du mit dem Fokusfeld bestimmt, wo die Kamera scharfstellen soll, nun wählst du mit dem Fokusmodus, *wie* du scharfstellen möchtest. Fokussieren ist immer eine Kombination von Einstellungen.

Die RX10 hat einen besonderen Regler an der Vorderseite unten rechts, um den Fokusmodus zu wählen. Es gibt *[AF-]S*, *[AF-]A* (nicht bei der RX10 III) und *[AF-]C* sowie *DMF* und *MF*.

Um das richtige und gezielte Scharfstellen zu üben, stelle zunächst das Fokusfeld auf *Mitte* und dann den Fokusmodus auf *AF-S*. Fokussiere wieder dein Lieblingsmotiv. Du solltest ziemlich nah an das Objekt gehen und den Zoom einsetzen. Halte den ersten Druckpunkt des Auslösers und schwenke nun die Kamera etwas nach rechts oder links. Siehst du, dass dein erstes Objekt weiterhin scharf ist und der Hintergrund unscharf bleibt?

Jetzt stellst du den Modus auf *AF-C*, den Nachführ-Autofokus. Sonst änderst du nichts. Schwenke wieder die Kamera mit halb gedrücktem Auslöser. Nun solltest du einen Unterschied bemerken: Die Schärfe wandert jetzt auf den Hintergrund, weil dein Objekt nicht mehr an der Position des mittleren Fokusfelds ist. Der Nachführ-AF hat also genau das getan, was er soll: Er hat die Schärfe nachgeführt, und die scharfe Ebene liegt nun auf dem Hintergrund, worauf dein Fokusfeld liegt.

Stell jetzt noch mal auf dein Objekt scharf und bewege die Kamera mal nach hinten weg von deinem Motiv und dann wieder darauf zu. Achte aber darauf, dass dein Fokusfeld immer auf dem Gegenstand bleibt, den du scharfstellen willst. Jetzt solltest du sehen, dass das Objekt immer wieder scharfgestellt wird. Diese Situation ist genau die richtige für den Fokusmodus *AF-C*. Genauso funktioniert es, wenn das Objekt auf dich zukommt oder sich entfernt wie z. B. ein Dauerläufer oder ein Hund.

Würden jetzt alle „Objekte“ immer schnurgerade auf dich zulaufen, wäre schon alles getan. Da der Sportler, der Hund oder das Rennmotorrad aber auch schon mal Haken schlagen oder Kurven fahren, brauchst du die anderen Fokusfeldsteuerungen, die du verschieben kannst oder die das Objekt verfolgen.

Der *AF-A* ist nur eine Automatik, die eigenständig umschaltet, wenn die Kamera eine Objektbewegung erkennt. Da sie sich ab und zu mal vertun und den falschen Modus wählen kann, empfehlen wir immer (wirklich immer!), den Fokusmodus selbst zu wählen.

Der manuelle Fokus

Es klingt fast paradox – warum sollte man mit so einer modernen Kamera überhaupt manuell scharfstellen? Genau *weil* sie so modern ist und man im Vergleich zu einer Spiegelreflexkamera einfacher manuell fokussieren kann. Mit dem Sucher oder dem Monitor hilft sie dir durch die Fokusvergrößerung oder die Kantenanhebung. Und bei Makro- oder Sachaufnahmen ist das exakte manuelle Scharfstellen auf kleinste Details manchmal noch genauer als der Autofokus.

Wähle den Fokusmodus *MF* aus und drehe am Fokusring deines Objektivs. Die Kamera aktiviert nun die **Fokusvergrößerung**, eine Art Lupe, mit der du sehr intuitiv und einfach scharfstellen kannst. Die Kamera vergrößert immer den Bereich, auf dem das Fokusfeld liegt. Es ist also möglich, das wichtige Detail bei einer Nahaufnahme mit dem *Flexible Spot* anzuwählen und beim manuellen Fokussieren dann genau zu erkennen, wann das Detail perfekt scharf ist.

Die andere Hilfe, die du beim manuellen Fokussieren benutzen kannst, ist die **Kantenanhebung**, bei anderen Kameras auch Fokus-Peaking genannt. Bei ihr zeigt dir die Kamera die scharfen Bereiche des Bildes mit einer auffälligen Farbe an. Du kannst aus Rot, Gelb und Weiß wählen. Rot wäre z. B. in einem herbstlichen Laubwald nicht so auffällig, daher auch die anderen Optionen. Probiere beide Möglichkeiten der Fokussierhilfe aus und entscheide selbst, womit du lieber arbeitest.

Der Fokusmodus *DMF* (*d*irekt *m*anuell *f*okussieren) ist eine Kombination aus *AF-S* und *MF*, also Autofokus und manuellem Scharfstellen. Du fokussierst ganz wie gewohnt mit dem Antippen des Auslösers und kannst dann am Schärfering des Objektivs drehen, um z. B. bei Sachaufnahmen oder auch Landschaften die Schärfe ganz genau zu legen. Es wird genau wie beim *MF* in die Fokusvergrößerung gezoomt oder die Kantenanhebung angezeigt.

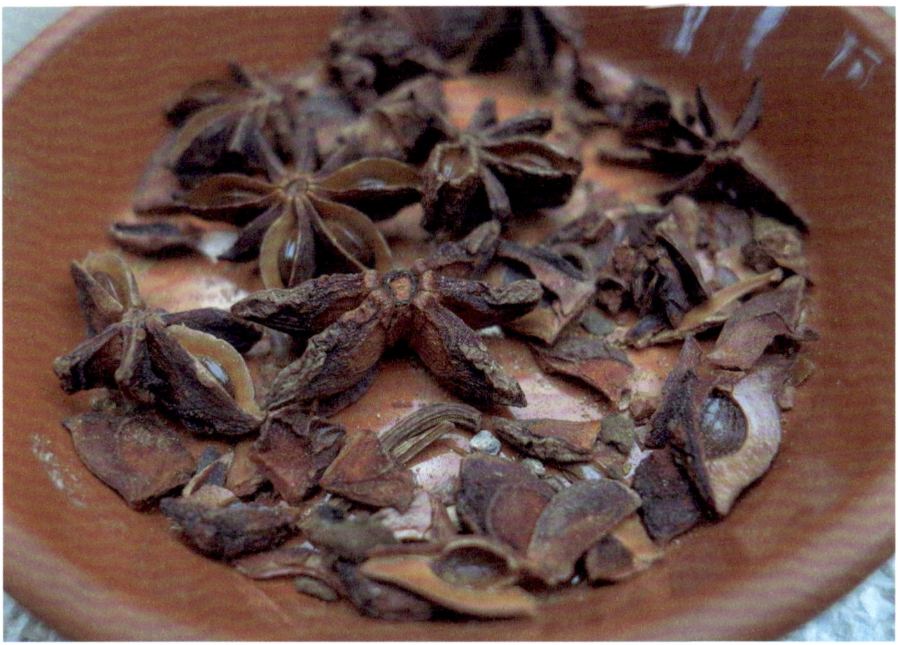

Auch kleinste Details werden mit MF oder DMF perfekt scharfgestellt

DMF: FEINGEFÜHL GEFRAGT

Etwas schwierig ist anfangs, den Auslöser während des manuellen Fokussierens die ganze Zeit halb gedrückt zu halten, bis man dann auslöst – ansonsten aktiviert die Kamera wieder den Autofokus. Das braucht ein bisschen Übung, aber dann ist es eine tolle Funktion. Beim MF muss der Auslöser während des Fokussierens nicht gedrückt werden.

Die Belichtungsmodi

Vielleicht fotografierst du bisher vorwiegend im Automatikmodus oder nutzt Szeneprogramme für besondere Fotos. Aber es gibt keine fotografische Anforderung, die nicht auch mit den klassischen Modi **P, A, S** oder **M** gemeistert werden kann. Damit du einen guten Überblick bekommst, wann du welchen Modus am besten einsetzt, nimmst du dir für diesen Abschnitt am besten deine Kamera zur Hand und ein Objekt deiner Wahl, z. B. eine Spielfigur, eine schöne Tasse oder einen anderen handlichen Gegenstand.

Modus P: Programmautomatik

Im **Modus P** wählt die Kamera eine **Verschlusszeit und Blende** aus, die nach technischen Gesichtspunkten sinnvoll ist. Das heißt, die Verwacklungsgefahr für normale und eher ruhige Motive ist gering und die Tiefenschärfe im mittleren Bereich. Wenn du eine andere Kombination haben möchtest, z. B. mit mehr Tiefenschärfe, kannst du am Drehregler neben der MOVIE-Taste drehen. Dann wird deine Blendenzahl je nach Drehrichtung größer/kleiner (die Blendenöffnung wird kleiner/größer) und deine Verschlusszeit länger/kürzer oder der ISO-Wert höher/niedriger.

Diese Werte können aber immer wieder leicht variieren, wenn die Lichtverhältnisse sich ändern, es also heller oder dunkler in deinem Motiv wird oder du länger den Auslöser nicht betätigt hast. Wenn du die Kamera ausschaltest, wird die Programmautomatik ebenfalls wieder auf die Standardeinstellung zurückgesetzt.

DIE PROGRAMMAUTOMATIK

Die Programmautomatik kommt dem Automatikmodus noch am nächsten, aber du kannst hier, wie auch bei A, S und M, alle Parameter im Fn-Menü und auch im Menü einstellen, die bei AUTO und SCN noch grau unterlegt und nicht zu ändern sind. Die Programmautomatik eignet sich, wenn man eher nebenher fotografieren möchte, aber unter anderem schon Farbeinstellungen im Fn-Menü oder die Helligkeit des Fotos über das Belichtungskorrekturrad beeinflussen möchte.

Einstellungen in Modus P bei ruhigem Motiv

1. Stell die ISO-Automatik ein.
2. Mach zuerst einfach eine Nahaufnahme deines Lieblingsobjekts.
3. Dreh den Drehregler nach links. Dein Blendenwert wird größer und deine Verschlusszeit wahrscheinlich länger. Mach ein weiteres Foto und schau, ob es noch scharf ist.
4. Jetzt bewege den Drehregler über die Mitte zurück und weiter nach rechts. Die Werte verschieben sich in die andere Richtung.

Wenn du indoor fotografierst, ändert sich vielleicht gar nichts im Vergleich zu deinem ersten Foto. Dann geh ans Fenster oder probiere es draußen aus und vergleiche die Bilder. Schau dir auch dieses Foto an. Erkennst du den Unterschied in der Tiefenschärfe?

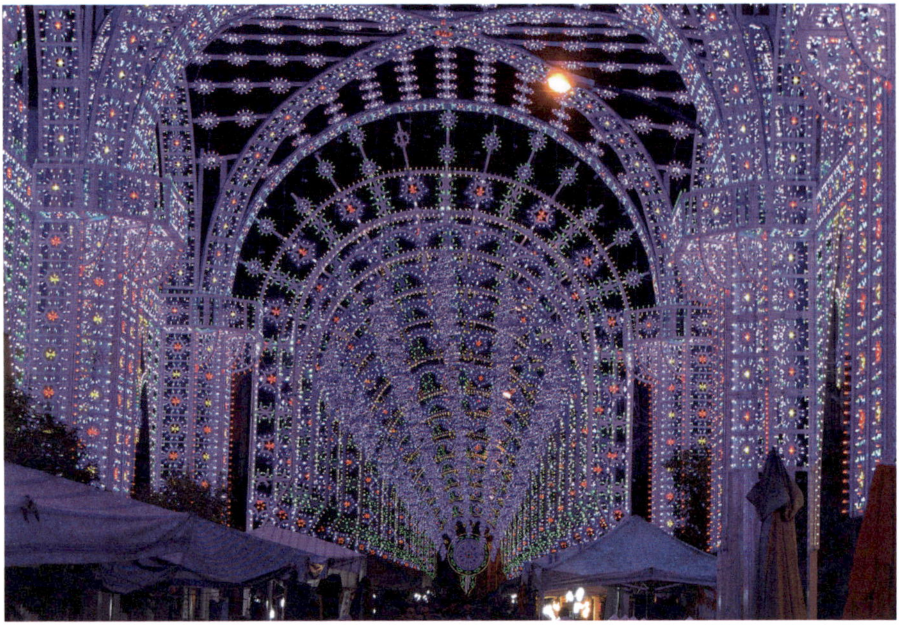

Gerade wenn du im Urlaub nebenbei fotografieren möchtest, ist das Programm P sehr praktisch. Hier ist der Weißabgleich auf Tageslicht gestellt, das ergab hier bei den bunten Lichtern die besten Farben. Die Kamera sorgte mit Blendenwert f/7.1 und 1/30 sek sowie ISO 200 für den Rest.

Modus A: Blendenpriorität/Zeitautomatik

Modus A ist die beste Wahl, wenn Tiefenschärfe für deine Fotos wichtig ist. Bei Porträts oder stimmungsvollen Detailaufnahmen arbeitet man meist mit einer geringen Tiefenschärfe, so dass nur das Wichtigste auf dem Bild scharf ist. Dann wählst du eine kleine Blendenzahl, z. B. die f/2.4, am Blendenring des Objektivs. Bei Architektur- oder Landschaftsfotografie ist häufig eine große Tiefenschärfe gewünscht, also dass alles auf dem Bild scharf ist. Dann stellst du größere Werte wie z. B. f/8 oder f/11 ein.

Im **Modus A** wählst du nur den **Blendenwert** mit dem Blendenring. Die Verschlusszeit wird von der Kamera angepasst. Wenn du die ISO-Automatik benutzt, wird die ISO angehoben oder abgesenkt, je nachdem wie weit deine Blende geöffnet oder geschlossen ist. Dabei versucht die Kamera eine Verschlusszeit zu bilden, die du nicht verwackelst.

Das heißt, du kannst dich bei einem Porträtshooting ganz auf dein Model konzentrieren und sicher sein, immer die geringe Tiefenschärfe zu bekommen, die du möchtest. Genauso erhältst du natürlich auch bei Landschaftsfotos die große Tiefenschärfe. Anders als im Modus P ändert sich der Blendenwert nicht, auch wenn die Lichtverhältnisse sich ändern oder du sogar die Kamera ausschaltest.

Wenn du ein Stativ benutzt, sollte der ISO-Wert fest auf 100 oder einen ähnlich niedrigen Wert eingestellt werden.

DIE BLENDENPRIORITÄT

Den Blendenwert stellst du direkt am Ring deines Objektivs ein. Wenn du die größtmögliche Blendenöffnung möchtest, stelle einfach den Wert f/2.4 ein. Wenn du zoomst, verändert sich die f-Zahl auf deinem Monitor. Ab etwa 100 mm siehst du dann f/4. Das ist bei dieser Brennweite und allen Brennweiten darüber die größtmögliche Blendenöffnung. Wenn du wieder zurückzoomst, ändert sich der Blendenwert wieder bis zu f/2.4.

Die sogenannte Tiefenschärfe ist nicht nur von der Blendenöffnung abhängig. Auch die Brennweite und der Abstand zu deinem scharfgestellten Motiv ist mitentscheidend. Das lässt sich nur sehr kompliziert berechnen, daher solltest du für das sichere Spiel mit Schärfe und Unschärfe viel üben.

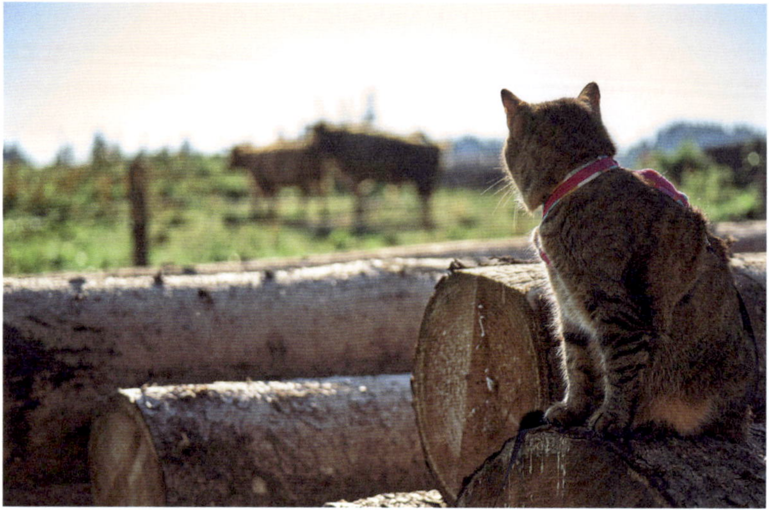

Durch die geringe Tiefenschärfe liegt der Fokus auf der Katze. Bei Brennweite 80 mm und der größtmöglichen Blendenöffnung von f/3.5 sind die Kühe im Hintergrund nur schemenhaft sichtbar.

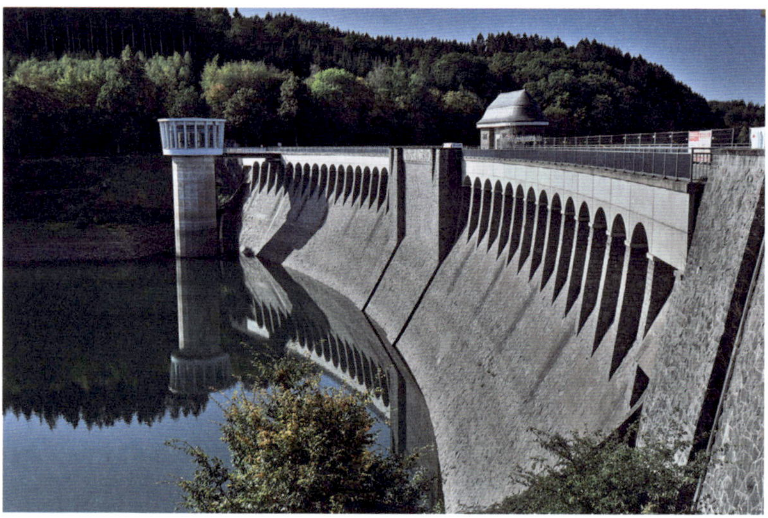

Eine große Tiefenschärfe ist nötig, um die Struktur des Staudamms von vorne bis hinten scharf abzubilden. Dafür brauchst du eine geschlossene Blende. Hier war es f/8 bei 35 mm Brennweite.

Einstellungen in Modus A bei Detailfotos

1. Stell die ISO-Automatik ein.
2. Stelle die Blende per Drehregler auf den kleinsten Wert f/2.4 und mach ein Foto. Achte darauf, mit der Kamera nah an dein Motiv heranzugehen. Zoome ruhig ein bißchen, damit dein Objekt schön groß im Bild ist.
3. Stelle nun die Blende auf f/11 und löse wieder aus. Es sollte nicht zu dunkel im Raum sein. Geh ans Fenster oder nach draußen, wenn es nicht klappt. Vergleiche die beiden Fotos.
4. Versuche es jetzt noch einmal mit festen ISO-Werten. Draußen bei Tageslicht solltest du mit ISO 100 oder 200 auskommen. Im Innenraum wirst du bei Blendenwert f/11 wahrscheinlich mindestens ISO 1600 oder ein Stativ brauchen. Je nachdem, was du fotografierst, kannst du deine Kamera auch einfach auf den Tisch stellen.

MERKSATZ FÜR DIE BLENDE

Kleine Zahl (z. B. f/2.8) → kleine Schärfe!
Große Zahl (z. B. f/11) → große Schärfe!

Modus S: Zeitpriorität/Blendenautomatik

Wenn es um Action, schnelle Bewegung oder besondere gestalterische Raffinessen durch Verwischeffekte geht, ist der **Modus S** der richtige. Du legst hier deine **Verschlusszeit** über den Drehregler fest: eine besonders kurze, etwa 1/1000 sek für das Einfrieren von Actionaufnahmen, oder eine längere, z. B. 1/30 sek, um Bewegung dynamisch im Bild zu zeigen.

Die Kamera bildet hier nun den passenden Blendenwert und bei aktivierter ISO-Automatik auch die Empfindlichkeit. Im Modus S empfiehlt sich die ISO-Automatik, damit die Kamera die Belichtung auch bei großen Veränderungen der Verschlusszeit richtig einstellen kann. Jetzt kannst du dich ganz auf die Verfolgung deines Motivs konzentrieren, und wenn du einmal die passende Verschlusszeit gefunden hast, werden die Bilder immer bewegungsscharf oder haben die von dir gewünschte Dynamik.

Einstellungen in Modus S bei ruhigem Motiv

1. Stell die ISO-Automatik ein.
2. Stelle die Verschlusszeit auf 1/20 sek ein und versuche, eine scharfe Aufnahme von einem unbewegten Gegenstand zu machen. Wenn das noch zu lang ist, verkürze schrittweise die Verschlusszeit, bis es klappt. So weißt du für die Zukunft, welche Verschlusszeiten du brauchst, um verwacklungsfreie Fotos zu machen.
3. Die Helligkeit kannst du über das Belichtungskorrekturrad einstellen, bis sie dir gefällt.

Einstellungen in Modus S bei bewegtem Motiv → eingefroren

1. Stelle die ISO-Automatik ein.
2. Stelle die Verschlusszeit auf 1/125 sek ein und versuche, eine scharfe Aufnahme von einem bewegten Objekt, z. B. einem fahrenden Auto oder Fahrrad zu machen. Wenn das Foto noch nicht scharf ist, verkürze die Verschlusszeit schrittweise, bis es klappt.

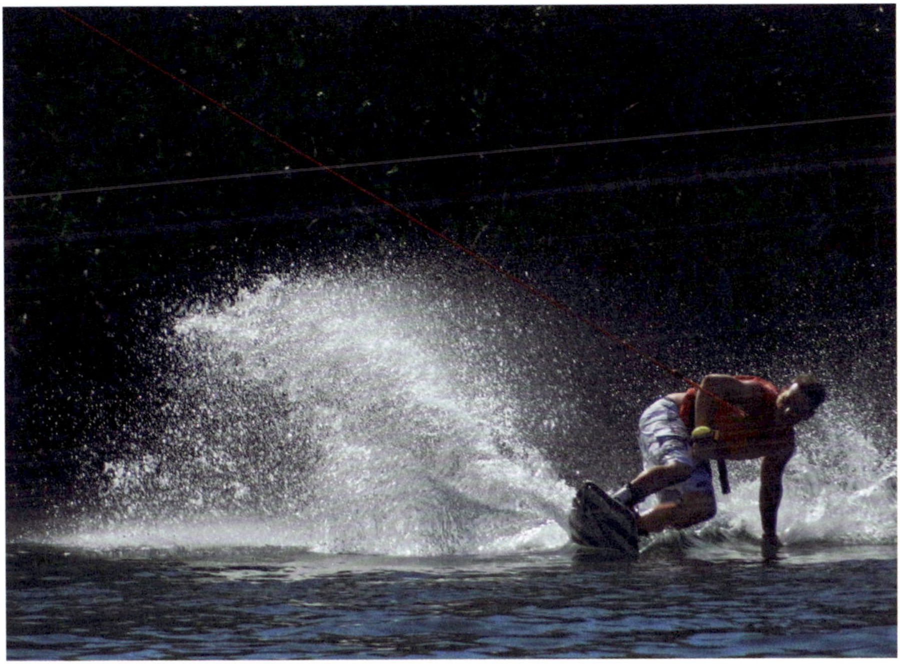

Der Wakeboarder mit den stiebenden Wassertropfen ist ein typisches Beispiel für den Modus S. Bei 1/1000 sek und kürzer werden die Wassertropfen schön eingefroren.

Einstellungen in Modus S bei bewegtem Motiv → dynamisch

1. Stell die ISO-Automatik ein.
2. Stelle die Verschlusszeit auf 1/40 sek ein und ziehe die Kamera während des Auslösens mit der Bewegung des Objekts mit. Stell dir dabei die Bewegung vor, die du machen würdest, wenn du ein fahrendes Fahrzeug durch ein Fernglas beobachten würdest.
3. Stelle die Helligkeit über die Belichtungskorrektur ein, bis sie dir gefällt.
4. Wenn das gut klappt, verlängere die Verschlusszeit schrittweise, damit der Effekt des verwischten Hintergrunds stärker sichtbar wird. Diesen Trick kannst du bei allen bewegten Motiven anwenden, auch bei Menschen oder Tieren.

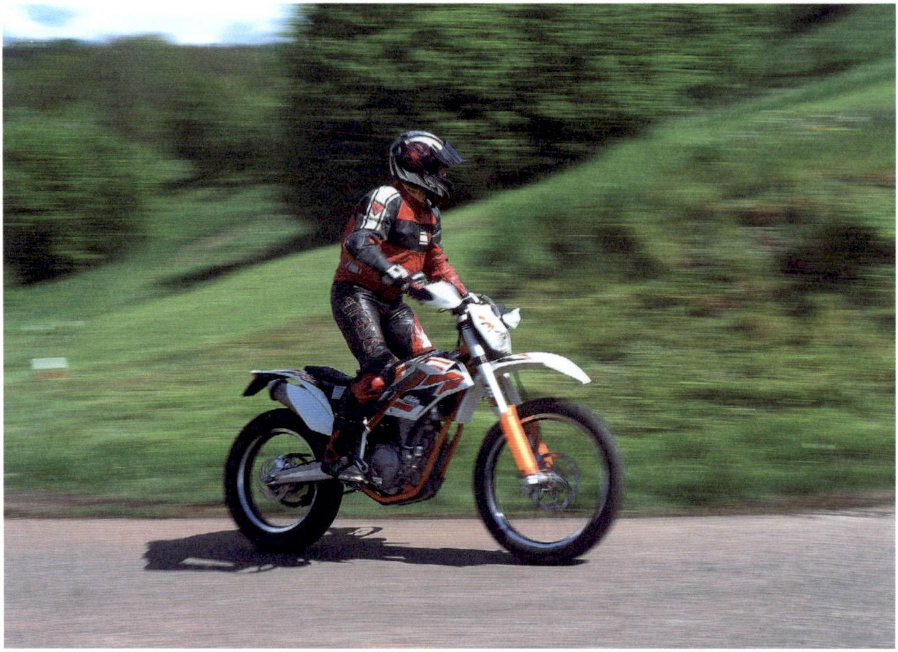

Hier beträgt die Verschlusszeit 1/30 sek. Das Motorrad ist scharf, aber der Hintergrund durch das Mitziehen der Kamera verwischt.

BELICHTUNGSPROBLEME IN MODUS S

Es kann sein, dass deine Fotos im Modus S hin und wieder zu hell oder zu dunkel werden. Wenn du abends oder in schummrig beleuchteten Innenräumen sehr kurze Werte wie 1/1000 sek einstellst, kann deine Kamera Blendenwert oder ISO nicht so weit verändern, dass dein Foto noch ausreichend hell ist. Wenn du andererseits tagsüber deine Verschlusszeit sehr lange, z. B. auf 10 sek einstellst, kann die Kamera die anderen Werte nicht so weit verstellen, um durch sie das Licht weit genug zu reduzieren. Dein Foto wird dann ganz hell, vielleicht sogar komplett weiß. Nutze daher die Vorschau auf dem Monitor oder im Sucher und achte zusätzlich auf den Blendenwert: Er blinkt, wenn es zu hell oder zu dunkel ist.

Modus M: Manuelle Belichtung

Wenn du alle Belichtungswerte selbst einstellst, nennt man das manuelle Belichtung. Für viele Motive ist es zu langwierig, das alles selbst vorzunehmen. Aber gerade bei Landschaftsaufnahmen oder wenn du bei sehr wenig Licht fotografierst (z. B. im Theater oder im Konzert oder bei Nacht) oder bestimmte kreative Lichteffekte wie Lichtspuren von Fahrzeugen oder Ähnlichem erzeugen willst, ist es oft einfacher, direkt manuell zu fotografieren. Im Modus M zu fotografieren, gilt als besonders professionell.

Im **Modus M** kannst du die Helligkeit durch **individuelles Einstellen von Blendenwert und Verschlusszeit** ändern. Auf dem Live-View im Sucher oder Monitor kannst du die Helligkeit deines Bildes schon gut abschätzen. Im Abschnitt „Die Monitor- und Sucheransichten“ kannst du nachlesen, wie du das Histogramm zur Belichtungsprüfung aktivierst.

Modus M ist auch immer dann gut geeignet, wenn sich die Lichtverhältnisse nicht ändern, also bei Nachtaufnahmen oder auch im Fotostudio mit Blitzlicht oder speziellen LED- oder Halogenlampen. Einmal die richtigen Blendenwerte und Verschlusszeiten eingestellt, kannst du einfach deine Aufnahmen machen.

Anders als bei den Programmen P, A und S hat die Belichtungskorrektur im Modus M keine Auswirkung, es sei denn, du benutzt die ISO-Automatik. Dann kann die Kamera die Helligkeit deines Fotos über den ISO-Wert ändern. Aber Achtung, das ist eine eher von Profifotografen genutzte Einstellung z. B. bei Event- oder Hochzeitsfotografie. Um den Modus M zu beherrschen, solltest du zunächst mit festen ISO-Werten fotografieren.

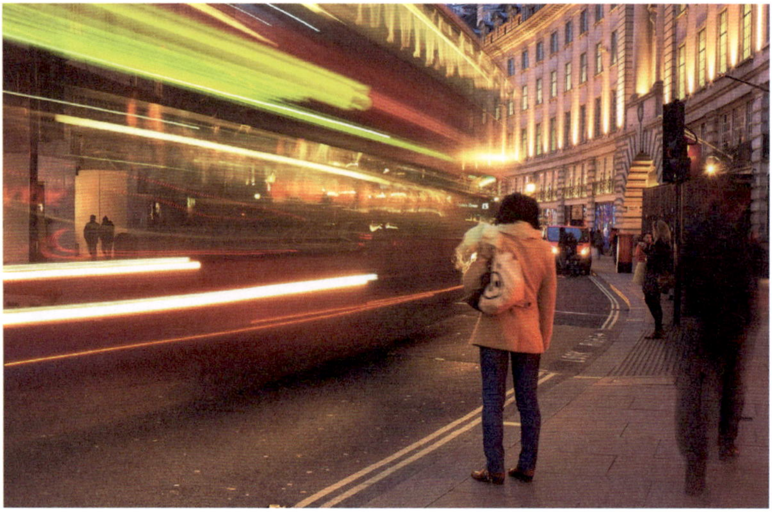

Die lange Verschlusszeit von 0,8 sek lässt den Bus nur noch schemenhaft erscheinen. Die leicht geschlossene Blende f/6.3 und der ISO-Wert 320 sorgen dafür, dass Tiefenschärfe und Belichtung passen.

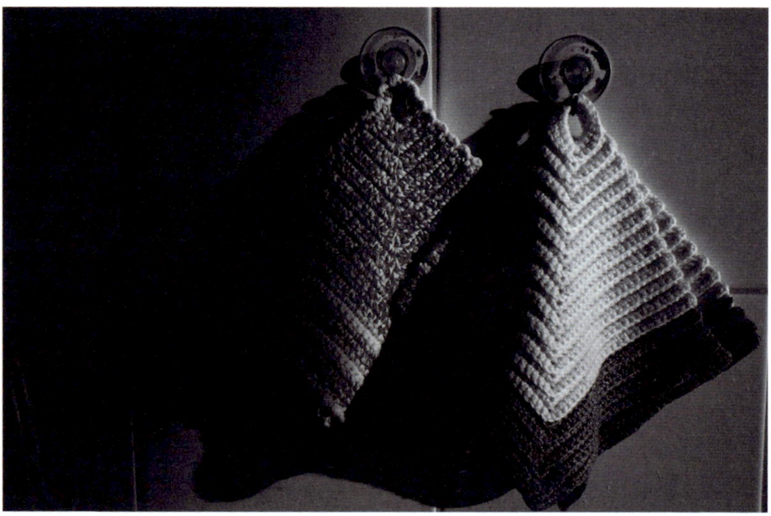

f/3.5, 1/200 sek, ISO 100: Die besondere Lichtstimmung entstand durch die sehr dunkle Belichtung. Man könnte hier auch mit Modus A und der Belichtungskorrektur arbeiten, aber mit M kommst du oft intuitiver zu solchen Fotos.

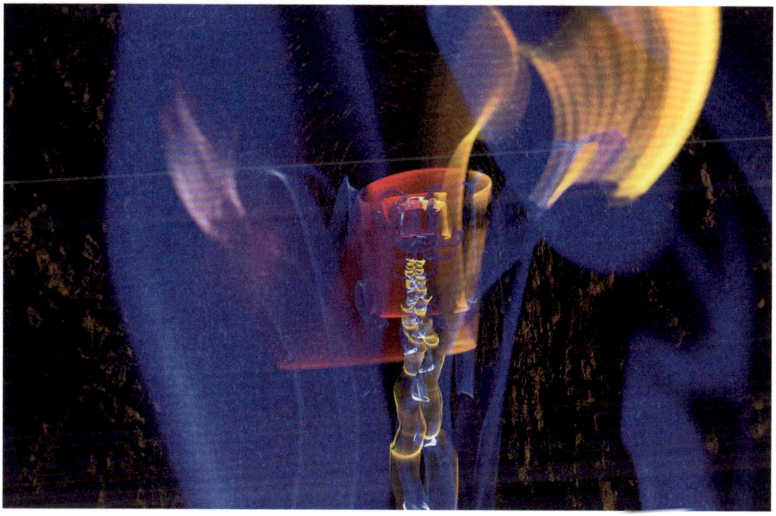

Eine besonders eindrucksvolle Spielart der Fotografie ist die Lichtmalerei. Hier stellst du eine Verschlusszeit von mehreren Sekunden ein und bewegst z. B. eine Taschenlampe oder wie hier bunte Knicklichter (Leuchtstäbe).

Einstellungen in Modus M

1. Stell die ISO auf feste Werte: ISO 1600 im Innenraum oder ISO 100 draußen bei Tageslicht. (Dies sind nur geschätzte Werte. An einem bewölkten Tag können auch ISO 200 oder 400 besser sein.)
2. Den Blendenwert stellst du auf die kleinste Zahl, also die größte Öffnung ein.
3. Jetzt veränderst du die Verschlusszeit so lange mit dem Drehregler, bis dir die Helligkeit des Fotos auf dem Monitor gefällt.
4. Nun stellst du den Blendenwert auf f/11 ein und veränderst wieder die Verschlusszeit solange, bis die Helligkeit passt. Hast du gemerkt, wie groß der Unterschied zwischen der offenen Blende und der weiter geschlossenen Blende f/11 ist?

BLENDENREIHE UND LICHTWERT

Zwischen Blendenwert f/2.8 und Blendenwert f/8 liegen drei Lichtwertstufen, häufig wird das auch EV, „exposure value", genannt. **1 EV** Unterschied bedeutet jeweils eine **Verdopplung** bzw. **Halbierung der Lichtmenge.** Das bedeutet, dass die Verschlusszeit bei f/8 achtmal so lang ist wie bei f/2.8 (2 x 2 x 2), wenn du die Blendenreihe betrachtest:

Blendenwert	1.4	2	2.8	4	5.6	8	11	16	22
Verschlusszeit	1/1000	1/500	1/250	1/125	1/60	1/30	1/15	1/8	1/4

ZUBEHÖR

Deine Kamera – mehr brauchst du zunächst nicht zum Fotografieren. Aber je nachdem, welche Motive du fotografieren möchtest oder ob du auch mal nachts Fotos machen möchtest, wirst du um einige wichtige Zubehörteile nicht herumkommen. Stative, Fernbedienung und Filter machen deine Ausrüstung besser und ermöglichen dir, deine Fotoideen leichter umzusetzen. Wir stellen dir hier ein paar Dinge vor, mit denen das Fotografieren noch mehr Spaß macht.

Objektiv

Die Brennweite

Sicherlich hast du schon an deinem Objektiv gezoomt, also etwas auf nah oder fern eingestellt. Bei der kleinsten Brennweite von 24 mm hast du einen sehr großen Blickwinkel. Alles ist im Bild. Bei größeren Brennweiten, also beim Heranzoomen, wird der Blickwinkel immer kleiner.

Auf den folgenden Bildern siehst du die 24–600-mm-Brennweiten im Vergleich. Werte kleiner als 50 mm nennt man Weitwinkel, damit siehst du sozusagen die Weite des Raumes. Bei Werten größer als 50 mm spricht man von Tele. Es sieht dann so aus, als sei man sehr nah dran.

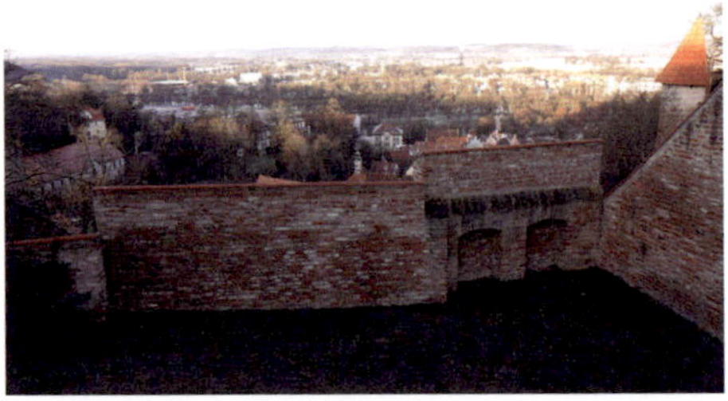

24 mm

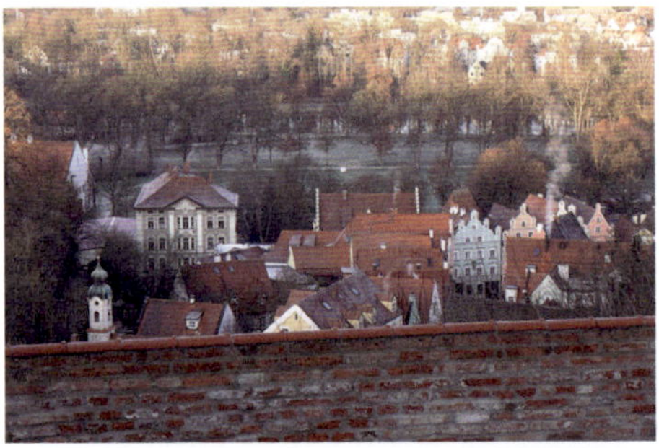

90 mm

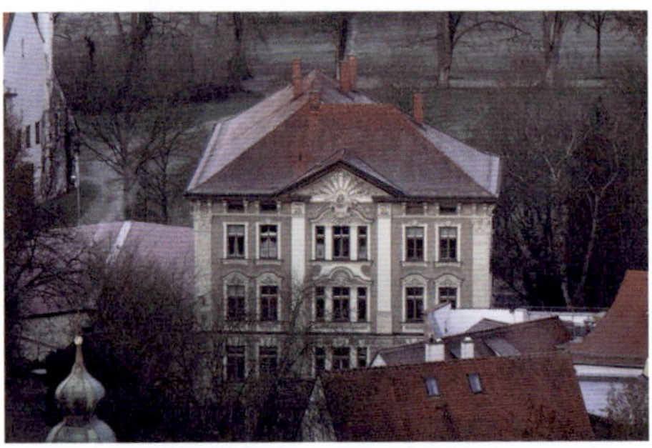

280 mm

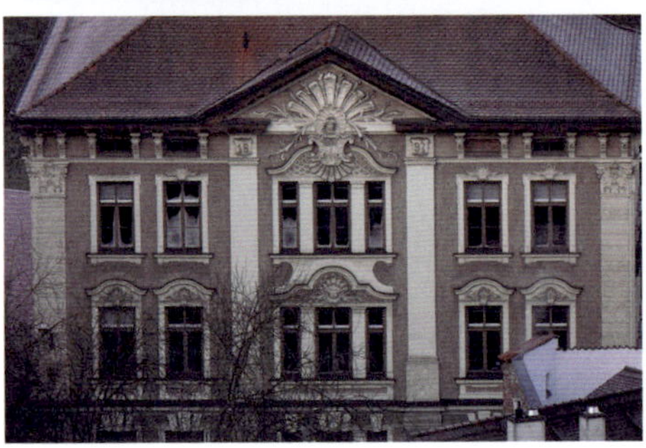

600 mm

Hier siehst du die Wirkung einiger Brennweiten deines Zoomobjektivs vom Weitwinkel mit 24 mm bis zum starken Tele mit 600 mm

Die Sony RX10-Modelle haben noch eine weitere Besonderheit. Wenn dir mal 600 mm Brennweite nicht reichen sollten, kannst du zusätzlich noch den Klarbild-Zoom nutzen (siehe Abschnitt „Einstellungen2“). Dann hast du quasi 1200 mm Brennweite in voller Auflösung. Die einzige Einschränkung: Das geht nur im JPEG-Format.

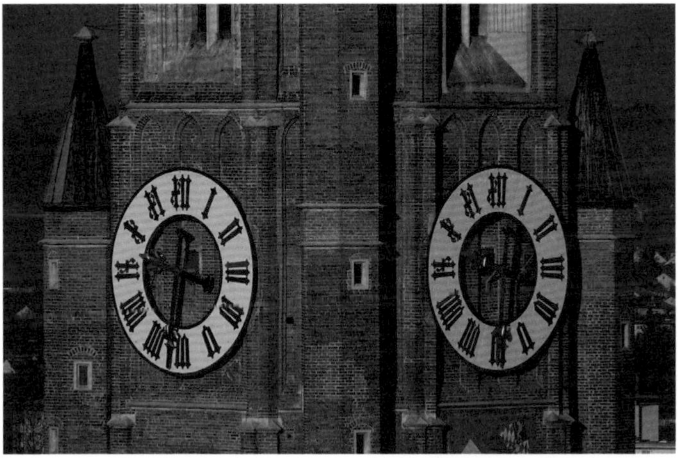

Die Uhr der Martinskirche in Landshut mit dem optischen Zoom bei 600 mm ...

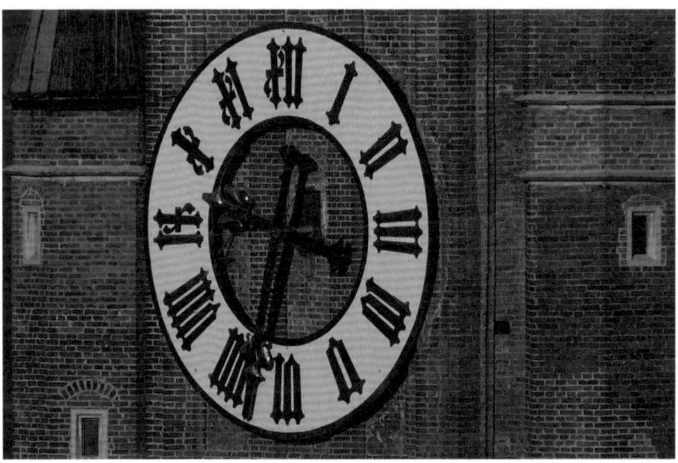

... und zusätzlich mit dem zweifachen Klarbild-Zoom

Stative

Durch das geringe Gewicht deiner Kamera kannst du mit eher leichten Stativen arbeiten. Zur Grundausstattung gehört ein kleines Tischstativ, das du schon für unter 30 Euro bekommst. Es hält locker deine Kamera. Da es nur etwa 20 cm hoch ist, fotografierst du damit sehr bodennah, also quasi aus der Froschperspektive, was interessante Bilder ergeben kann – oder du stellst es auf eine Mauer, einen Baumstumpf oder das Dach deines Mietwagens im Urlaub. Wenn du aber den Zoom deiner Kamera nutzen willst und das Objektiv ausfährt, könnte so ein Stativ umkippen. Dann brauchst du ein richtiges Stativ.

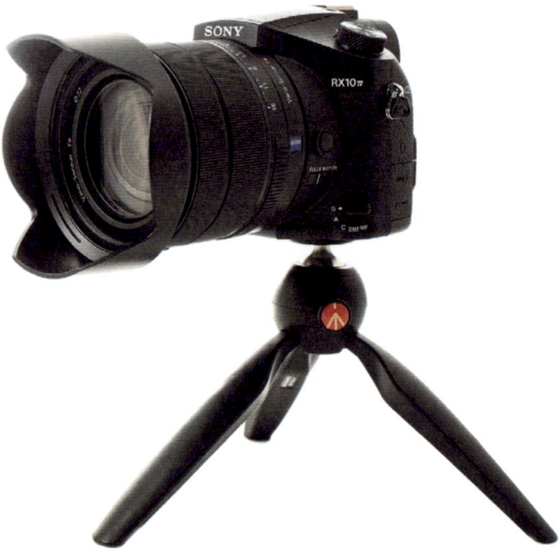

Die RX10 IV auf einem kleinen Tischstativ

Richtig schwere und robuste Stative eignen sich für Jobs, wenn du mit dem Auto anreist. Dann kannst du das Gewicht richtiggehend genießen, denn einmal aufgestellt, steht es wie ein Fels, und du kannst dich darauf verlassen, dass dein Bildausschnitt über Stunden der Gleiche ist. Es gibt aber inzwischen eine große Auswahl an Stativen, die einen guten Kompromiss zwischen Stabilität und Gewicht bieten.

Der Stativkopf

Viele Stative, gerade die kleineren, werden mit einem mehr oder weniger guten Stativkopf ausgeliefert. Aber manchmal hält der Kopf nicht das, was das Stativ verspricht. Häufig ist es ein **Kugelkopf**. Er ist für allgemeine Fotografie sehr praktisch, weil man mit ihm sehr schnell arbeiten kann. Wenn du aber z. B. Architekturfotos machen möchtest, ist ein Kugelkopf nicht unbedingt die beste Wahl, denn du bekommst damit sehr schwer eine wirklich genaue Kamcraausrichtung hin. Wenn du dann noch mal deinen Ausschnitt verfeinern willst, weil du z. B. etwas nach links oder rechts verschwenken willst, ist dein Bildausschnitt meistens wieder schief.

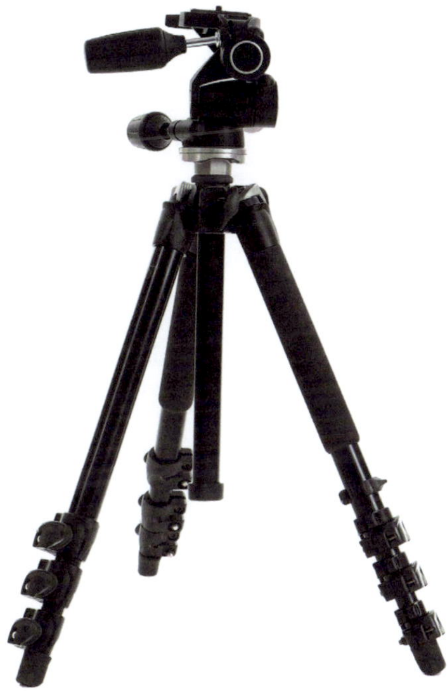

Ein robustes Stativ mit Drei-Wege-Neiger

Es gibt Kugelköpfe, die die horizontalen und vertikalen Ebenen auch getrennt voneinander verstellen können. Das ist eine feine Sache, aber nicht gerade günstig.

Eine preiswerte Alternative, vor allem für Landschafts- und Architekturaufnahmen, sind **Drei-Wege-Neiger**. Mit ihnen kannst du alle Ebenen gut getrennt voneinander einstellen.

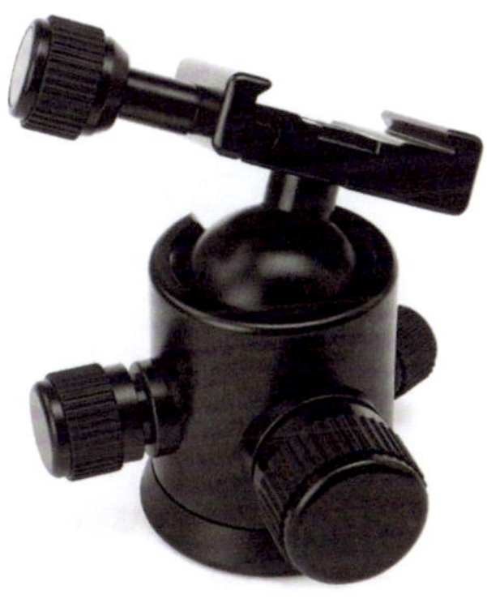

Kugelköpfe sind sehr kompakt und lassen sich einfach bedienen

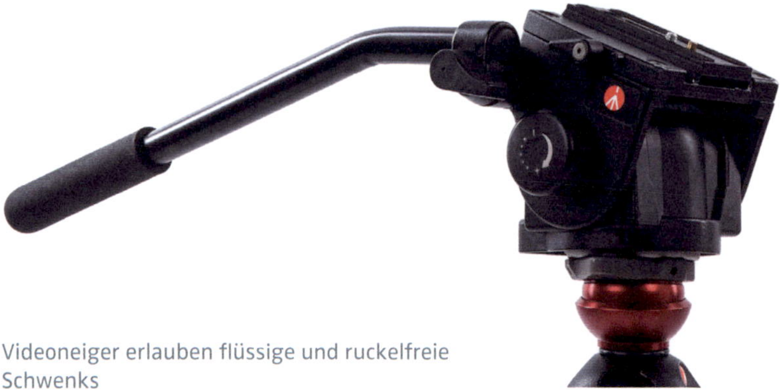

Videoneiger erlauben flüssige und ruckelfreie Schwenks

Wenn du gern filmst, gibt es dafür spezielle **Videoneiger**. Wichtig ist dabei, dass du einen verstellbaren Arm hast und sehr gut, das heißt ruckelfrei schwenken kannst.

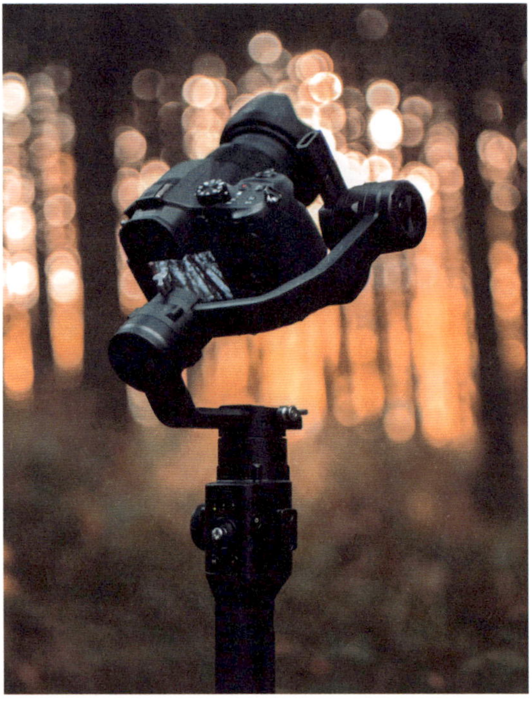

Gimbals sind in den letzten Jahren deutlich günstiger geworden

Gerade in den letzten Jahren immer populärer fürs Filmen sind sogenannte **Gimbals**. Mit ihnen kannst du während des Drehs gehen oder sogar laufen, und sie gleichen deine Bewegungen aus. Hier ist es sehr wichtig, dass der Gimbal das Gewicht deiner Kamera trägt, sonst hängt sie ständig nach unten. Auch den Zoombereich deiner RX10 solltest du nicht mehr stark ändern, damit die Gewichtsverteilung deiner Kamera sich durch das herausfahrende Objektiv nicht ändert.

Fernbedienung

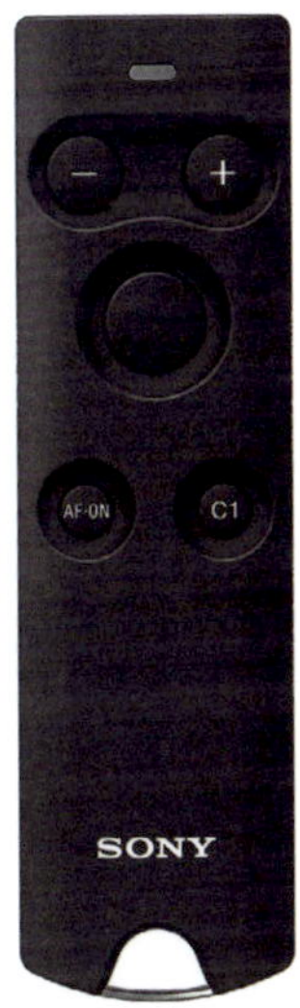

Wenn du vom Stativ aus fotografierst, ist es natürlich auch praktisch, deine Kamera fernauszulösen. Die Bluetooth-Fernbedienung RMT-P1BT ist eine universelle Lösung, die auch mit vielen anderen Sony-Kameras funktioniert.

Alternativ kannst du auch dein Smartphone mit der Sony-App „Imaging Edge Mobile“ benutzen. Wenn du aber häufig Landschaften oder Ähnliches fotografierst, empfehlen wir die Fernbedienung: Die Verbindung zur Kamera ist unkomplizierter und der Stromverbrauch deutlich geringer.

Filter

Es gibt unzählige Filter. Vielleicht hast du schon von ein paar Filtertypen gehört oder besitzt bereits welche. Welche du wirklich brauchst, erklären wir dir hier.

UV- und Schutzfilter

Es gibt die UV- oder Neutralfilter, die man gern als Schutzglas für die Frontlinse des Objektivs verwendet. Wichtig ist hier: Der Filter verbessert nicht die Bildqualität. Im besten Fall, das heißt, wenn es ein qualitativ hochwertiger Filter ist, verschlechtert er die Bildqualität nicht merkbar. Ob du das Objektiv deiner RX10 durch einen Filter schützen willst, solltest du davon abhängig machen, ob die Gefahr besteht, dass deine Frontlinse beschädigt wird. Das wäre z. B. bei actionlastiger Fotografie wie Motocross der Fall oder wenn du gerne am Strand fotografierst – da könnte mal ein Steinchen in deine Richtung fliegen oder Sand die Linse verkratzen.

Wenn du dagegen gerne Porträts in Räumen machst oder Architektur dein Hauptgebiet ist oder du in anderen eher „ungefährlichen" Gegenden unterwegs bist, brauchst du für dein Objektiv eher keinen Schutz. Die Gegenlichtblende, die bei deiner Kamera dabei ist, schützt dein Objektiv ausreichend.

Polfilter

Dieser Filter ist wohl der bekannteste. Er besteht aus zwei Filterscheiben, die sich gegeneinander verdrehen lassen. Dadurch kannst du seine Wirkung verstärken oder abschwächen. Man benutzt ihn, um Wasserflächen, also z. B. Seen oder das Meer, farbintensiver darzustellen, weil durch den Filter die Reflexion des Wassers gemindert wird. Er wird auch bei der Architekturfotografie eingesetzt, wenn man die Spiegelungen in Glasscheiben vermindern will.

Außerdem kann er die Farbintensität bei Landschaftsfotos verstärken. Zum Beispiel wirkt der Himmel blauer und die Wolken weißer, aber auch Blattgrün oder die Farben von Blüten können deutlich gesteigert werden. Aber Vorsicht bei Porträts, hier ist der Effekt eher unerwünscht. Rötungen der Haut würden deutlich verstärkt. Bei Porträts will man meist eher sanfte Farbübergänge. Polfilter sind etwas teurer. Ihre Konstruktion ist schwierig und ihre Farbneutralität wichtig, damit die Farben zwar intensiviert, aber nicht verfälscht werden.

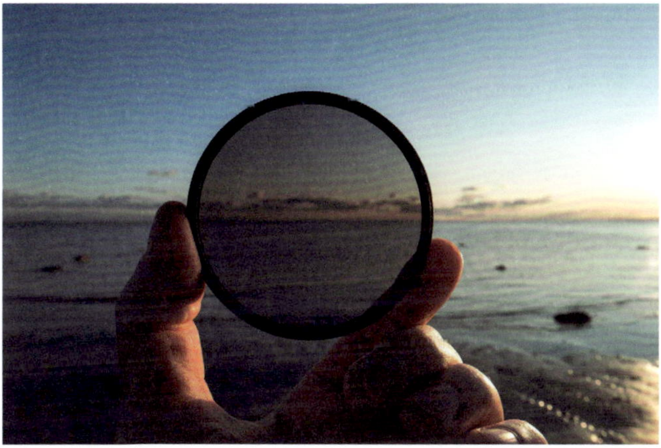

Der Polfilter verstärkt den Kontrast zwischen Himmel und Wolken

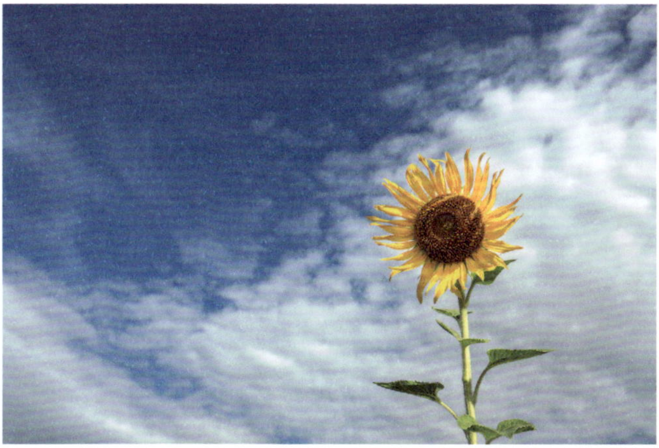

Bei Landschaftsfotos verstärkt der Polfilter den Kontrast und sorgt für eine hohe Farbtrennung

POLFILTER SCHLUCKEN LICHT

Nimm beim Polfilter immer die Verpackung mit, damit du ihn sicher verstauen kannst, wenn du ihn nicht brauchst. Achtung: Der Polfilter schluckt Licht, manche Polfilter bis zu zwei Lichtwertstufen. Das bedeutet, bei Blende f/4 wird nur noch die Lichtmenge durchgelassen, als hättest du f/8 eingestellt.

Graufilter

Dieser Filtertyp ist wichtig, wenn du zu viel Licht hast. Häufiger Einsatzzweck sind Landschaftsfotos mit Wasserfällen. Vielleicht hast du schon mal abends einen Brunnen oder am Strand fotografiert, um diese schöne weiche Darstellung des Wassers einzufangen. Abends ist so wenig Licht vorhanden, dass deine Verschlusszeit zwangsläufig länger wird und dadurch dieser Effekt entsteht. Aber tagsüber ist für längere Verschlusszeiten einfach zu viel Licht vorhanden: Das Bild würde zu hell.

Deswegen brauchst du für diesen Effekt einen Graufilter, auch ND-Filter genannt. Es gibt ihn in verschiedenen Stärken. Am besten lässt du dich in einem Fotofachgeschäft beraten, damit du die richtige Stärke, also Abdunklung für deine Zwecke bekommst. Mit einem ND500 bekommst du bei Sonnenschein schon eine Belichtungszeit von etwa 30 Sekunden hin. Im Workshop „Hochwasser“ siehst du ein Praxisbeispiel, das mithilfe eines Graufilters entstanden ist.

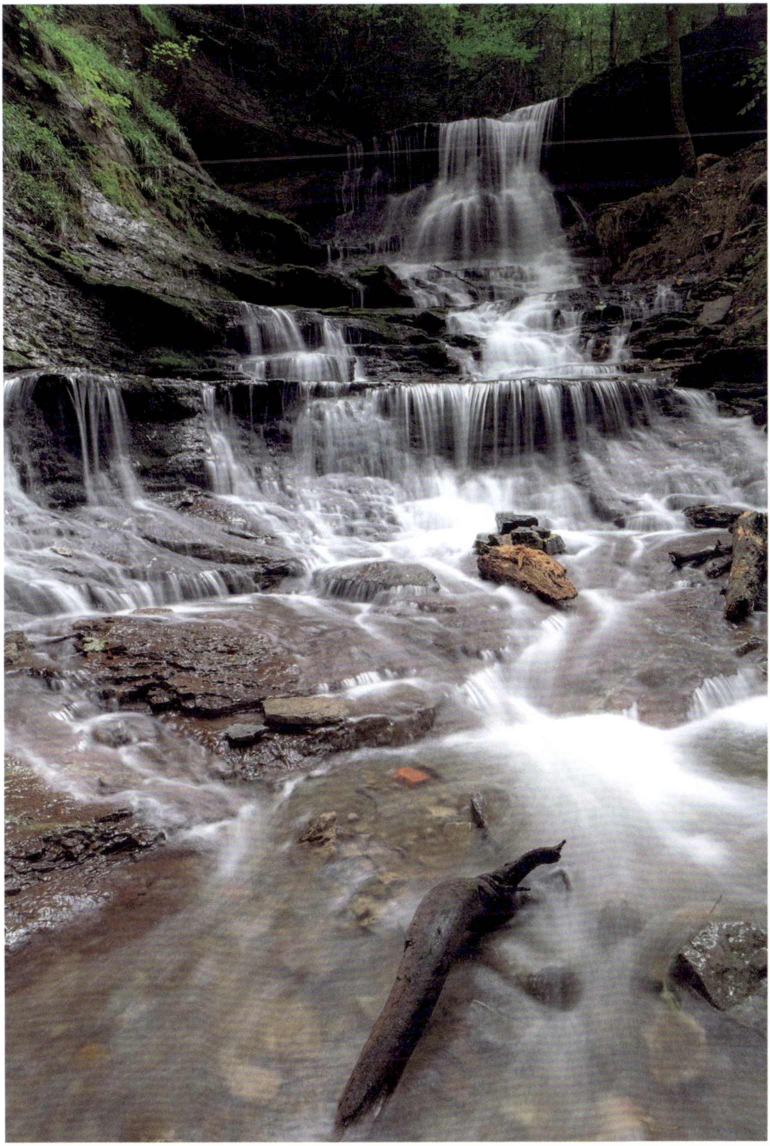

Bei Landschaftsfotos verstärkt der Polfilter den Kontrast und sorgt für eine hohe Farbtrennung

Verlaufsfilter

Mit diesem Filtertyp kannst du Teile des Bildes abdunkeln. Am häufigsten ist das der helle Himmel. Bestimmt hast du auch schon einmal bemerkt, dass du vor dir einen tollen blauen Himmel mit schönsten Postkartenwolken hast, aber wenn du dein Foto gemacht hast, siehst du darauf nur einen blassblauen Himmel ohne Wolkenkonturen. Der Verlaufsfilter dunkelt den hellen Teil ab, und auf deinem Foto sind Struktur und Farbintensität der Wolken wieder sichtbar.

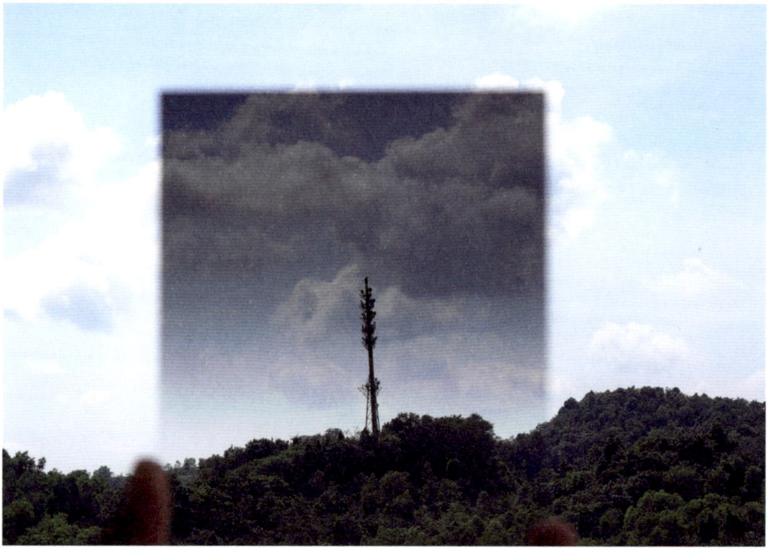

Grau- und Verlaufsfilter braucht man vor allem in der Landschaftsfotografie. Es gibt sie rund, aber auch rechteckig.

DAS MENÜ DER SONY RX10 III UND IV

In diesem Kapitel erklären wir dir leicht verständlich alle Menüposten deiner Kamera. Nicht alle Menüfunktionen sind für das Fotografieren wichtig. Aber mit deiner Sony willst du vielleicht auch mal dein Handy als Auslöser nutzen oder du möchtest tiefer in die Videografie einsteigen. Du musst nicht alle Funktionen auswendig kennen, aber hier bekommst du ein super Nachschlagewerk an die Hand, wenn du mal eine Einstellung suchst und/oder verändern möchtest.

Die Abbildungen zeigen immer die Grundeinstellung. So kannst du die Voreinstellungen wiederherstellen, auch wenn du deine Menüposten total verändert hast, ohne deine Kamera komplett auf die Werkseinstellungen zurücksetzen zu müssen.

Die Abbildungen der Menüs stammen von der RX10 IV, Stand Mitte 2021. Durch zukünftige Firmware-Updates könnten einzelne Menüpunkte anders heißen oder dazugekommen sein.

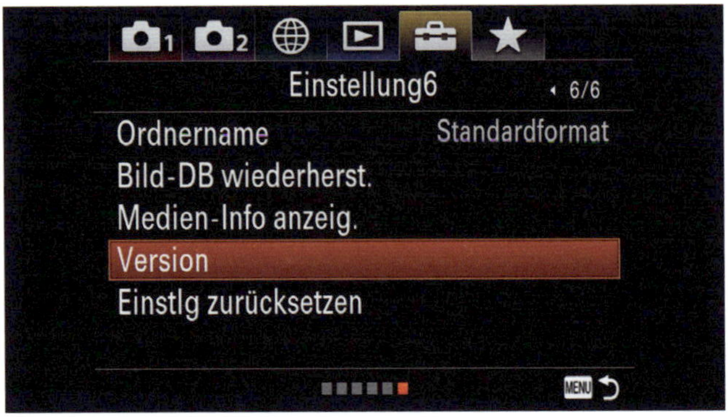

Versionsanzeige deiner RX10, zu finden im vorletzten Menüposten auf der letzten Menüseite

Lass uns mit dem vielleicht wichtigsten Menüpunkt starten: Die Menü-Registerkarte mit dem gelben Werkzeugkoffer wird *Einstellungen* genannt. Sie hat mindestens sechs weitere Unterseiten. Auf der letzten findest du *Einstlg zurücksetzen*. An dieser Stelle kannst du die Kameraeinstellungen zurücksetzen oder im schlimmsten Fall die Kamera initialisieren, also die Werkseinstellungen wiederherstellen.

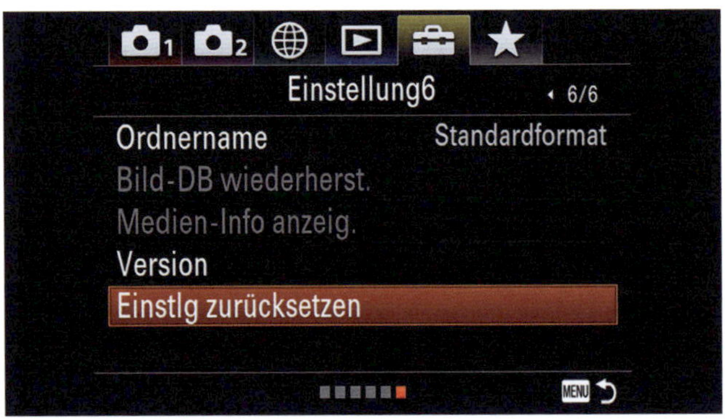

„Einstlg zurücksetzen" auf der letzten Seite des Menüs „Einstellungen"

DIE „RETTUNGSTASTE“

Um das Menü zu verlassen, kannst du entweder die Menü-Taste drücken oder den Auslöser kurz antippen. Er ist also zusätzlich eine Rettungstaste, wenn du aus den Untiefen des Menüs wieder herausfinden möchtest.

Schauen wir uns nun das Menü etwas genauer an. Am oberen Rand findest du die verschiedenen Menü-Registerkarten, in denen die Einstellungswerte nach Kategorien sortiert sind. Keine Angst: Das ist einfacher, als es sich anhört. Schauen wir uns diese Menü-Registerkarten mal an:

1. Karte (Rot): (Kamera-)Einstellung1
2. Karte (Violett): (Kamera-)Einstellung2
3. Karte (Grün): Netzwerk1
4. Karte (Blau): Wiedergabe1
5. Karte (Gelb): Einstellung1
6. Karte (Grau): Mein-Menü-Einstellungen

In *Einstellung1* findest du nun noch Kategorien direkt unter den Registerkarten. Das sind je nach Kamera bis zu 14 Seiten, die auch so benannt sind (z. B. „Qualität/Bildgröße1“). Damit fällt es dir leichter einzugrenzen, in welcher Menüseite du nach dem richigen Menüposten suchen musst. Betrifft die Einstellung, die du verändern willst, also z. B. die Scharfstellung, suchst du in der Menüseite *AF1* oder *AF2*.

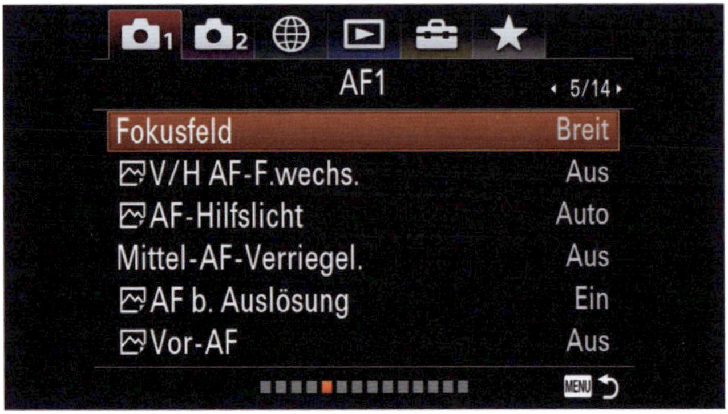

Die Unterseite AF1

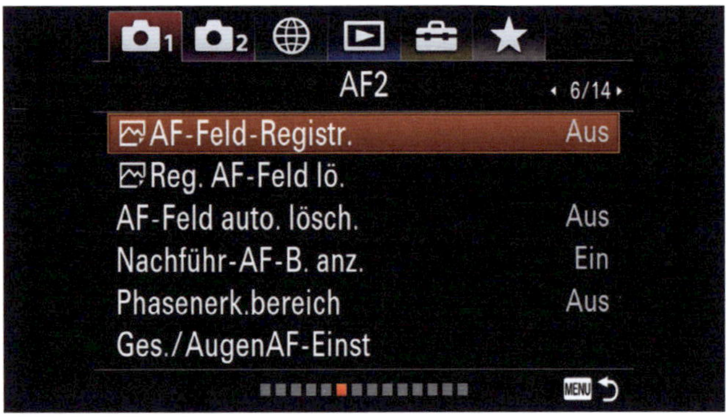

Die Unterseite AF2

Im Menü findest du vor den Einstellwerten manchmal Symbole, z. B. vor *Dateiformat:* Ein kleines Piktogramm, das eine Landschaft darstellt, sagt dir, dass sich die Funktion auf den Fotomodus bezieht. Wird dir ein Filmstreifen vor manchen Einstellungen gezeigt, bedeutet das, du kannst diesen Einstellwert nur für den Filmmodus benutzen.

Außerdem findest du am unteren Rand eine Skala, die dir deine Position (oranges Quadrat) in der aktuellen Menü-Registerkarte zeigt.

Daneben siehst du deine aktuell benutzbaren Tasten. Das übersicht man oft, ist aber extrem nützlich, wenn du sehen willst, was du hier alles einstellen kannst. Diese Symbole der nutzbaren Tasten hast du übrigens auch in anderen Ansichten auf dem Monitor, z. B. bei der Fokusfeldauswahl im Fn-Menü.

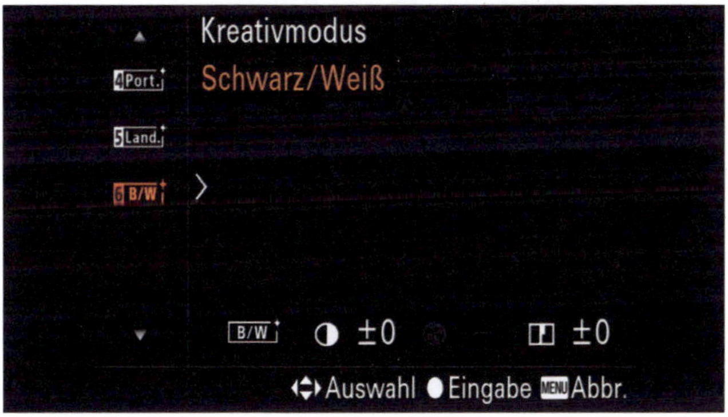

Symbole der nutzbaren Tasten bei der Kreativmodusauswahl im Fn-Menü

Und noch ein paar Worte zur Navigation: Mit den Tasten auf dem Einstellrad oben und unten kannst du vertikal deine Einstellwerte wechseln und auch die Menü-Registerkarte auswählen. Blätterst du nun weiter nach oben, springt die orangefarbene Markierung wieder nach unten ins Menü und umgekehrt.

Mit den Tasten links und rechts blätterst du durch die Kategorieseiten. Auch hier springt die Anzeige nach der letzten Seite wieder zur ersten und umgekehrt.

Einstellungen1

Qualität/Bildgröße1

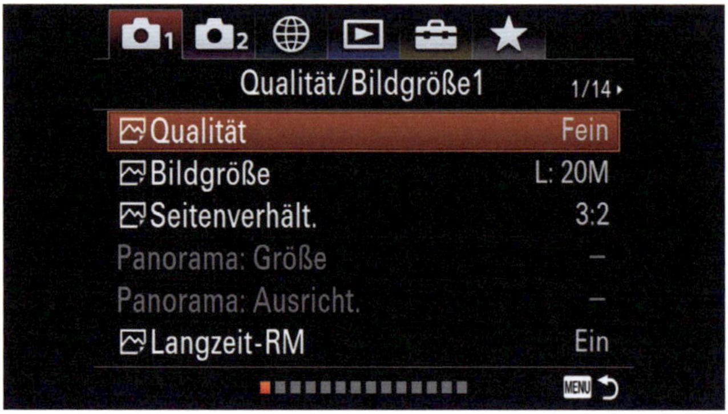

Das Menü in „Qualität/Bildgröße1“

Qualität: Welches Dateiformat du nutzt, hängt vor allem von deinem Workflow ab. Willst du alles aus deiner Kamera herausholen, nutzt du ganz klar *RAW*. Diese Bilder sind allerdings noch nicht „fertig“, sie müssen noch von dir bearbeitet werden. *JPEG*-Bilder durchlaufen in der Kamera ein „Processing“, eine Bearbeitung, die mindestens Schärfe, Kontrast und Sättigung angeht, und können direkt benutzt werden. Wer zu Beginn sofort nutzbare JPEGs haben möchte, sich aber die Möglichkeit der späteren Bearbeitungen vorbehalten will, für den ist die Möglichkeit, beides zu speichern, am interessantesten.

Durch die dreifache Dateigröße des RAW ist der Informationsgehalt enorm erweitert. Ein RAW hat 14 Bit Farbtiefe, ein JPEG nur 8 Bit. Das ist ein Unterschied von 16,7 Millionen Farben zu 4 Billionen Farben, du hast also extrem viel mehr Abstufungen in den Schatten- und Highlightbereichen.

Bildgröße solltest du nur ändern, wenn du dir zusätzlich zum RAW ein JPEG für eine Bibliothek auf einem Laptop anlegen möchtest, der nur eine begrenzte Speicherkapazität hat. Die Unterschiede im Platzbedarf sind enorm: 1 MB in der Kombination Qualität *Standard* und Bildgröße S: 5 M (Megapixel) im Vergleich zu 4–8 MB in der Kombination Qualität *Extrafein* und Bildgröße L: 20 M (Megapixel). Für den Hausgebrauch empfehlen wir, im JPEG mit höchster Auflösung und maximaler Qualität (*Extrafein*) zu arbeiten.

Das *Seitenverhält[nis]* kann natürlich im Nachhinein verändert werden, wäre da nicht die Sache mit der Bildkomposition: Bei einem Bild im 16:9- oder gar 1:1-Verhältnis ergeben sich nämlich ganz andere Anforderungen für einen interessanten Bildausschnitt. Am besten du arbeitest in dem Seitenverhältnis, das später benötigt wird. *1:1* solltest du wählen, wenn du Fotos für Instagram machst, da dir die Kompostition dann auf Anhieb besser gelingt.

Um den Panoramamodus anzupassen, gibt es noch *Panorama: Größe* und *Ausricht[ung]*: Auch hier entscheiden die Auflösungsangaben über die Einstellungen. Bei der Größe *Standard* haben wir 8000 Pixel und bei der Größe *Wide* 12000 Pixel an der Längskante. Die Höhe der Panoramen bleibt jeweils bei 1800 Pixeln. Die Panorama-Funktion hilft gerade in den Situationen, in denen kein Weitwinkelobjektiv greifbar ist, besonders wenn du auf die vertikale Ausrichtung wechselst, also die Kamera hochformatig hältst und dann horizontal schwenkst. Dadurch bekommst du etwas mehr Bildhöhe und somit einen noch größeren Bildausschnitt.

RM bedeutet „Rauschminderung". Bei *Langzeit-A*ufnahmen wird der Sensor direkt nach der Belichtung ein weiteres Mal mit der gleichen Verschlusszeit ausgelesen, allerdings ohne den Verschluss zu öffnen. Das entstandene Bild enthält statisches Rauschen, also das Rauschen, das bei dem vorherigen Bild auch an der gleichen Stelle auftritt.

Das zusätzliche Bild wird vom ersten subtrahiert, und übrig bleibt eine Aufnahme mit weniger Rauschen. Während des Subtrahierens kann man den Schriftzug „Verarbeitung“ auf dem Monitor lesen. Diese Art der Rauschminderung wird ab einer Verschlusszeit von einer Sekunde eingesetzt.

Qualität/Bildgröße2

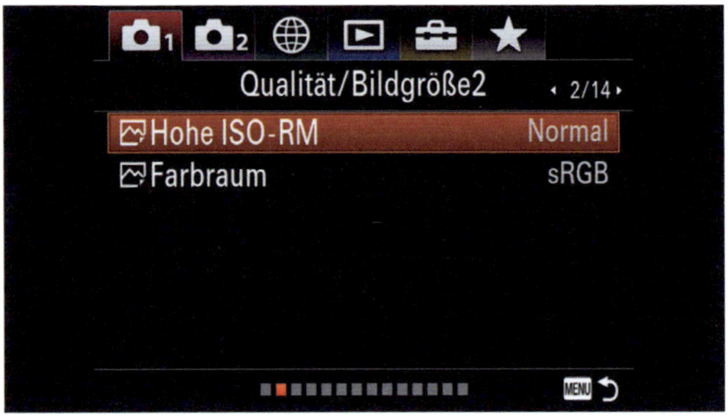

Das Menü in „Qualität/Bildgröße2“

Bei Aufnahmen mit *Hohe ISO-RM* kommt es auch zu Rauschen, allerdings ist dieses dynamisch, also immer an anderer Stelle und schwieriger zu behandeln. Der Bildprozessor analysiert das Bild nach Schärfentiefe und Details und entscheidet selektiv, wo das Rauschen durch eine Art Weichzeichnung entfernt werden soll. Der Prozessor verhindert dadurch, dass bildentscheidende Details verloren gehen.

Der *Farbraum* betrifft nur JPEG-Bilder. Da fast alle Geräte wie Smartphone, Laptop und Fernseher lediglich mit den *sRGB*-Farbraum zurechtkommen, benötigst du *adobeRGB* nur, wenn du dein JPEG direkt aus der Kamera in die Druckvorstufe zur Bearbeitung geben musst.

Aufnahme-Modus/Bildfolge1

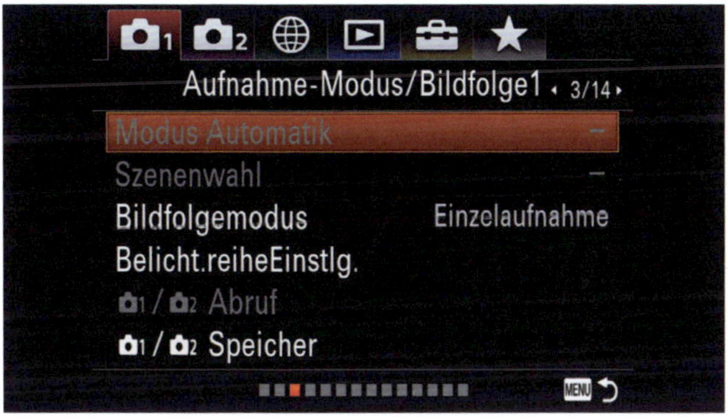

Das Menü in „Aufnahme-Modus/Bildfolge1"

Modus Automatik gibt dir die Wahl zwischen einer intelligenten Automatik und einer überlegenen Automatik. Die intelligente Automatik entscheidet durch Motiverkennung die „richtige" Belichtung, Schärfe und Farbe. Die überlegene Automatik erkennt darüber hinaus, welche anderen Anforderungen ein Motiv hat, z. B. ob der HDR-Modus oder die Multiframe-RM sinnvoll ist.

Szenenwahl gibt dir die Wahl zwischen den verschiedenen Szenenmodi. Sowohl Szenenwahl als auch Modus Automatik sind über das Fn-Menü in Standardkonfiguration in der unteren Zeile an sechster Stelle erreichbar.

Der *Bildfolgemodus* enscheidet nicht nur über die Geschwindigeit der Serienbilder, sondern auch über Selbstauslöser, Belichtungsreihe, Weißabgleichreihe und DRO-Reihe. Der Bildfolgemodus ist außerdem über das Fn-Menü und das Drücken des Einstellrades nach links erreichbar.

Wer HDR selbständig erstellen will, kann mit *Belicht.reiheEinstlg.* die Aufnahme vereinfachen. *Selbst.whrd. Reihe.* ist beispielhaft für die vielen teilweise kryptischen Abkürzungen in den Sonykameras. Sie soll „Selbstauslöser während Reihenaufnahme“ bedeuten.

Hier entscheidest du, dass die Belichtungsreihe selbstständig von der ersten bis zur letzten Aufnahme durchgeführt wird – und das mit nur einer Auslösung. Zusätzlich kannst du den Selbstauslöser in verschiedenen Zeiten wählen, um mögliche Schwingungen der Kamera abzuwarten. Normalerweise reichen hier zwei Sekunden. Bei leichten Stativen, die zum Nachschwingen neigen, wählst du die längste Zeit vor.

MR bedeutet Speicherabruf und hat mit dem Moduswahlrad zu tun. Sobald du auf dem Moduswahlrad MR eingestellt hast, kannst du im Menü *MR Abruf* deine verschiedenen häufig benutzten Modi abrufen, wenn du sie vorher hier gespeichert hast. Du wählst zunächst ganz nach Belieben deinen Aufnahmemodus, das Fokusfeld oder sonstige Einstellungen, gehst dann auf den Menüpunkt *MR Speicher* und speicherst sie auf einem deiner Speicherslots auf dem Speicherabruf auf dem Moduswahlrad. Es gibt auf deinem Moduswahlrad die Position MR, auf der Einstellungen gespeichert und über *MR Abruf* aufgerufen werden können.

Du kannst also wunderbar ein komplettes Setup für deine Lieblingssituation ablegen. Beispielsweise eignet sich für einen Hobbyornithologen der Modus S mit 1/2000 sek Belichtungszeit, Auto ISO, für den Fokus der *Flexible Spot* und für die Belichtung Messmodus *Mitte*. Damit bist du jederzeit für eine schnelle Tieraufnahme gewappnet.

Aufnahme-Modus/Bildfolge2

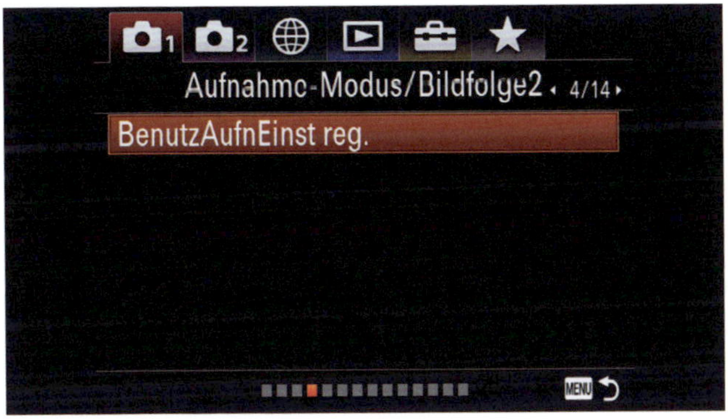

Das Menü in „Aufnahme-Modus/Bildfolge2"

Es ist sogar möglich, spezielle Konfigurationen auf Tastendruck abzurufen. Diese Möglichkeit erhöht das Arbeitstempo in schwierigen Situationen wie Sport enorm, da du mit einem Tastendruck deine Kamera komplett anders einstellen kannst. Diese Voreinstellung kannst du im Menü *BenutzAufnEinstlg. reg[istrieren]* vornehmen. Du hast dabei drei Slots zur Verfügung.

AF1

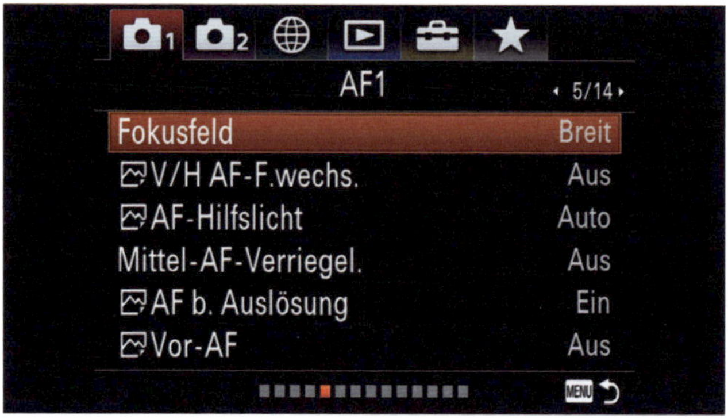

Das Menü in „AF1"

Mit *Fokusfeld* und *Fokus-Einstellung* entscheidest du, wo fokussiert werden soll. Es gibt diverse Einstellmöglichkeiten – um hier etwas mehr Übersicht zu haben, kannst du in der *Fokusfeldgrenze* die Fokusfelder, die du nicht benutzt, einfach herausnehmen.

Mit *V/H AF-F.wechs[eln]* kannst du die Position und Art der Fokusfelder für Hoch- oder Querformat festlegen. Das ist interessant, wenn du oft Hochformatporträts machst.

Zum Fokussieren bei schlechten Lichtverhältnissen gibt es das *AF-Hilfslicht,* das der Fokusmessung der Kamera einen besseren Kontrast von Hell auf Dunkel gibt, um die Schärfe zu finden. Der Nachteil ist, dass diskretes Fotografieren damit nicht mehr möglich ist, weil es ein helles rotes Licht aus Richtung der Kamera gibt.

Mittel-AF-Verriegel[ung] blendet eine Art Fadenkreuz ein, mit der du auf das zu verfolgende Objekt zielen kannst und das dann mit der Mitteltaste zum Verfolgen mit der AF-Verfolgung festgelegt werden kann.

Der *AF b[ei] Auslösung* ist bei fast allen Fotografen beliebt. Dennoch mögen es einige, das Scharfstellen vom Auslösen zu entkoppeln und auf eine andere Taste zu legen. Stellst du hier auf *AUS*, fokussiert die Kamera nicht mehr beim halben Drücken des Auslösers.

Der *Vor-AF* sorgt dafür, dass auf deinem Monitor immer ein scharfes Bild angezeigt wird, also auch ohne dass du den Auslöser benutzt.

AF2

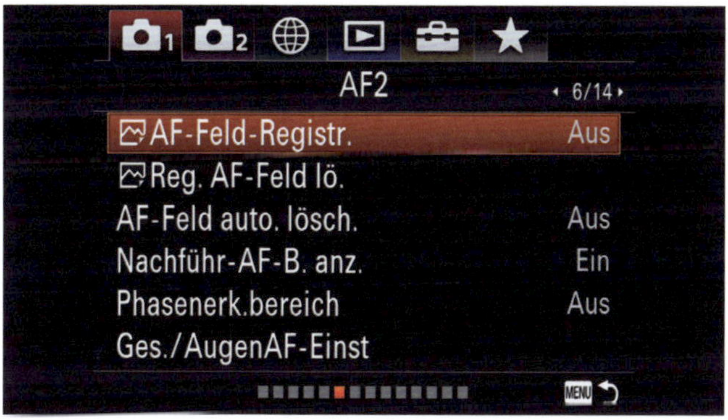

Das Menü in „AF2"

Die *AF-Feld-Registr[ierung]* ist sehr praktisch. Auf Tastendruck kannst du hier eine zuvor gespeicherte Position von einem AF-Feld abrufen und darauf fokussieren. Damit kannst du sehr schnell zwischen zwei AF-Feldern wechseln, z. B. vom Goldenen Schnitt links im Bild zum Goldenen Schnitt rechts im Bild.

Natürlich kannst du ein *Reg[istriertes]-AF-Feld lö[schen]*, das du zuvor festgelegt hast.

AF-Feld auto. lösch[en] ermöglicht es dir, dein AF-Feld nur einzublenden, sobald du den Auslöser halb durchdrückst. Ansonsten wird es nicht angezeigt.

Mit *Nachführ-AF-B[reit] anz[eigen]* sind die 425 Autofokusfelder gemeint, die im kontinuierlichen Autofokus AF-C eine gewisse Unruhe auf dem Monitor erzeugen können. Wer sich auf sein Motiv konzentrieren möchte, kann sich ganz auf den Autofokus verlassen und die Anzeige der einzelnen AF-Punkte abschalten.

Phasenerk[ennungs]bereich zeigt den Bereich mit einer Klammer an, in dem Phasen-AF-Punkte zur Verfügung stehen.

Die *Ges[icht-]/AugenAF Einst[ellungen]* sind sehr wichtig. Sie machen das Fotografieren von Porträts bei Events wie Hochzeiten oder Tagungen um einiges einfacher. Hier kannst du entscheiden, ob beim halben Drücken des Auslösers Augen und Gesichter erkannt werden sollen, ob das rechte oder linke Auge ausgewählt werden soll, ob ein Rahmen um erkannte Gesichter gesetzt werden soll und ob du Menschen oder Tiere fotografierst. Das Einblenden des Rahmens um erkannte Gesichter herum (*Gesicht[s]Erk[ennungs]Rahm[en] Anz[eige]*) ist sehr nützlich, um schon vor dem Tippen des Auslösers zu wissen, ob die Kamera Gesichter erkannt hat.

Belichtung1

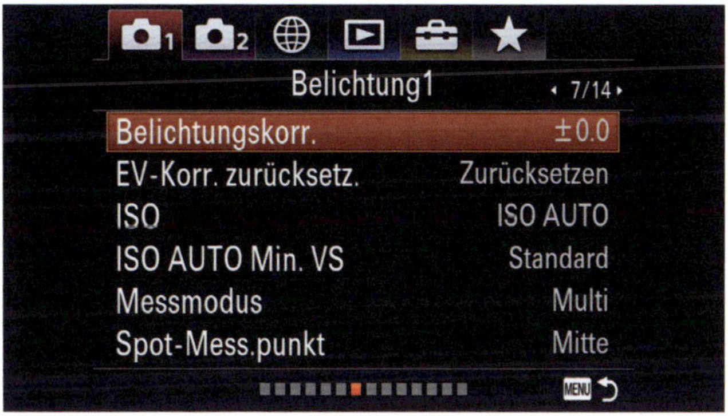

Das Menü in „Belichtung1"

Die *Belichtungskorr[ektur]* ist eine der wichtigsten Funktionen, um deine Helligkeit im Bild zu steuern. Nutze sie so oft wie möglich, um eine Belichtung zu erzielen, die genau deinen Wünschen entspricht.

EV-Korr[ektur] zurücksetz[en]: Hier enscheidest du, ob die Belichtungskorrektur nach dem Ausschalten zurückgesetzt werden soll.

Die *ISO* wird zu Beginn auf *ISO AUTO* stehen; erst nach und nach wirst du selbstständig ISOs vorwählen, um die bestmögliche Bildqualität zu erzielen. Nutze in *ISO AUTO* die ISO-Bereichsgrenze, indem du nach rechts auf *ISO AUTO minimal/maximal* gehst. Damit stellst du sicher, dass deine Qualitätsanforderungen an dein Bild erreicht werden. Es gilt: Lieber ein verrauschtes als ein verwackeltes Bild! Mit *ISO AUTO Min. VS* kannst du festlegen, bei welcher Verschlusszeit sich im ISO-Automodus die ISO anpassen soll. Du hast trotz der Automatik Einfluss darauf, ob die Bilder eine Bewegungsunschärfe haben oder eingefroren sind.

Der *Messmodus* ermöglicht dir die Wahl zwischen verschieden großen Bereichen, die bei der Belichtungsmessung auf deinem Motiv zur Anwendung kommen. Sehr interessant ist der Messmodus *Spot: Standard* bei Porträtaufnahmen. Die Belichtungskorrektur, die ISO-Einstellungen und den Messmodus findest du außerdem im Fn-Menü.

Spot-Mess.punkt: Die Position des Spotmesspunktes ist normalerweise in der Mitte des Bildausschnitts. Bei der RX10 IV kann man ihn mit dem Fokusfeld koppeln – eine sehr nützliche Funktion.

Belichtung2

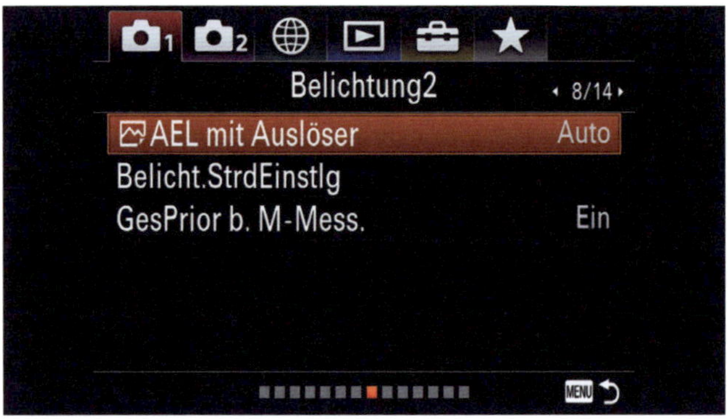

Das Menü in „Belichtung2"

AEL mit Auslöser: So, wie der Autofokus vom Auslöser entkoppelt werden kann, so funktioniert das auch mit der Belichtungsmessung. AEL steht für „Automatic Exposure Lock".

Belicht.StrdEinstlg: Hast du den Eindruck, dass die Belichtung zu hell oder zu dunkel bei verschiedenen Messmethoden ist, kannst du hier eine Feinjustierung vornehmen.

Ges[ichts]Prior[isierung] b[ei] M[ulti]-Mess[ung]: Hier entscheidest du, ob bei erkannten Gesichtern die Belichtungsmessung auf diese erfolgen soll, solange der Messmodus *Multi* benutzt wird.

Blitz

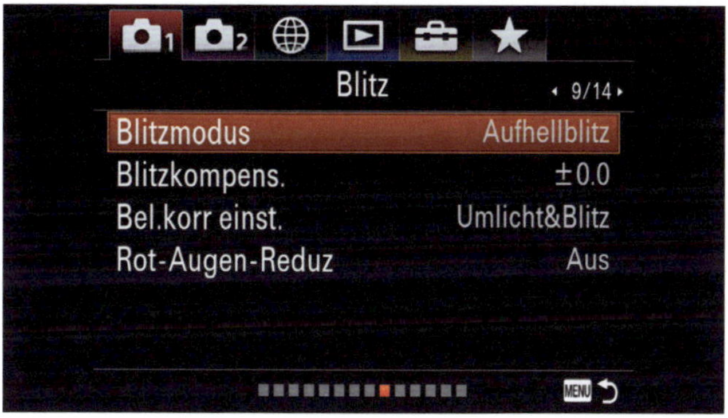

Das Menü in „Blitz"

Beim *Blitzmodus* gibt es verschiedene Einsatzmöglichkeiten. Die drei wichtigsten sind *Aufhellblitz*, *Langzeitsynchronisation* und *Synchronisation auf den zweiten Verschlussvorhang*.

Die *Blitzkompens[ation]* steuert die Helligkeit und damit die Ausleuchtung des geblitzten Motivs.

Bel[ichtungs]korr[ektur] einst[ellen]: Eine wichtige Einstellung für das Blitzen ist die Entkopplung von Umlicht und Blitzbelichtungskorrektur. Hier solltest du die Einstellung *Nur Umlicht* wählen.

Rot[e]-Augen-Reduz[ierung]: Hier kannst du den Vorblitz zur Verhinderung von roten Augen aktivieren.

Farbe/WB/Bildverarbeitung1

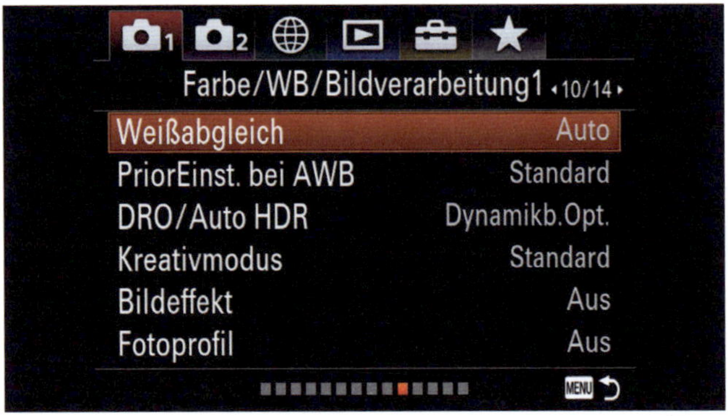

Das Menü in „Farbe/WB/Bildverarbeitung1“

Der *Weißabgleich (WB)* dient dazu, korrekte Farben für die jeweilige Zusammensetzung des Lichts zu berechnen, damit es für uns natürlich aussieht. Es gibt mehrere Voreinstellungen, von denen *AWB (Automatic White Balance)* schon zu sehr guten Ergebnissen führt. Für schwierige Situationen (z. B. Mischlicht, Natriumdampflampen = Straßenbeleuchtung) stehen die Funktion *SET* und *Farbtemp[eratur]/ Filter* zur Verfügung, mit der du deinen Weißabgleich perfekt für die jeweilige Situation einstellen kannst.

Mit *Prior[isierte] Einst[ellungen] bei AWB* kannst du entweder sehr atmosphärische Aufnahmen machen, bei denen die Lichtfarbe entscheidend ist, oder du kannst die Darstellung von Weiß optimieren, was hilfreich für Reproduktionen oder Food-Fotografie ist.

DRO/Auto HDR: Ein großes Thema in der Fotografie ist der Dynamikumfang eines Bildes, das heißt, der Bereich von Schwarz bis Weiß, der von der Kamera erfasst und dargestellt werden kann. Es gibt keine Kamera, die so leistungsfähig ist wie unser Auge, aber mit der

Dynamikb[ereichs-]Opt[imierung] und dem High-Dynamic-Range-Modus *Auto HDR* kommt man schon recht nahe an die Sehgewohnheit des menschlichen Auges heran. Dabei nutzt du *DRO* für bewegte Motive, da es nur aus einem Bild entsteht, und *HDR* für statische Motive, da hier eine Multiframe-Aufnahme genutzt wird.

Mit dem *Kreativmodus* beeinflusst du den Look deines JPEG-Bildes. Hier kannst du scharfe Kontraste und die Sättigung beeinflussen. Besonders interessant ist die Schwarz-Weiß-Einstellung in Kombination mit der Speicherung der JPEG- und RAW-Aufnahmen. Im Sucher wird dir nun ein Schwarz-Weiß-Bild gezeigt. Das erleichtert die Bildkomposition an unkreativen Tagen. Auf der Speicherkarte landen jedoch die Rohdaten mit allen Farbinformationen, und du entscheidest bei der Bearbeitung, ob es ein Farb- oder ein Schwarz-Weiß-Bild wird. Die Einstellung *Weißabgleich* und *Kreativmodus* findest du ebenfalls als Schnellzugriff im Fn-Menü.

Die starke Bearbeitung von Fotos ist nicht jedermanns Sache. Außerdem ist es gar nicht so einfach, in der Bearbeitung einen bestimmten Look erzeugen. Mit dem *Bildeffekt* kannst du schon vor dem Foto festlegen, welchen Look es haben soll, ohne auch nur eine Idee von Bildbearbeitung zu haben. *Miniatur, Hochkontr[ast]-Mono[chrom]* und *Teilfarbe* solltest du dir auf jeden Fall anschauen. Achtung: Bildeffekte lassen sich nur nutzen, wenn du im JPEG-Modus fotografierst.

Das *Fotoprofil* hat im Grunde wenig mit Fotos zu tun. Hier stellst du Bildprofile für Videoaufnahmen ein, um HDR-Video-Content oder bestimmte Looks zu erzeugen oder die Kamera in eine Produktionsumgebung einzubinden, damit die Farbgebung des Gesamtwerks konstant ist.

Farbe/WB/Bildverarbeitung2

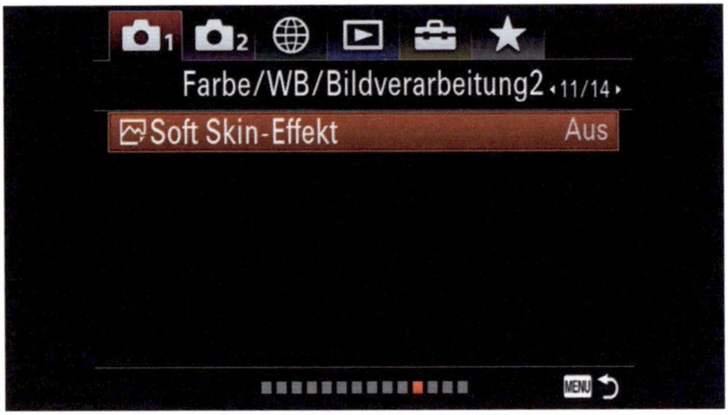

Das Menü in „Farbe/WB/Bildverarbeitung2"

Glatte schöne Haut erzeugst du mit dem *Soft Skin-Effekt*. Auch hier gilt: Die Bearbeitung an Laptop oder PC kann bessere Ergebnisse erzielen, wenn man weiß, wie. Die Effekte auf der Kamera sind allerdings sofort verfügbar und damit interessant für tagesaktuelles Posting und Messaging.

Fokus-Hilfe1

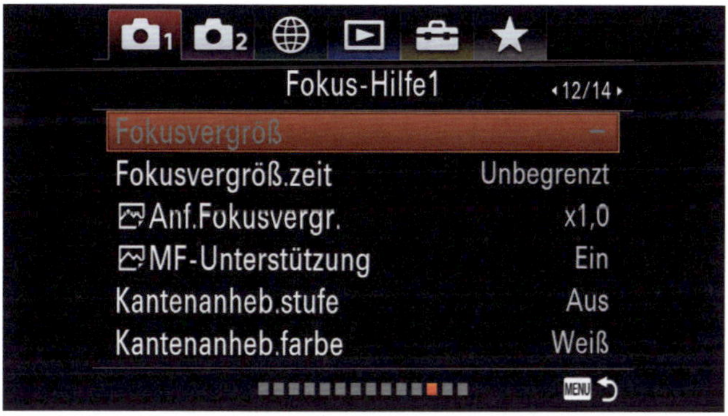

Das Menü in „Fokus-Hilfe"

Die Funktion *Fokusvergröß[erung]* gehört definitiv auf eine Taste gelegt, weil sie das Ansichtsbild im Monitor oder Sucher größer darstellt und die Beurteilung der Schärfe im Bild besser ermöglicht. Sie ist im Autofokus *AF bei Fokusvergr[ößerung]* sowie im manuellen Fokus nutzbar.

Die *Fokusvergröß[erungs]zeit* solltest du auf *Unbegrenzt* setzen, da du mit dem halben Drücken des Auslösers aus der Vergrößerung in die Gesamtansicht springen kannst.

Wer keine Taste belegen möchte, kann mit der Vergrößerung beim Drehen am Fokusring im MF-Modus automatisch starten: *MF-Unterstützung*. Man kann sogar festlegen, in welcher Vergrößerungsstufe man beginnen möchte: *Anf[angs]Fokusvergr[ößerung]*.

Das Fokus-Peaking heißt bei Sony *Kantenanheb[ungs]stufe*. Hier wird die Kontrastkante an einem Kontrast farbig dargestellt und somit die Schärfeebene angezeigt. Auch diese Funktion ist sehr beliebt, um manuell zu fokussieren. Die Farbe kann bei *Kantenanheb[ungs]farbe* gewählt werden.

Fokus-Hilfe2

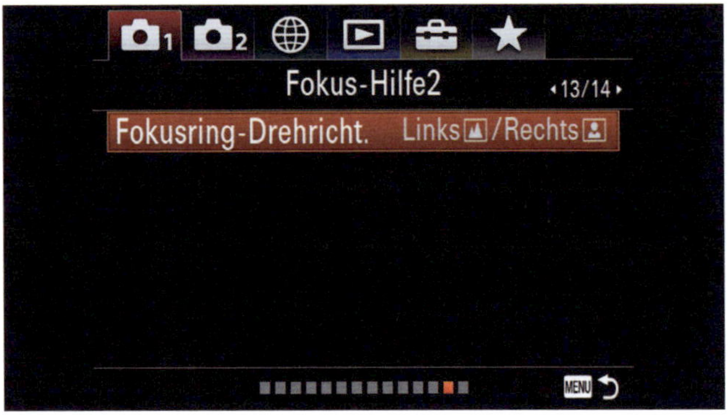

Das Menü in „Fokus-Hilfe2“

Fokusring-Drehricht[ung]: Beim Fotografieren entstehen schnell Gewohnheiten, die man nur schwer ablegen kann. Wer mit der Einstellung ab Werk nicht zurechtkommt, weil immer in die falsche Richtung scharfgestellt wird, kann hier auf die gewöhnte Einstellung umschalten.

Aufnahme-Hilfe

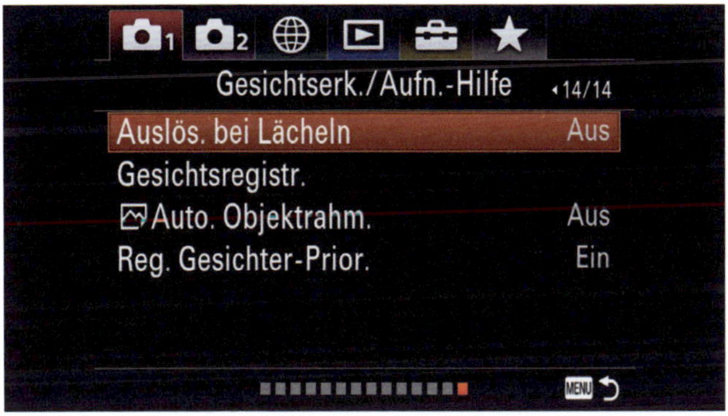

Das Menü in „Gesichtserk[ennung]/Aufn[ahme]-Hilfe"

Eine Kamera auf einem Stativ an der Wohnungstür während eines Kindergeburtstags sorgt mit dieser Funktion für schöne Porträts von jedem Gast: *Auslös[en] bei Lächeln.*

Bei Hochzeiten und Reportagen hilft die *Gesichtsregistr[ierung]* dabei, die richtige Person scharfzustellen, und das, ohne durch den Sucher schauen zu müssen. Dazu muss die Person einmal neu registriert werden. Das kann live oder auch aus einem Zeitungsartikel sein. Es gilt die Reihenfolge von erster bis achter Position im Register.

Wer sich nicht zu sehr mit Bildkomposition befassen will, kann mit der Funktion *Auto[matischer] Objektrahm[en]* Hinweise für den Anschnitt seines Motivs bekommen. Dabei wird von vielen Aufnahmen eine beschnittene Version zusätzlich abgespeichert.

Reg[istrierte] Gesichter-Prior[isierung]: Hier aktivierst du die priorisierte Erkennung von registrierten Gesichtern beim Fokussieren.

Einstellungen2

Film1

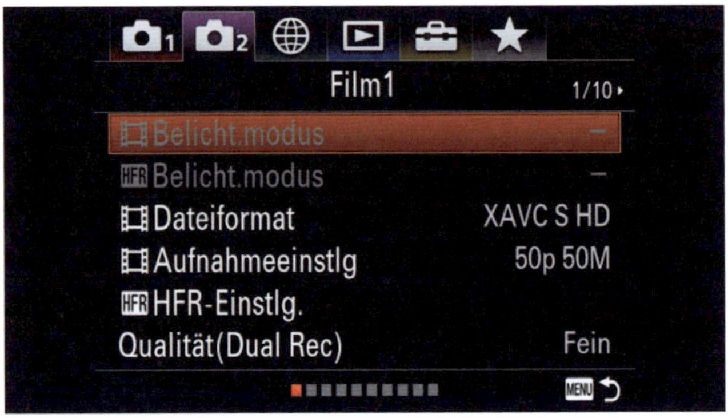

Das Menü in „Film1"

Ausführlichere Erläuterungen zum Filmen findest du im Abschnitt „Filmen mit der Sony RX10 III und IV" am Schluss des Buches. Hier das Wichtigste in Kürze.

Auch im Filmmodus, egal ob *Normal* oder *HFR,* kannst du Halbautomatik nutzen oder komplett manuell arbeiten. Das wählst du hier im *Belicht[ungs]modus* oder im Fn-Menü aus.

Dateiformat: Dateiformate gibt es natürlich auch im Film. Die wichtigsten sind *XAVC S HD* und *XAVC S 4K*. Für die beste Bildqualität ist *XAVC* empfehlen, für die beste Kompatibilität *AVCHD*, da dieser Standard in jedem Blu-Ray-Player abspielbar ist.

Außerdem gibt es unter *Aufnahmeeinstlg* Qualitätseinstellungen. Sie umfassen Bitraten und Framerate und beeinflussen damit auch die Möglichkeiten, das Video später zur Zeitlupe umzuwandeln.

Falls du dir den späteren Arbeitsschritt der Umwandlung sparen möchtest, nutzt du *HFR-Einst[ellungen]*, um sofort Zeitlupen- oder Zeitrafferaufnahmen zu machen.

Qualität(Dual Rec): Damit wählst du die Qualität der während der Filmaufnahme aufzunehmenden Standbilder, die bei *Autom. Dual Rec* (siehe „Film2“) gespeichert werden.

Film2

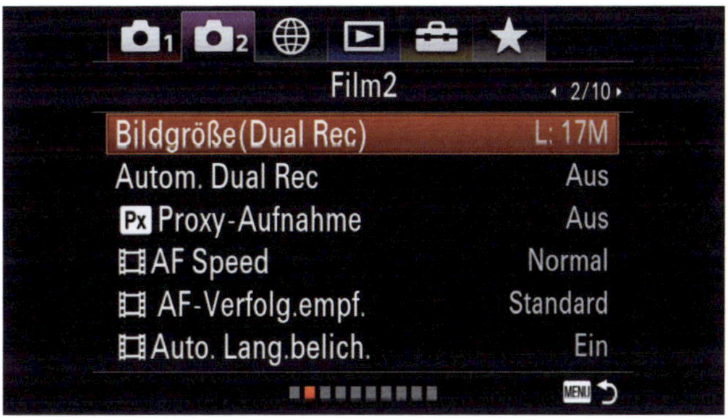

Das Menü in „Film2“

Bildgröße(Dual Rec): Damit wählst du die Größe der während der Filmaufnahme aufzunehmenden Standbilder.

Autom. Dual Rec: Diese Einstellung erlaubt die Aufnahme von Fotos während der Videoaufnahme durch Drücken des Auslösers. Besonders als Miniaturansicht bei den einschlägigen Videoplattformen ist das sehr hilfreich. Wer während des Filmens allerdings zu beschäftigt ist, auch noch darauf zu achten, kann damit automatisch Standbilder von der Kamera machen lassen. Es gibt drei Abstände, in denen die Aufnahmen gemacht werden. Sie werden als Aufnahmefrequenz bezeichnet und du kannst zwischen *Niedrig*, *Standard* und *Hoch* wählen. Wann die Aufnahme entsteht, entscheidet die Kamera eigenständig anhand von Gesichtsausdruck, Bildaufteilung und Haltung der Kamera.

Arbeitest du auf einem betagteren PC-System, hilft dir die *Proxy-Aufnahme*. Hier wird in der Kamera ein zweites Video codiert, das gleich Aufnahmeeinstellungen für Bildwiederholrate, Video- und Audio-Codec (das ist die Art der Komprimierung) besitzt, aber leichter abzuspielen ist, da eine geringere Auflösung benutzt wird. Mit dieser Proxy-Datei kannst du in den Schnitt gehen und nutzt abschließend zum Rendern die Datei mit voller Auflösung.

Der Autofokus im Video ist sehr komfortabel. Die Geschwindigkeit ist unter *AF Speed,* die Empfindlichkeit für die Verfolgung unter *AF-Verfolg[ungs]empf[indlichkeit]* einstellbar.

Für ein bewegtes Bild benötigst du ca. 25 Bilder pro Sekunde. Das setzt eine Belichtungszeit von 1/25 sek voraus. Sind die Lichtverhältnisse jedoch nicht ausreichend, wählt die Kamera in den Modi A und P teilweise längere Verschlusszeiten. Dies kannst du verhindern, indem du die Funktion *Auto[matische] Lang[zeit]belich[tung]* auf *AUS* stellst.

Film3

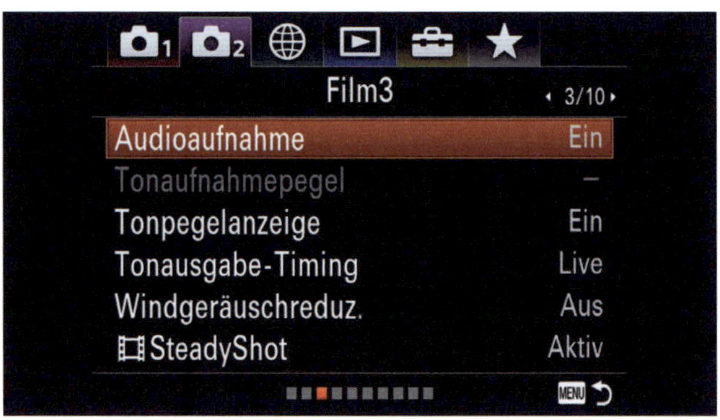

Das Menü in „Film3"

Hast du eine externe Tonquelle, kannst du die *Audioaufnahme* hier deaktivieren. Empfehlenswert ist jedoch, die Aufnahme jederzeit mitlaufen zu lassen, da du so den Ton viel besser mit deiner Videospur matchen kannst. Beim Zusammenfügen werden bei aktueller Software die Tonspitzen zum Synchronisieren von Ton- und Videodaten genutzt. Hast du also eine zweite externe Tonquelle, hilft dir der kamerainterne Ton beim Abgleichen.

Mit dem *Tonaufnahmepegel* kannst du die Empfindlichkeit deines Mikrofons selbst steuern. Diese Funktion gehört für Filmer auf das Fn-Menü.

Mit dem Ton steht und fällt jede Party, so auch jedes Video. Mit der *Tonpegelanzeige* hast du immer einen Überblick, ob dein Tonpegel passt.

Durch *Tonausgabe-Timing* kann eine mögliche Verschiebung des Tones bei der Ausgabe über den HDMI-Anschluss korrigert werden.

Die *Windgeräuschreduz[ierung]* ist sehr effektiv, schneidet aber manchmal einige Silben ab, da sie die lauten Phasen, in denen der Wind ins Mikrofon bläst, herunterpegelt. Hier musst du selbst entscheiden, wie wichtig der Inhalt des gesprochenen Wortes ist, und gegebenenfalls mit einem Ansteckmikrofon arbeiten.

SteadyShot heißt der Bildstabilisator bei Sony, und hier lässt er sich abschalten oder auf *Aktiv* und *Intelligent Aktiv* (stärker als Aktiv) für den Videomodus setzen. Das ist nützlich, wenn kein Gimbal zur Verfügung steht, zum Erzeugen eines Handheld-Effekts oder beim Arbeiten mit Slidern.

Film4

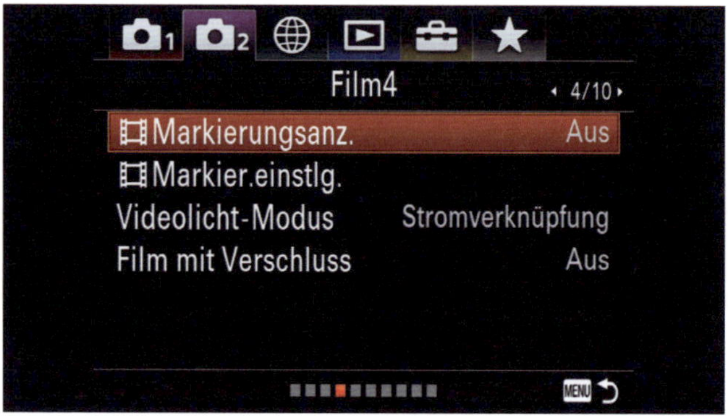

Das Menü in „Film4"

In professionellen Produktionen gibt es Anforderungen für bestimmte Markierungen. Dazu kannst du hier *Markierungsanz[eige]* einschalten und mit *Markier[ungs]einstlg.* auswählen, welche benötigt werden.

Videolicht-Modus: Hier legst du die Beleuchtungseinstellung für die getrennt erhältliche LED-Leuchte HVL-LBPC fest.

Film mit Verschluss ermöglicht es dir, mit dem Auslöser die Videoaufnahme zu starten.

Verschluss/SteadyShot

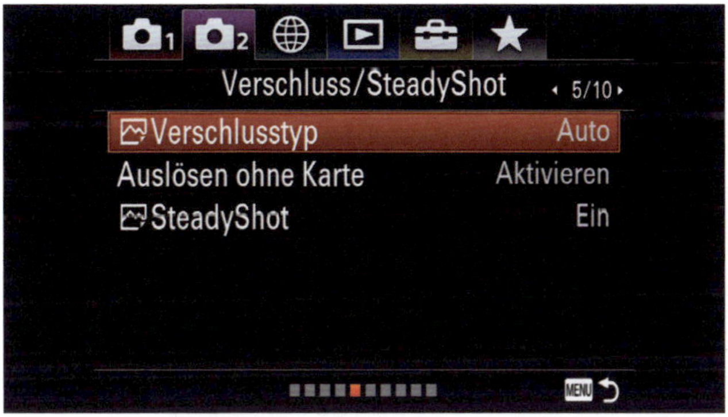

Das Menü in „Verschluss/SteadyShot"

Die Funktion *Verschlusstyp* gehört in das Fn-Menü oder auf eine Taste. Anwendungsbeispiele sind Hochzeiten, Museen, Kindergeburtstage, Wildlife und Street Photography. Vermeide die Funktion bei schnellen Bewegungen von dir oder dem fotografierten Objekt, da sie zu verzerrten Bildergebnissen führen kann.

Durch eine schnelle Auslesung der Sensoren ist es möglich, den Verschluss elektronisch ablaufen zu lassen *(ELEC)* und somit eine geräuschlose Aufnahme zu machen. Der elektronische Verschluss wird automatisch gewählt, wenn du schnellere Verschlusszeiten als 1/2000 sek und *Auto* wählst. Beim mechanischen Verschluss *(MECH)* wird nur der Zentralverschluss der Kamera benutzt. Hier ist wichtig zu wissen, dass die Kamera die Verschlusszeit 1/2000 sek nur erreicht, wenn auf f/8 abgeblendet wird.

Auslösen ohne Karte kann dir beim nächsten Job die Haut retten, falls du vergessen hast, die Speicherkarte einzusetzen – nichts ist ärgerlicher, als nach einem Shooting zu bemerken, dass keine Speicherkarte eingesetzt war.

Mit *SteadyShot* lässt sich festlegen, ob der Bildstabilisator bei Stativbenutzung oder für Mitzieher deaktiviert werden soll.

Zoom

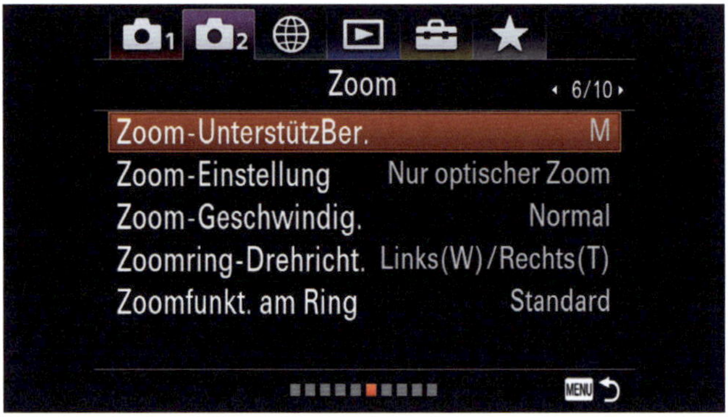

Das Menü in „Zoom“

Zoom-Unterstütz[ungs]Ber[eich]: Hier wählst du den Zoomfaktor deiner Zoom-Unterstützungsfunktion, also wie weit deine Kamera bei Nutzung dieser Funktion auszoomen soll, um den Bildausschnitt besser beurteilen zu können. Diese Funktion findest du bei den BenutzerKey-Einstellungen und kannst ihn auf eine Taste deiner Wahl legen.

Zoom-Einstellung: Die Empfehlung des *Digitalzooms* fällt uns schwer, da hier einfach ein Ausschnitt aus dem Bild gemacht wird, so wie es in der Bildbearbeitung auch passiert. Hier besser: im Nachhinein ausschneiden. Der *Klarbild-Zoom* ist jedoch für das Filmen sehr gut nutzbar. Gerade beim Naturfilmen ist das Verlängern der Brennweite um den Faktor 2 entscheidend. Die Bildqualität nimmt zwar ab, ist aber besser als das nachträgliche Ausschneiden in der Schnittsoftware. In allen anderen Situationen ist *Nur optischer Zoom* am sinnvollsten.

Zoom-Geschwindig[keit]: Hier stellst du die Geschwindigkeit des Zoomhebels ein.

Da Sony viel Erfahrung im Broadcast-Bereich hat, werden auch Details beachtet wie etwa die *Zoomring-Drehricht[ung]* des Objektivs. Einige Kameraleute sind es gewohnt, zum Auszoomen gegen den Uhrzeigersinn zu drehen, andere im Uhrzeigersinn: Hier kannst du die Richtung entscheiden.

Zoomfunkt[ion] am Ring: Wer besonders gern mit den Standardbrennweiten wie 24 mm, 85 mm oder 135 mm arbeitet, kann hier über *Stufe* das stufenweise Zoomen einstellen.

Anzeige/Bildkontrolle1

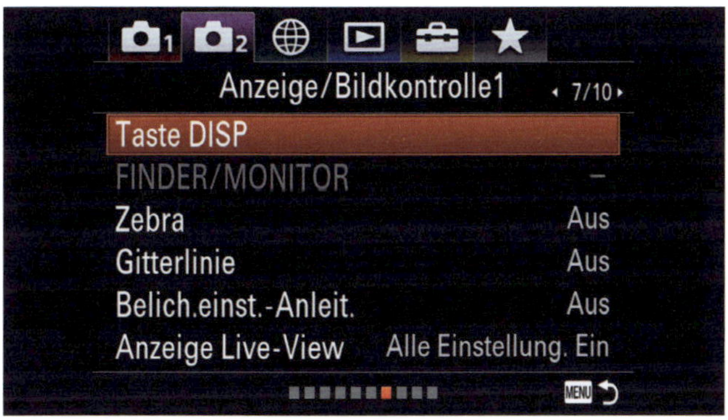

Das Menü in „Anzeige/Bildkontrolle1“

Mit der DISP-Taste am Einstellrad kannst du deine Ansichtsmodi ändern. Es sind relativ viele verschiedene Ansichten möglich. Wenn dir das zu unübersichtlich ist, kannst du hier deine Favoriten aktivieren und den Rest abschalten: *Taste DISP (Monitor/Sucher)*. Das ist für Sucher und Monitor getrennt möglich.

Bei *FINDER/MONITOR* kannst du entscheiden, ob permanent Sucher oder Monitor benutzt oder automatisch gewechselt werden soll. Der Infrarot-Sensor am Sucher wird hier bei den Einstellungen *Monitor* oder *Finder* deaktiviert. Es wird nun ignoriert, ob die Kamera ans Auge gehalten wird oder nicht, und die Einstellung im Menüposten für die Anzeige des Bildes auf dem Monitor oder im Sucher beibehalten.

Zebra: Diese Einstellung kommt aus der Filmtechnik. Hier wird ein Streifenmuster auf überbelichtete Bildbereiche gelegt. Es ist sehr hilfreich beim Filmen, um schnell auf Belichtungsänderungen zu reagieren. Es kann jedoch auch sehr irritierend sein, wenn man sich auf seine Bildkomposition konzentrieren möchte. Hierbei hilft dir *Gitterlinie.*

Mit der Funktion *Belich[tungs]einst[ellungs]-Anleit[ung]* hilft dir die Kamera durch Einblendung der Belichtungswerte am unteren Bildrand beim Verstehen des Zusammenhangs zwischen Blende, Verschlusszeit und ISO: Öffnet man die Blende, muss gezwungenermaßen die Zeit kürzer werden und andersherum.

Der Live-View, der dir eine Ansicht deines Bildes zeigt, noch bevor du auslöst, ist der große Vorteil einer spiegellosen Systemkamera. Allerdings gibt es auch Situationen, in denen diese Funktion nicht nutzbar ist, z. B. beim Fotografieren in einer Studiosituation mit Blitzen. Mit *Anzeige Live-View* kannst du die Live-View-Ansicht deaktivieren und ein permanentes helles Sucherbild aktivieren.

Anzeige/Bildkontrolle2

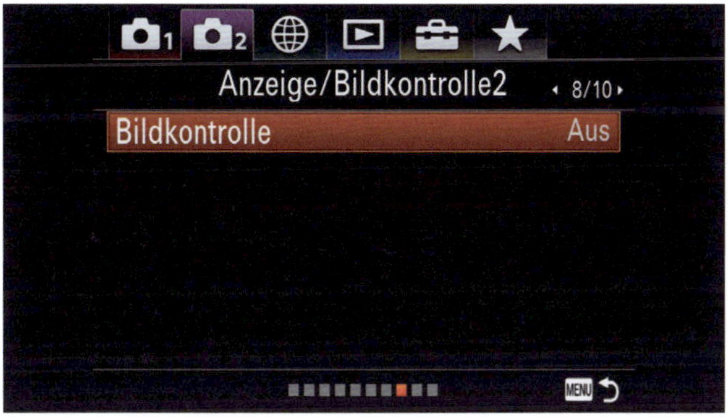

Das Menü in „Anzeige/Bildkontrolle2"

Die *Bildkontrolle* zeigt dir dein gemachtes Foto für eine bestimmte Zeit auf dem Monitor oder im Sucher an. Auf einem Job empfehlen wir jedoch, diese Funktion zu deaktivieren, damit du jederzeit den Überblick über dein Motiv behältst und nicht von den gemachten Bildern abgelenkt wirst.

Benutzerdef. Bedienung1

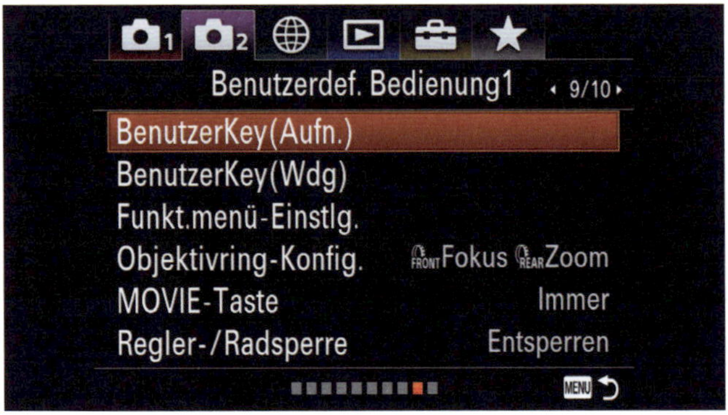

Das Menü in „Benutzerdef[inierte] Bedienung1"

Die RX10 kann sehr vielfältig konfiguriert und eingestellt werden. Die beiden wichtigsten Menüpunkte für die individuelle Einstellung sind die Einstellung der Tasten mithilfe von *BenutzerKey* und der *Funkt[ions]menü-Einstlg.*, um das Fn-Menü nach deinen Anforderungen zu gestalten. Beides haben wir weiter oben im Abschnitt „Das Fn-Menü individuell belegen" erklärt.

Die Reglerfunktion *Objektivring-Konfig[uration]* ist eine Möglichkeit, die Belegung der Objektivringe zu wechseln.

Die *MOVIE-Taste* drückt man relativ regelmäßig und nimmt dann ungewollt ein Video auf, deshalb kannst du die Taste außerhalb des Film-Modus hier deaktivieren.

Je mehr Funktionen auf Rädern abgelegt sind, desto höher ist die Gefahr der Verstellung. Die Funktion *Regler-/Radsperre* schafft hier Abhilfe und verhindert das versehentliche Ändern von Einstellungen.

Benutzerdef. Bedienung2

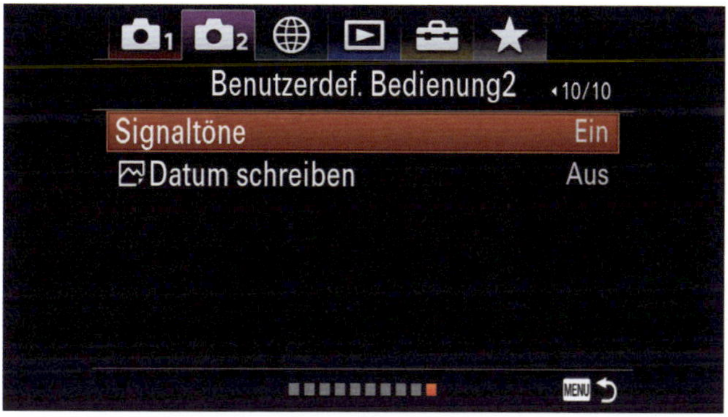

Das Menü in „Benutzerdef. Bedienung2"

Signaltöne: Details wie das Abschalten des Fokussiertones können hier eingestellt werden.

Datum schreiben: Hier kannst du einen Datumstempel auf dem digitalen Bild einstellen.

Netzwerk

Netzwerk1

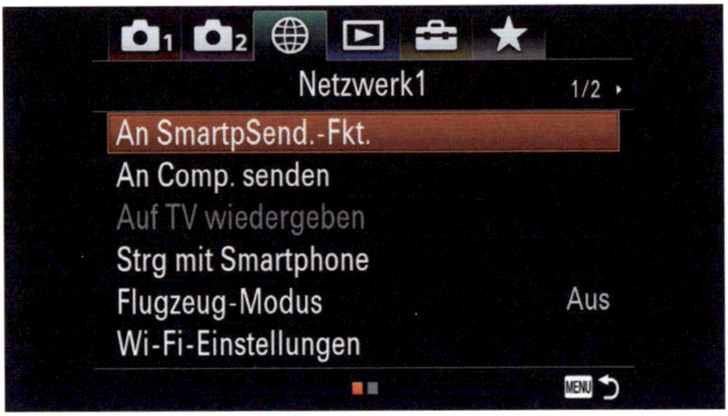

Das Menü in „Netzwerk1"

Eine Kamera ohne Konnektivität wäre heutzutage undenkbar. Deshalb bietet die RX10 eine Vielfalt an Verbindungsmöglichkeiten. Für das Verbinden mit dem Smartphone benötigst du die App „Imaging Edge Mobile" und verbindest die beiden Geräte mithilfe der *An Smartp[hone]Send[en]-F[un]kt[ion]*.

Man kann sich entscheiden, auf welchem der Geräte man die Bilder auswählt. Auch bei der Art der Verbindung kann man zwischen drei Methoden wählen. Entweder nutzt du den NFC-Chip deines Android-Telefons, die Erkennung des QR-Codes bei iOS und Android-Telefonen oder du verbindest ganz klassisch mithilfe der Netzwerkkennung und eines Passworts. Hast du diese Verbindung einmal hergestellt, erinnert sich das Smartphone an die Kamera, und besonders unterwegs ist es sehr einfach, Bilder auf dein Smartphone zu übertragen.

Sogar die Videoübertragung ist nach speziellen Kriterien möglich. Mit *An Smartp[hone]Send[en]-F[un]kt[ion]: Sendeziel (Proxy-Filme)* entscheidest du dich, entweder voll aufgelöste Videos oder nur die Proxy-Videos zu übertragen.

Du kannst Bilder und Videos an den Computer senden (*An Comp[uter] senden*) oder Fotos auf den Fernseher (*Auf TV wiedergeben*). Diese beiden Funktionen sind zwar sehr komfortabel, aber auch relativ langsam, deshalb bevorzugen wir die Übertragung der Fotos und Videos per Speicherkarten, Lesegerät und die Verbindung mit dem TV über ein Micro-HDMI-Kabel.

Wenn du dein Smartphone als Fernsteuerung benutzen willst, kannst du das mit *Strg mit Smartphone* aktivieren. Übrigens geht das Verbinden mit einem Android-Telefon am effektivsten. Bist du im Fotomodus und nutzt die NFC-Funktion zum Verbinden, aktiviert die Kamera die Fernsteuerung per Smartphone. Bist du im Wiedergabemodus, aktiviert die Kamera die Bildübertragung wahlweise für das angezeigte Bild, die Bilder an diesem Datum oder für ausgewählte Bilder.

Der *Flugzeug-Modus* ist wie beim allen technischen Geräten neben der Flugsicherheit auch etwas energiesparender.

Wenn die Kamera im Heimnetzwerk eingebunden werden soll, kann das über *Wi-Fi-Einstellungen: WPS-Tastendruck* oder *Zugriffspkt.-Einstlg.* geschehen. Entweder *SSID* und *PW* (Passwort) des Netzwerks eingeben oder die WPS-Funktion am eigenen Router nutzen, um die manchmal etwas umständliche Passworteingabe zu umgehen. Um in bestimmten Netzwerkumgebungen nur bestimmte Geräte zuzulassen, müssen sie anhand der MAC-Adresse identifiziert werden. Unter *MAC-Adresse anz[eigen]* kann sie angezeigt werden.

Mit *SSID/PW zurücks[etzen]* kannst du, falls du ein anderes Gerät anschließen willst, die bestehende Verbindung zurücksetzen.

Netzwerk2

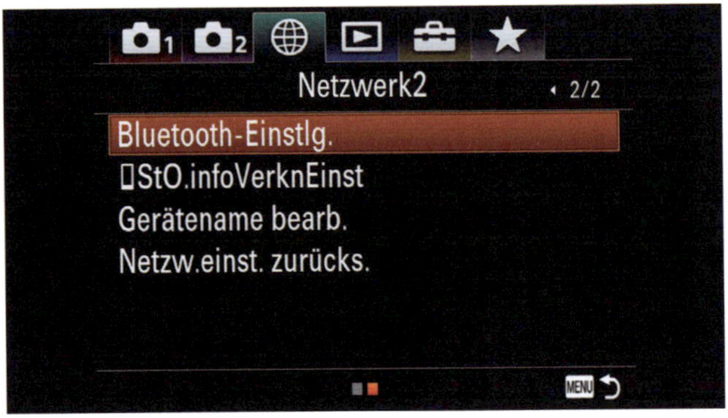

Das Menü in „Netzwerk2"

Bluetooth-Einstlg.: Die RX10 III und IV haben ein Niedrig-Energie-Bluetooth an Bord, um Verbindung mit einem Smartphone aufzunehmen und die Ortsinformationen anhand von Koordinaten in das JPEG oder RAW zu schreiben. Hier verbindest du deine Geräte und kannst danach mithilfe von *StO.infoVerknEinst [Standort-Informationsverknüpfungseinstellung]* das Tagging der Orte aktivieren.

Unter *Gerätename bearb[eiten]* kannst du deiner Kamera einen Namen geben.

Wir erleben oft, dass Netzwerkfunktionen einer Kamera auf dem einen Gerät funktionieren und auf dem anderen nicht. Das Zurücksetzen der Einstellungen mit *Netzw[erk]einst[ellungen] zurücks[etzen]*, das Deinstallieren der App auf dem Smartphone und anschließendes Neustarten („Reboot tut immer gut") haben bisher immer zum Ziel geführt.

Wiedergabe

Wiedergabe1

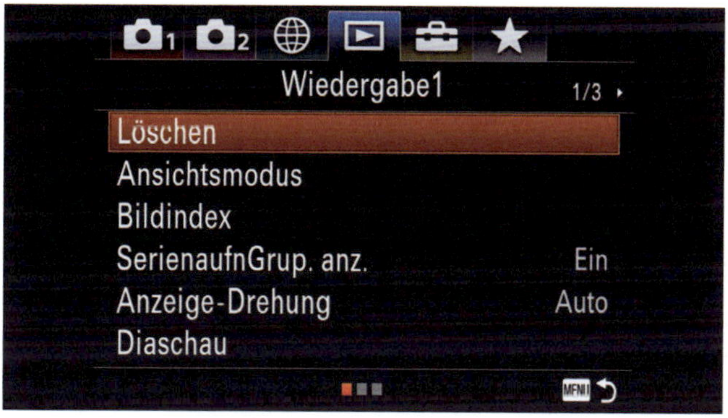

Das Menü in „Wiedergabe1"

Durch konsequente und kritische Bildanalyse der eigenen Fotos kannst du deine Foto-Bibliothek schlank und übersichtlich halten. Am besten gewöhnst du dir an, schon beim ersten Sichten deiner Aufnahmen sauber auszusortieren. Mit der Funktion *Löschen* mehrerer ausgewählter Bilder geht das viel schneller als mit der Mülleimertaste, die man immer wieder erneut drücken muss.

Im *Ansichtsmodus* wählst du die angezeigten Inhalte. Du kannst Filme und Fotos nach Format unterschieden auswählen.

Das Wiedergeben von Bildern mit *Bildindex* ermöglicht es, mehrere Bilder auf dem Monitor wiederzugeben, was hilfreich bei Karten mit viel Inhalt ist. Sogar das Sortieren nach Datum ist möglich.

Serienaufn[ahme]Grup[pen]anz[eige] lässt Serienbilder als Gruppen erscheinen und macht die Navigation übersichtlicher.

Anzeige-Drehung: Wenn die Kamera selbstständig die Orientierung der Bilder beibehalten soll, auch wenn du die Kamera drehst, wählst du hier *Auto* – das ist am sinnvollsten für den täglichen Einsatz.

Das Wiedergeben von Bildern mit einer *Diaschau* ist mit mehreren Optionen möglich. Du kannst z. B. Intervall und Wiederholung anpassen.

Wiedergabe2

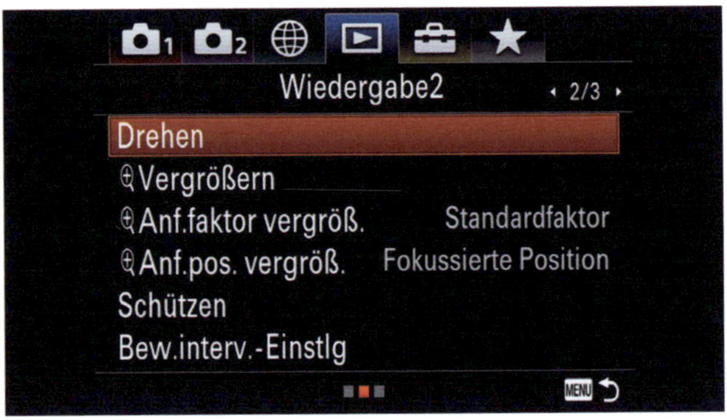

Das Menü in „Wiedergabe2"

In ungewöhnlichen Fotosituationen, z. B. bei Aufnahmen an verwinkelter Position, kann die Kamera nicht immer die Lage im Raum erkennen. Durch *Drehen* kannst du die Ausrichtung des Bildes anpassen.

Vergrößern: Zum Vergrößern eines wiedergegebenen Bildes kannst du mit der AEL-Taste arbeiten. Wichtig ist es, das Bild auf Schärfe zu kontrollieren. Dabei kannst du die Vergrößerung, die beim Zoomen ins Bild anfänglich benutzt werden soll, durch *Anf[angs]faktor vergröß[ern]* festlegen. Empfehlenswert ist die 100-%-Ansicht, da direkt auf die durch *Anf[angs]pos[ition] vergröß[ern]* fokussierte Position gesprungen wird und du alle Details beurteilen kannst. Wer es gewohnt ist, kann natürlich auf Vergrößerung und Fokuspositionen verzichten.

Im Urlaub oder beim Arbeiten mit großen Speicherkarten, die seltener gelöscht werden, ist die Gefahr von versehentlichem Löschen von Bildern durch *Schützen* sinnvoll.

Mit *Bew[egungs]interv[all]-Einstlg.* kannst du die Intervallserie für die Momentbilder einstellen, die du bei der Wiedergabe eines Films abspeichern kannst.

Wiedergabe3

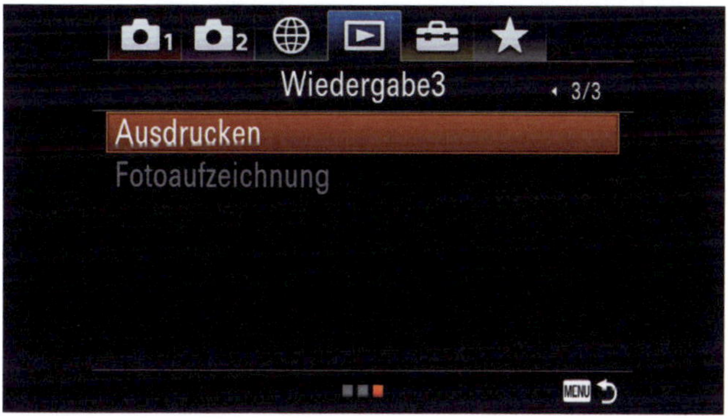

Das Menü in „Wiedergabe3"

Eine Funktion, die schon sehr lange in Digitalkameras zu finden ist, *Ausdrucken*, darf natürlich auch hier nicht fehlen. An vielen Druckern mit SD-Karten-Slot ist es so möglich, direkt von der Karte zu drucken. Auch der Anschluss der Kamera via USB-Kabel kann zum Drucken benutzt werden, falls ein SD-Slot fehlt.

Mit der *Fotoaufzeichnung* kannst du Fotos aus einem 4K-Video abspeichern. Das ist eine bemerkenswerte Funktion, denn immerhin hat jeder einzelne Frame im Video eine Auflösung von 8 MP, was einen problemlosen Ausdruck von DIN A4 ermöglicht.

Einstellungen

Einstellung1

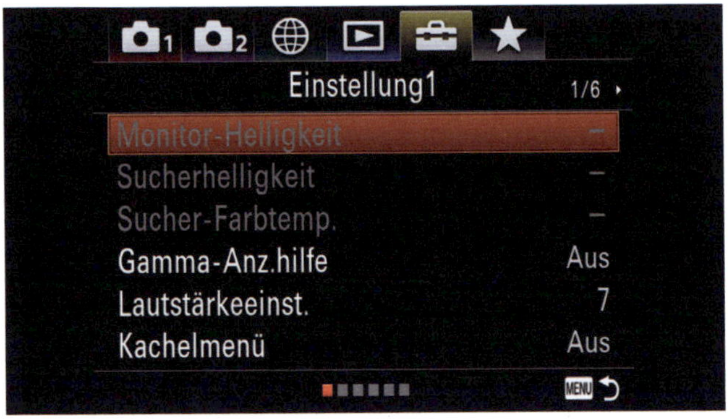

Das Menü in „Einstellung1"

Jeder kennt es: Die *Monitor-Helligkeit* lässt es nicht zu, seine Komposition gut zu machen. Entweder du nutzt den Sucher oder erhöhst die Helligkeit manuell um zwei Punkte. Die Einstellung *Sonnig* vermeidest du besser, da sie die Bildwiedergabe stark verändert und man denken könnte, die Belichtungs- und Farbeinstellungen seien nicht in Ordnung. Eine Änderung der Aufnahmeeinstellungen aber wäre im JPEG-Modus irreversibel.

Passe auch die *Sucherhelligkeit* auf die Umgebungshelligkeit an, da es sehr anstrengend ist, in sehr heller Umgebung in einen dunklen Sucher zu schauen. Besonders wenn man etwa auf einer Flugschau ständig gen Himmel fotografiert, fangen die Augen irgendwann zu tränen an.

Sucher-Farbtemp[eratur]: Auch hier Vorsicht mit der Einstellung: Der Weißabgleich könnte einen falschen Eindruck geben, auch wenn er korrekt eingestellt ist. Passe die Funktion von Sucher und Monitor aneinander an.

Die *Gamma-Anz[eige]hilfe* nutzt du im Zusammenspiel mit den Fotoprofilen im Video. Sie sorgt dafür, die oft sehr verfälschte Wiedergabe des Videos im S-Log 2/3 wieder natürlich wirken zu lassen, um Bilddetails, Fokus und Komposition richtig beurteilen zu können.

S-Log ist eine spezielle Art der Aufnahme, bei der die Helligkeitsverteilung und Farbwiedergabe anders als die des fertigen Videos aussieht. Das Arbeiten mit S-Log setzt das Grading (die Farbkorrektur) in der Postproduktion voraus. Der Vorteil liegt in einem sehr viel besseren Dynamikumfang, das heißt, der Bereich vom Schwarzpunkt bis zum Weißpunkt hat sehr viel mehr Abstufungen und ist breiter. Es werden bessere Kontraste erreicht, was der Schärfe und der Farbwiedergabe zugutekommt.

Lautstärkeeinst[ellungen]: Der kamerainterne Lautsprecher ist sehr störend, wenn man per HDMI ein Video an einem TV wiedergibt. Schalte ihn am besten ab.

Kachelmenü: Die Anzeige der Menüs als Kacheln kennst du vielleicht von den Sony-NEX-Kameras. Wer das mochte, kann hier diese Einstellung reaktivieren.

Einstellung2

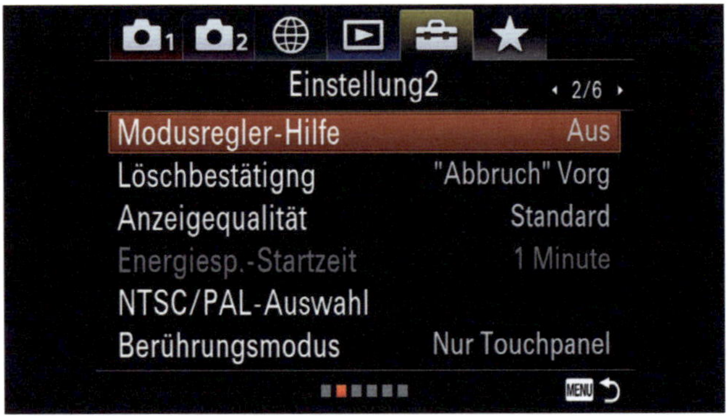

Das Menü in „Einstellung2"

Modusregler-Hilfe: Beim Drehen am Moduswahlrad wird dir zu allen Aufnahmemodi eine kleine Beschreibung eingeblendet.

Wer schnell mit den Tasten umgehen kann, sollte *Löschbestätigung* auf Löschen setzen. Wer noch unsicher im Menü ist, lässt die Voreinstellung *„Abbruch" Vorg,* um nicht zu schnell Bilder zu löschen.

Die hohe *Anzeigequalität* verbraucht etwas mehr Energie als Standard; vor allem im Sucher sieht man einen Unterschied.

Energiesp[ar]-Startzeit entscheidet, wann die Kamera abschaltet, um Energie zu sparen. Mit 60 sek hast du einen guten Wert, zumal die Kamera sehr schnell aus dem Standby aufwacht.

NTSC/PAL-Auswahl: PAL-System ist die richtige Wahl, es sei denn, du willst auf fünffache Zeitlupe kommen. Da kannst du bei NTSC auf 120 fps bei FullHD zurückgreifen.

Der *Berührungsmodus* schaltet den Touchmodus ein oder aus. Diese Funktion ist gut geeignet, um sie auf eine Taste zu legen, da es oft passiert, dass man mit dem Gesicht den Monitor berührt.

Einstellung3

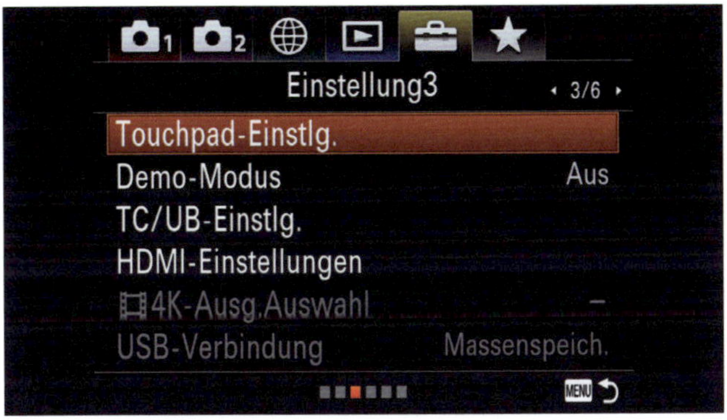

Das Menü in „Einstellung3"

In den *Touchpad-Einstlg.* entscheidest du, wie groß die empfindliche Fläche sein soll bzw. ob die *Absolute* (du tippst genau an die Position, wo der Fokus sein soll) oder – empfehlenswerter – die *Relative Position* des Fingers benutzt werden soll (man kann wie beim Laptop den Finger absetzen und das Fokusfeld trotzdem bis an die obere Ecke schieben).

Demo-Modus lässt die Kamera bei Nichtnutzung und angeschlossenem Netzteil Filme, die auf der Karte sind, abspielen.

TC/UB-Einstlg.: Die Timecode- und Userbit-Einstellungen helfen, die Kamera in eine Produktionsumgebung einzubinden und sie für eine Multicam-Aufnahme vorzubereiten. Hier wählst du an allen Kameras die Funktion „Freerun" für die Szene.

Die *HDMI-Einstellungen* beinhalten eine ganze Reihe von Einstellungen, da nicht nur ein TV zur Wiedergabe angeschlossen werden kann, sondern auch Aufnahmegeräte, um das unkomprimierte Videosignal abzunehmen.

Bei *4K-Ausg[abe]Auswahl* geht es um Timecode-Ausgabe, Aufnahmestart per HDMI (RECRUN) und Steuerung der Kamera über HDMI.

USB-Verbindung: Es gibt verschiedene Betriebsmodi, die du je nach Anwendungszweck anpassen musst. Die USB-Verbindung kann mit PC-Fernsteuerung und Massenspeicher für die meisten Funktionen benutzt werden.

Einstellung4

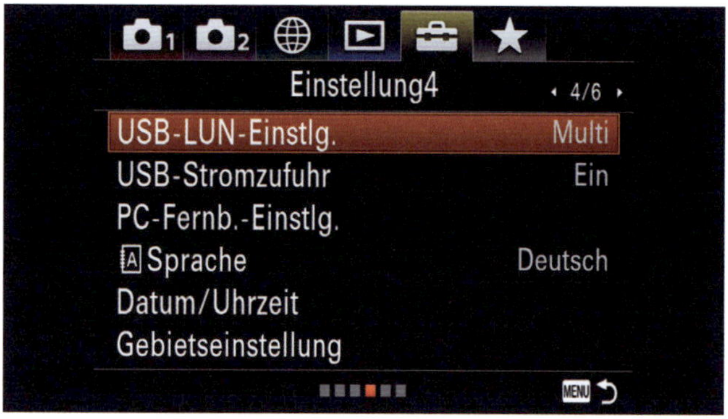

Das Menü in „Einstellung4"

USB-LUN-Einstlg. benutzt man für bestimmte Fernsteuerungen. Sie muss sehr selten eingesetzt werden.

USB-Stromzufuhr kann für Filmaufnahmen, Zeitraffer und Langzeitbelichtungen genutzt werden. Man macht sie damit zu echten Dauerläufern – und das sogar mit Powerbanks. Einzige Bedingung: Der Akku muss im Fach sein, da er als Pufferspeicher dient. Im Laufe des Tages wird die Ladung abnehmen, also am besten bei diesem Szenario einen frisch geladenen Akku anwenden.

PC-Fernb[edienungs]Einstlg.: Hier wird die Kamera über eine Wi-Fi- oder USB-Verbindung von einem Computer aus gesteuert, z. B. zum Aufnehmen und Speichern von Bildern auf dem Computer.

Die *Sprache* ist bei Importen nicht auf Deutsch einstellbar, deshalb Achtung bei Urlaubseinkäufen!

Dass *Datum/Uhrzeit* immer richtig eingestellt sein sollten, sollte selbstverständlich sein, da es das Sortieren und Finden von Bildern erleichtert.

Für den Urlaub sehr hilfreich ist die *Gebietseinstellung*. So kannst du die richtige Zeit einstellen, ohne lange herumzurechnen.

Einstellung5

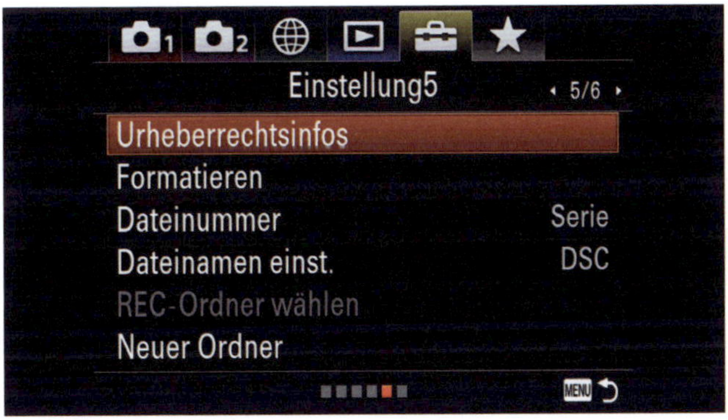

Das Menü in „Einstellung5“

Unter *Urheberrechtsinfos* kannst du deine Daten als Urheber hinterlegen.

Formatieren: Generell sollte man die Speicherkarte immer in der Kamera formatieren. Um die Karte schnell zu löschen, ist die Funktion super.

Dateinummer: Hier kannst du die Dateinummer zurückstellen. Wir wissen aus unseren Trainings, dass die Dateien in Ordnerstrukturen selbst gesichert und organisiert werden. Das ist schwierig, da sich die Bildernamen nach spätestens der Nummer 10.000 wiederholen. Das Bearbeitungsprogramm „Capture One“ steht dir als Sony-User kostenlos zur Verfügung.

Dateinamen einst[ellen]: Ordnung ist das halbe Leben. Dateinamen vergeben, um deine Jobs zu unterscheiden? Großartige Idee! Du kannst hier durch eine eigene Nomenklatur sehr gut Ordnung halten.

Neuer Ordner: Wem das nicht genügt, der kann pro Tag oder Job einen neuen Ordner anlegen.

Einstellung6

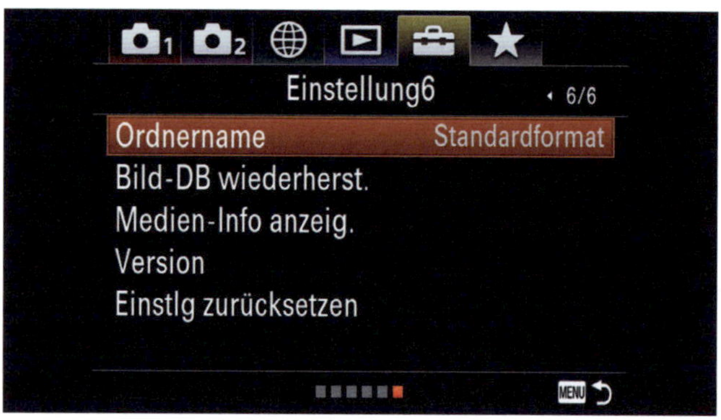

Das Menü in „Einstellung6“

Selbst der *Ordnername* kann gewählt werden.

Löschst du mit dem PC Bilder von der Karte, bleiben die Einträge im Inhaltsverzeichnis vorhanden. Mit *Bild-DB wiederherst[ellen]* kannst du Fehler bei der Bildwiedergabe beheben. Keine Angst: Es wird nichts gelöscht oder formatiert.

Medien-Info anzeig[en]: Hier bekommst du einen Überblick über den verbleibenden Speicherplatz. *Version:* Hier kannst du die Firmware deiner Kamera überprüfen. *Einstlg zurücksetzen:* Und zu guter Letzt enden wir da, wo wir angefangen haben.

Mein Menü-Einstellung

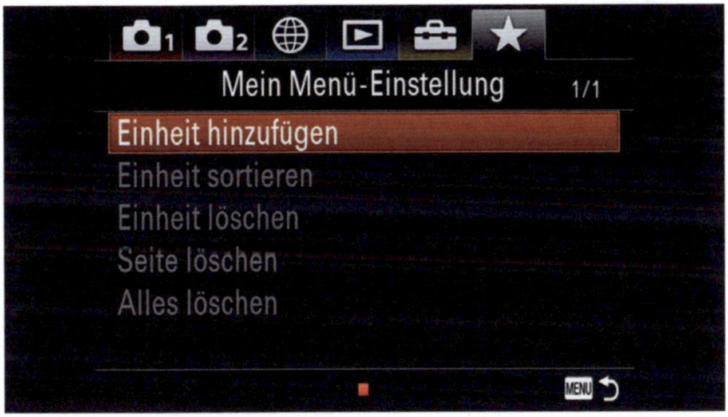

Das Menü in „Mein-Menü-Einstellung"

„Mein Menü" hilft sehr, die Übersichtlichkeit und Geschwindigkeit im Menü zu erhöhen. Wir empfehlen gerade am Anfang, Menüposten, die man mehr als zweimal genutzt hat, ins Menü aufzunehmen.

Mit *Einheit hinzufügen* wählst du, welchen Menüposten du aufnehmen möchtest.

Wenn dann schon mehrere Einträge vorhanden sind und du etwas Ordnung hineinbringen und sie nach Kategorien sortieren möchtest, gibt es *Einheit sortieren*. Du kannst bis zu fünf Seiten mit 30 Eintragungen ganz nach eigenem Geschmack erstellen und mit *Seite löschen* auch wieder komplett entfernen.

Alles Löschen nimmt alle Einträge aus „Mein Menü".

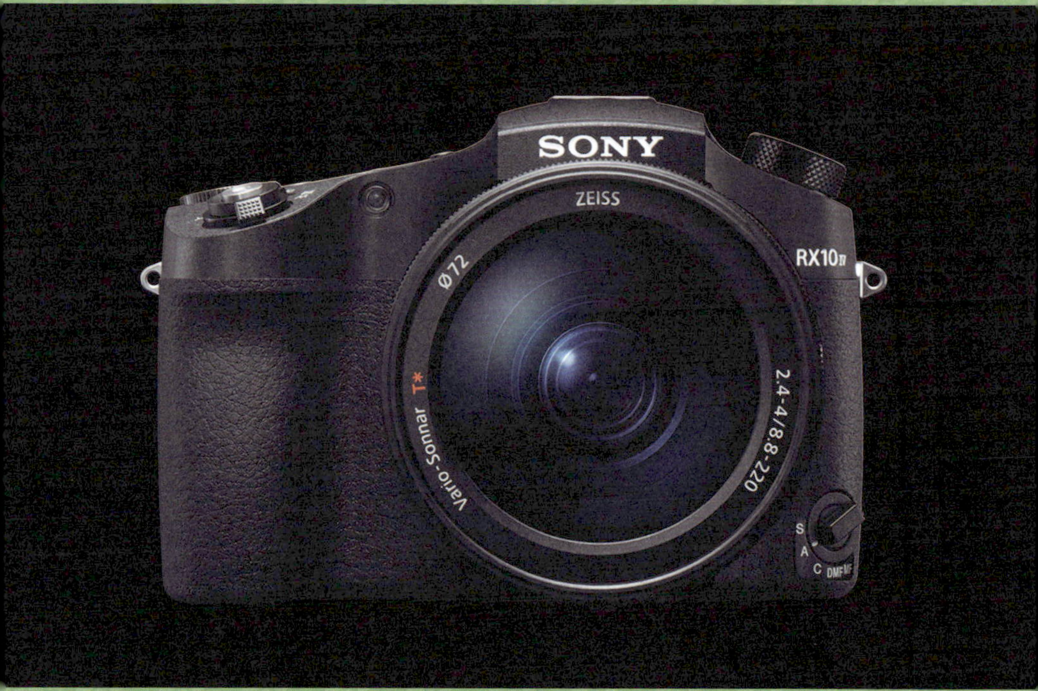
SONY
ZEISS
RX10IV
Ø72
Vario-Sonnar T*
2.4-4/8.8-220
S
A
C
DMF
MF

PRAXISWORKSHOP

Bisher hast du dich mit der Technik, den umfangreichen Einstellungen und dem Menü befasst. Jetzt ist es Zeit für den kreativen Teil des Buches. Für den Praxisworkshop haben wir eine bunte (und auch mal monochrome) Mischung unserer Lieblingsfotos ausgesucht.
Die folgenden Beispiele sollen dir Tipps und Anregungen geben, Motive mal genauer zu betrachten und deine eigenen Ideen umzusetzen.

Wie benutzt du die Workshops auf den nächsten Seiten? Auf der rechten Seite findest du jeweils ein Foto. Dieses sollst du nicht eins zu eins nachfotografieren, sondern eher als Anregung nutzen, ähnliche Fotosituationen kreativer und bewusster zu fotografieren. Dazu erhältst du Infos zu unserer Motivation für das jeweilige Bild und zu Besonderheiten beim Fotografieren sowie Tipps und Tricks bei der Aufnahme. Auf der linken Seite siehst du jeweils, welche Einstellungen an der Kamera vorgenommen wurden, hin und wieder auch Alternativen, die auch zu tollen Bildergebnissen führen können.

Denk daran, es geht nicht darum, exakt genau diesen Blendenwert, jene Verschlusszeit oder genau dieselbe Brennweite zu benutzen. Es sind Anregungen, die du wie ein Rezept in einem Grundkochbuch nutzen kannst und dann deine Lieblingsgewürze, die Mengenangaben und den Bräunungsgrad nach deinem Geschmack wählst.

Wir haben den Praxisteil in „Auf Reisen“, „Tiere“, „Architektur“ und „Action“ aufgeteilt.

Bevor es losgeht, noch ein Wort zum Dateiformat: Wir geben immer auch den gewählten Kreativmodus an und ob und wenn ja welche DRO-Einstellung gewählt wurde. Das ist bei JPEGs sehr wichtig, weil Kontraste und Farbwirkung stark davon beeinflusst werden. Im JPEG-Format sind diese dann nicht mehr verlustfrei zu ändern. Wenn du in RAW fotografierst, kannst du diese Einstellungen auch nachträglich ändern.

Und jetzt wünschen wir dir viel Spaß beim Nachlesen, Ausprobieren und selbst Kombinieren!

AUF REISEN

Wir hoffen natürlich, dass du nicht nur im Urlaub zu deiner Kamera greifst, aber hier hast du sie bestimmt ständig bei dir. Auf Reisen und fern des Alltags hat man einfach mehr Muße dafür, sich etwas länger mit einem Motiv auseinanderzusetzen. In diesem Abschnitt haben wir zusammengefasst, was dir im Urlaub so alles vor die Linse kommen könnte – und vieles davon kannst du vielleicht auch in deinem Heimatort fotografieren, wenn du dir mal einen halben Tag Zeit nimmst, um auf Entdeckungsreise zu gehen.

Da du häufig Landschaften, Wasser oder den Himmel in deinen Bildern hast, sind natürlich neben der richtigen Helligkeit auch die Farben sehr wichtig. Sie geben deinem Foto die richtige Stimmung. Hierbei kannst du eine möglichst realistische Farbgebung, aber auch eine abstrakte Färbung einstellen. Dafür brauchst du den Weißabgleich und den Kreativmodus.

Du solltest dir bei besonderen Lichtstimmungen auch genügend Zeit nehmen – selbst wenn du im RAW-Format fotografierst. Wir haben nämlich ein schlechtes Gedächtnis für Farben: Nach ein paar Tagen würdest du dich nicht mehr an die genaue Farbstimmung des Himmels oder Blattgrüns in deiner Landschaftsaufnahme erinnern.

Die Grundeinstellungen:

- Stelle **Modus A** oder **M** auf dem Moduswahlrad ein (P kann bei schnellen Schnappschüssen o.k. sein, du verlierst aber die Kontrolle über die richtige Tiefenschärfe und Bewegungsschärfe). Wenn Bewegungen in deinem Foto eine wichtige Rolle spielen, ist auch der Modus **S** geeignet. Das kommt aber in diesem Genre eher selten vor.
- Bei Tageslicht reichen meistens **ISO 100** oder **200.** Wenn deine Verschlusszeit zu lang wird, benutze besser ein **Stativ**, anstatt die ISO zu weit zu erhöhen. Nutze auch Mauern, Bäume oder Geländer als Stütze bei Dämmerungsaufnahmen.
- Meistens ist der **Fokusmodus AF-S** und der **Flexible Spot** am besten geeignet. Wenn du mehrere Aufnahmen eines Motivs vom Stativ aus fotografierst, nimm den manuellen Fokus **MF** oder **DMF**.
- Im **Kreativmodus** kannst du bestimmen, wie kontrastreich und farbintensiv deine Bilder werden. Auch die Scharfzeichnung, also die Knackigkeit deines Fotos wird hier festgelegt: *Landschaft, Lebhaft* oder *Klar* sind gut geeignet, probiere aber auch mal andere Einstellungen aus.

Sonnenuntergang im Norden

①

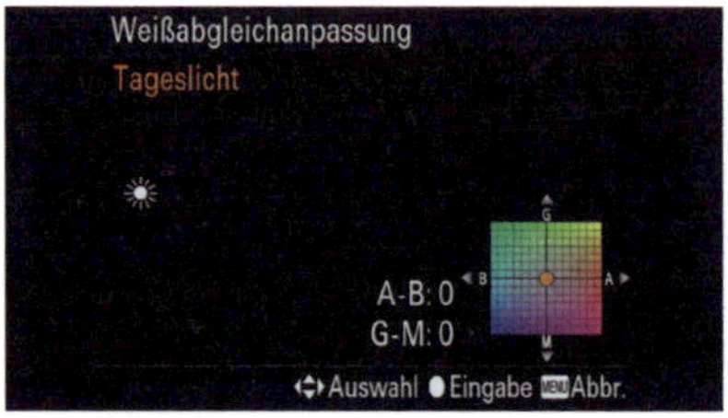

Fn-Menü Der Weißabgleich sollte als Grundeinstellung zunächst auf *Tageslicht* stehen, damit die besonderen Farben von Sonnenauf- und -untergängen realistisch und kräftig rüberkommen. Durch einen Klick nach rechts mit dem Einstellrad kannst du den Weißabgleich noch feiner einstellen.

②

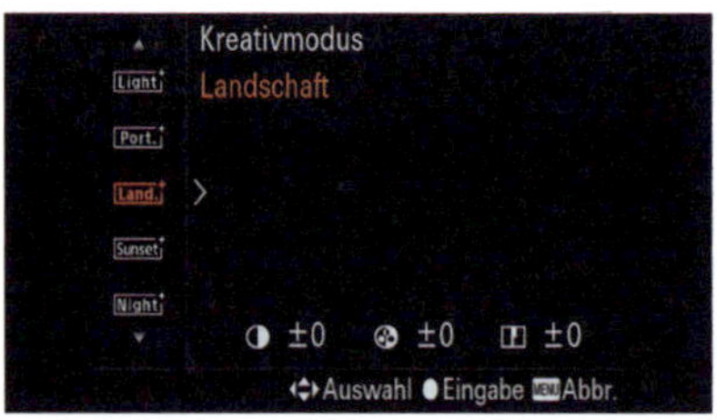

Fn-Menü Kreativmodus *Landschaft* für eine kräftige Farbwiedergabe; *Klar, Lebhaft* und *Sonnenuntergang* sind gute Alternativen.

③

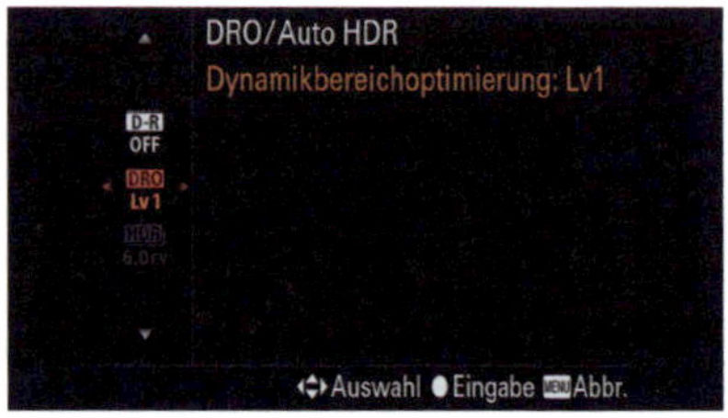

Fn-Menü *DRO* auf niedriger Stufe, also Lv1, sorgt für eine bessere Durchzeichnung des Himmels. Wenn du im RAW-Format fotografierst, kannst du die Kontrastverbesserung auch später am Computer vornehmen.

Fokusmodus *AF-S* gibt dir mehr Ruhe beim Finden des richtigen Bildausschnitts. Und da du die Bäume sehr weit weg fokussierst, hast du keinen Vorteil mit dem AF-C.

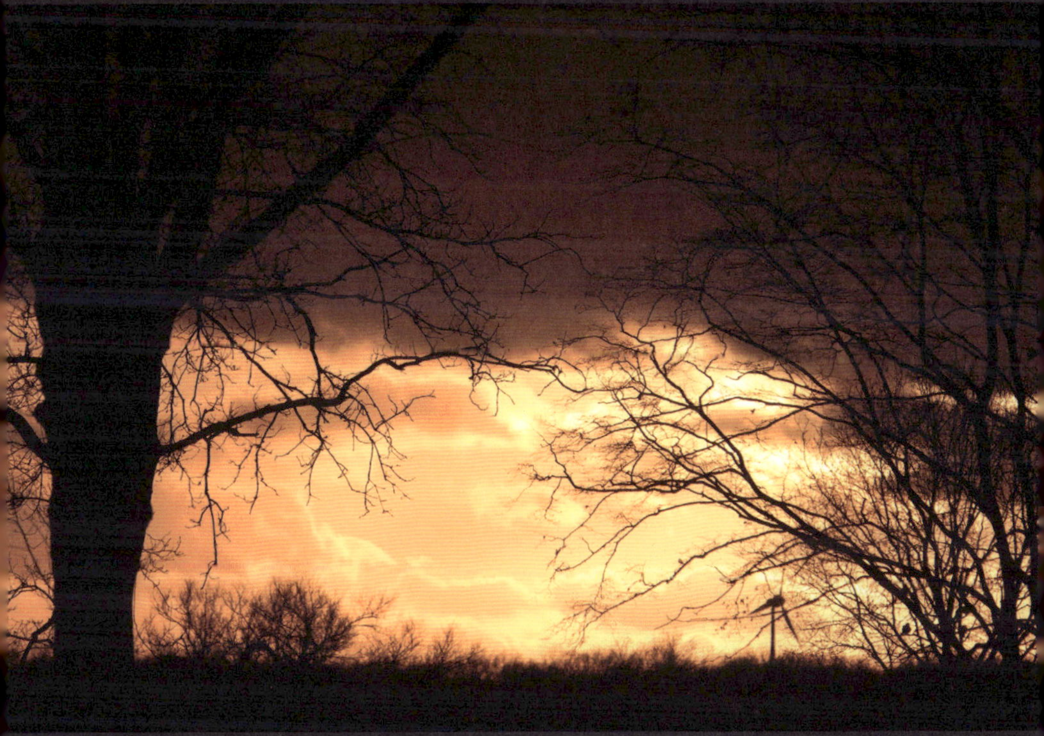

410 mm | f/5 | 1/1600 sek | ISO 100 | Modus A | EV –0,7

Dieses Bild entstand auf dem Weg in den Urlaub – an der Autobahn A1 auf einem Parkplatz. Wenn du also beim nächsten Mal durch die schönsten Lichtstimmungen fährst, biege einfach an der nächsten Ausfahrt raus und such dir einen guten Standpunkt. Hier half die Sony RX10 mit ihrem super Teleobjektiv, einen Auschnitt ohne störende Elemente zu finden. Nur das Windrad unten rechts lässt erahnen, dass dieses Bild nicht weit von der Zivilisation entstand.

Feld und Wiese

①

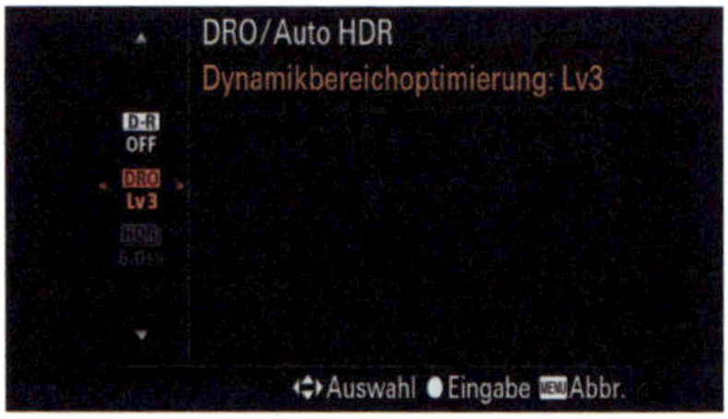

Fn-Menü *DRO Lv3*. Die Kontrastoptimierung DRO sorgt für bessere Schattenzeichnung und einen intensiveren Himmel. RAW-Fotografen machen diese Optimierung später am Computer.

②

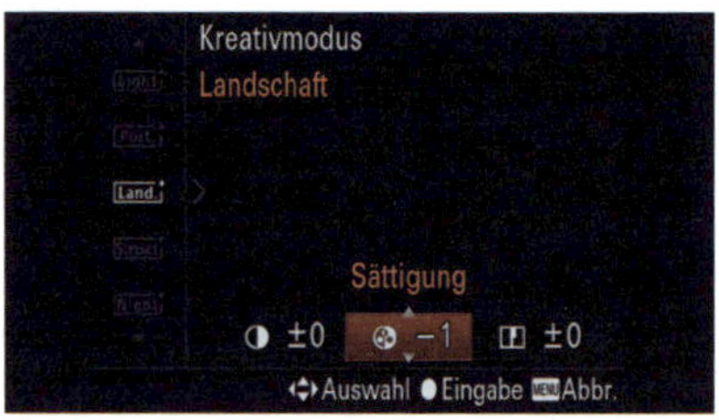

Fn-Menü Kreativmodus *Landschaft*. Dieser Kreativmodus sorgt für intensive Grün und Blautöne. Den coolen Look erhältst du durch eine Reduzierung der Sättigung.

③

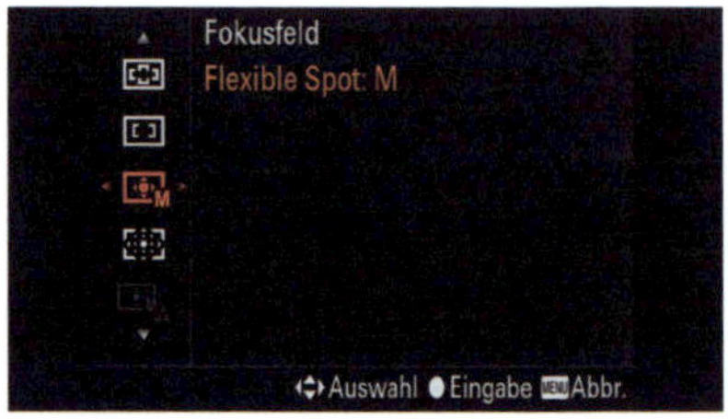

Fn-Menü Fokusfeld *Flexible Spot* oder *Erweiterter Flexible Spot*. Dadurch kannst du genauer bestimmen, wo deine Schärfeebene genau liegen soll. Für eine „unendliche" Tiefenschärfe solltest du hier etwas hinter dem Zaun fokussieren.

Fokusmodus *AF-S*. Wenn du deine Schärfeebene einmal gefunden hast, kannst du mit AF-S leichter deinen Ausschnitt verändern, um z. B. einen geraden Horizont im Bild zu haben.

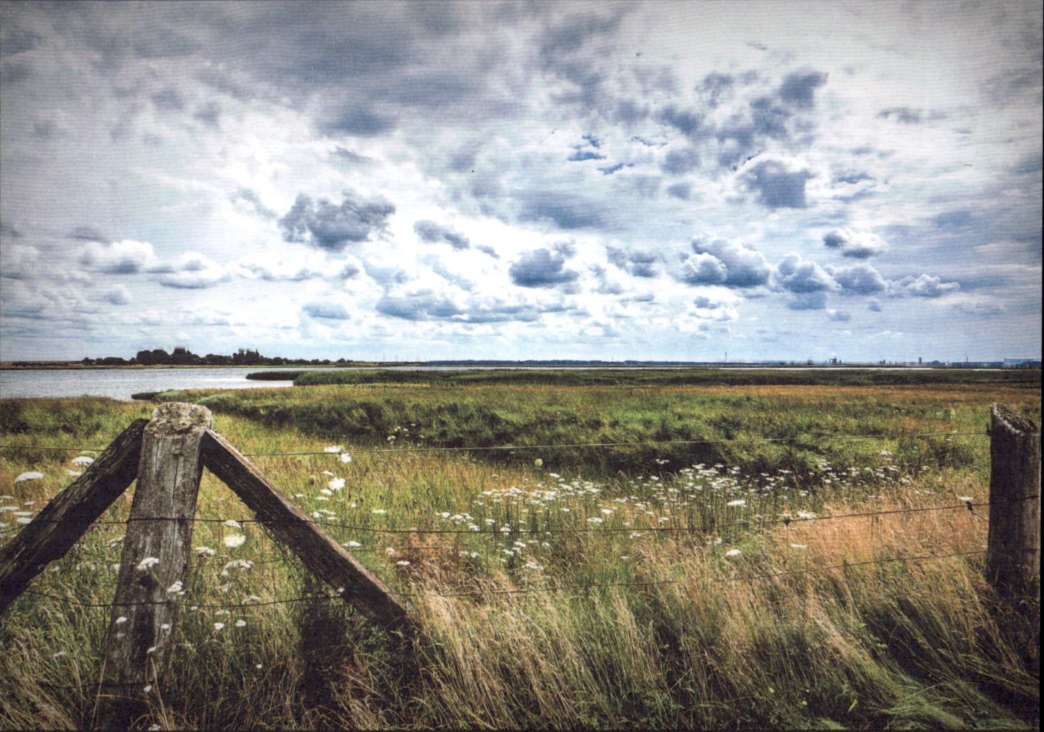

35 mm | f/6.3 | 1/400 sek | ISO 100 | Modus A | EV +0,3

Auch dieses Foto entstand im schönen Norden. Bei solchen Motiven können die Eigenschaften des Sensors der RX10 richtig punkten. Durch die große Schärfentiefe im Vergleich zu größeren Sensoren, z. B. in Vollformatkameras, kann man hier die Weite der Landschaft bis zum Horizont scharf abbilden. Die Blende sollte natürlich auch richtig gewählt werden, also etwas geschlossen sein.

Gutshaus

①

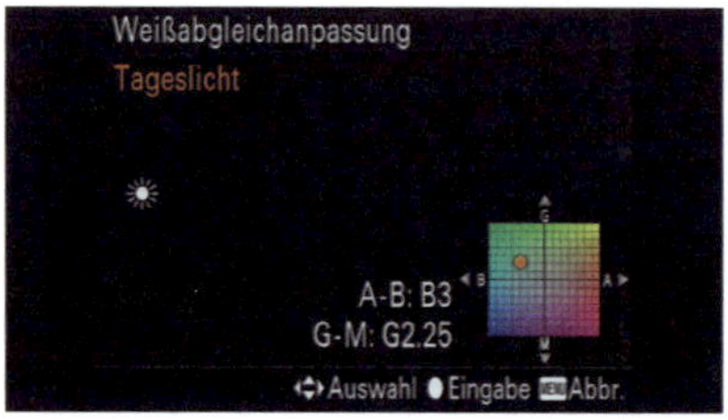

Fn-Menü Der Weißabgleich *Tageslicht* ist in Richtung Blau und Grün verschoben. In der Kombination mit den anderen Bildeinstellungen gibt das diesen speziellen Look.

②

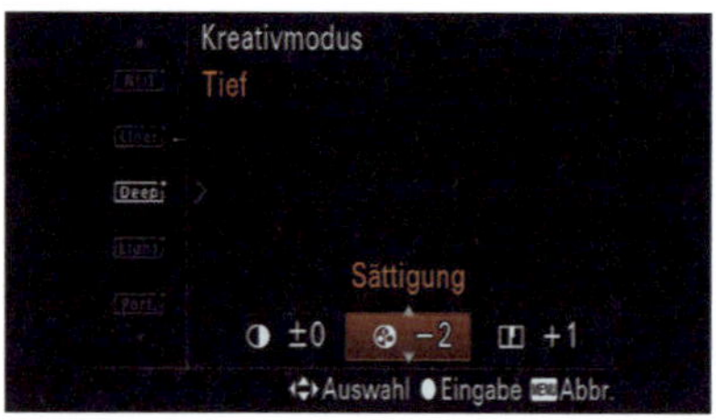

Fn-Menü *Der* Kreativmodus *Tief* bringt feinere Abstufungen in den dunklen Bildpartien. Die Sättigung wurde verringert und die Schärfe leicht angehoben.

③

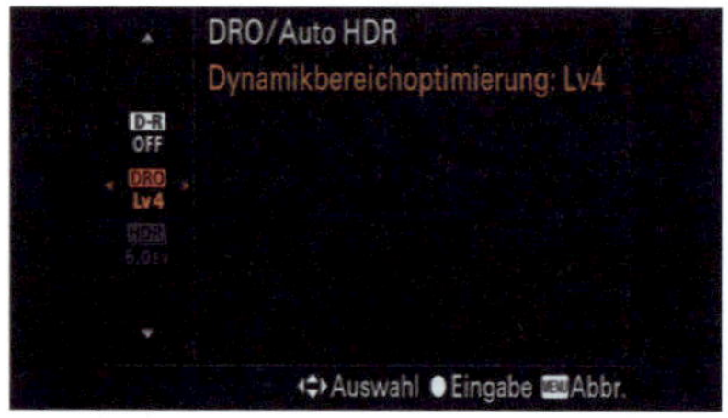

Fn-Menü Die *DRO-Lv4*-Einstellung gibt dem Dach und dem Baum gleichmäßige Helligkeit und lässt das Bild sehr detailreich erscheinen.

④

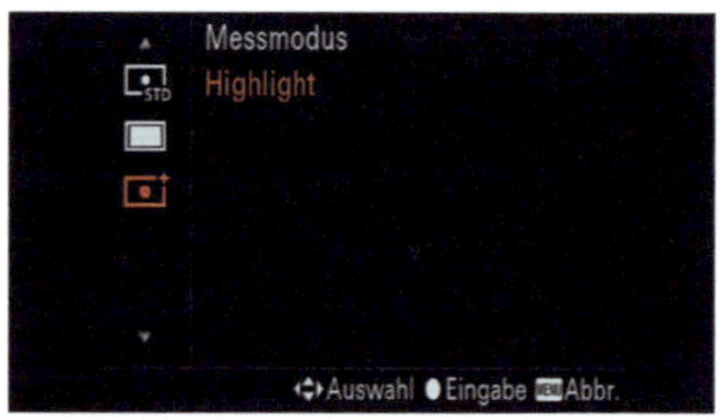

Fn-Menü Die Belichtungsmessung *Highlight* ist etwas speziell. Hier wurde sie ganz bewusst eingesetzt, um eine Helligkeit zu erhalten, die den leicht bewölkten Himmel nicht ausfressen lässt und genug Zeichnung der Schatten auf der linken Hausseite erhält.

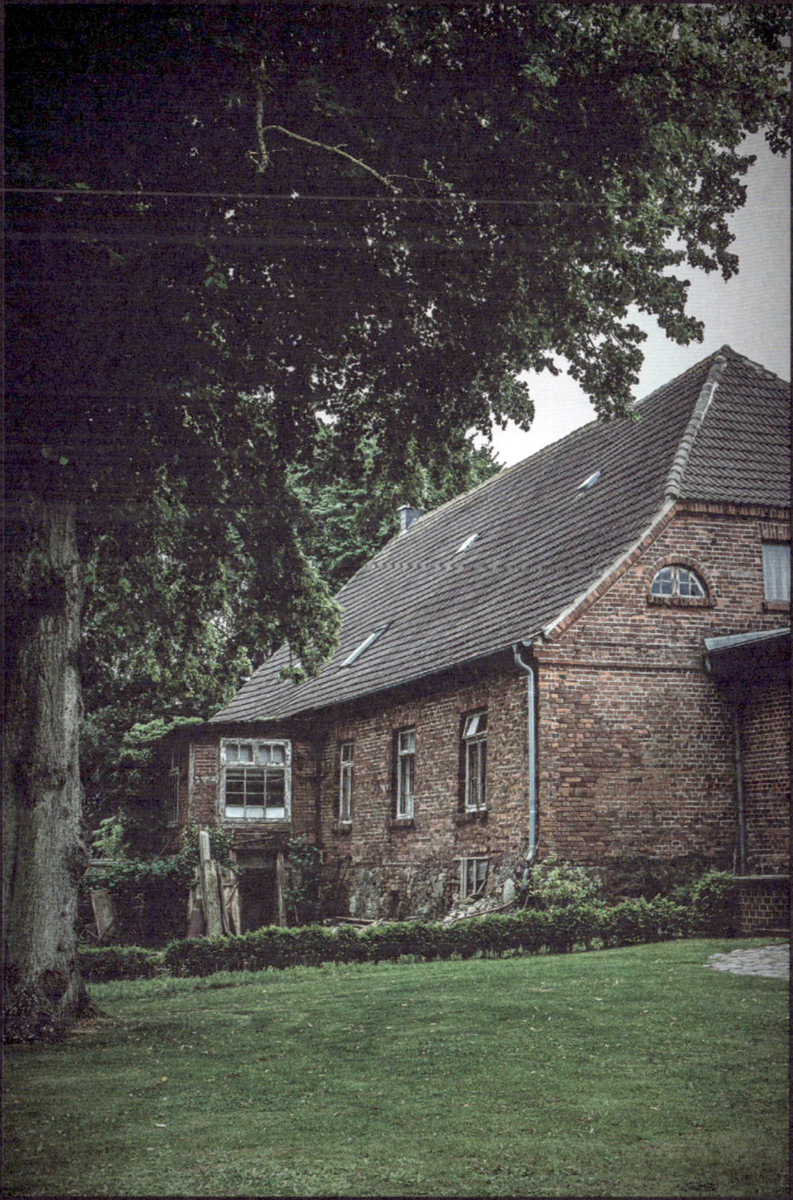

44 mm | f/3.2 | 1/160 sek | ISO 100 | Modus A | EV +1,7

Hier wird der Baum im Vordergrund genutzt, um dem Bild Tiefe zu verleihen. Dadurch wird der Betrachter besser in die Szene geführt, und man fühlt sich, als würde man dieses schöne Gutshaus selber beim Spazierengehen entdecken. Der besondere Look entstand durch eine Entsättigung der Farben und einen speziellen Weißabgleich.

Landmarken

①

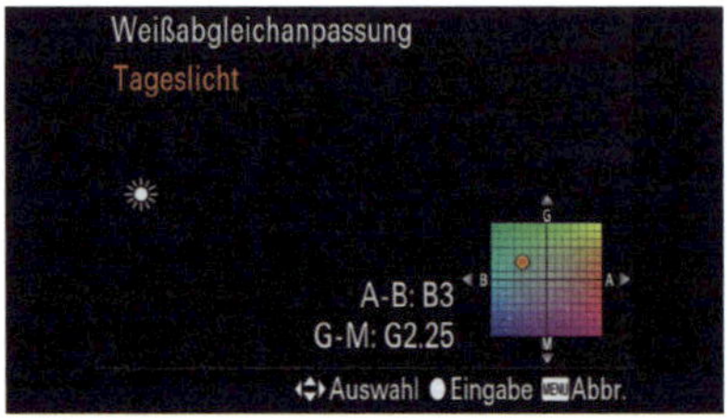

Fn-Menü Weißabgleich *Tageslicht*. Damit der coole moderne Look entsteht, wurde der Weißabgleich ins Grünlichblaue gezogen.

②

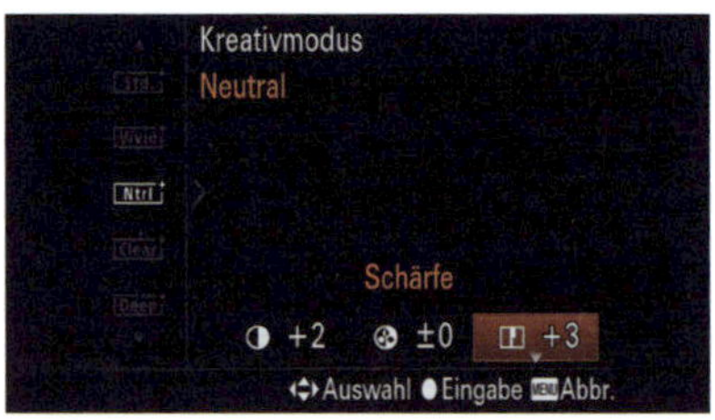

Fn-Menü *Der* Kreativmodus *Neutral* wird oft unterschätzt, doch er kann gerade im Sommer bei Wolken am Himmel dafür sorgen, dass sie noch Zeichnung behalten. Insgesamt wirkt er durch seine geringere Sättigung fast ein bisschen wie analoger Film. Der Kontrast und die Schärfe wurden hier aber angehoben.

③

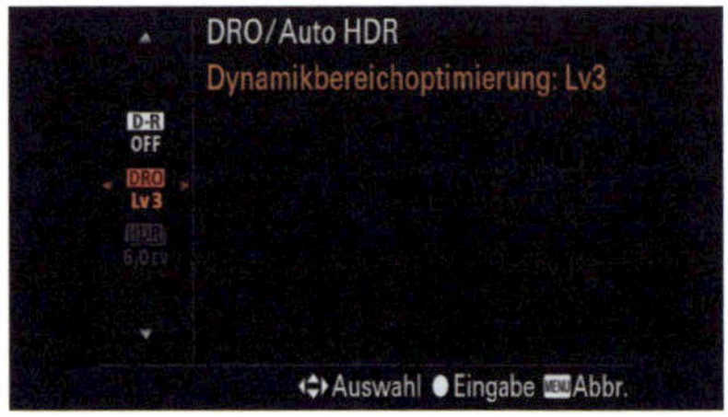

Fn-Menü *DRO* auf *Lv3* sorgt zusätzlich für fein abgestufte Schatten und erhält die Zeichnung in den hellen Bildpartien. RAW-Fotografen machen diese Korrekturen später in der Bildbearbeitung.

④

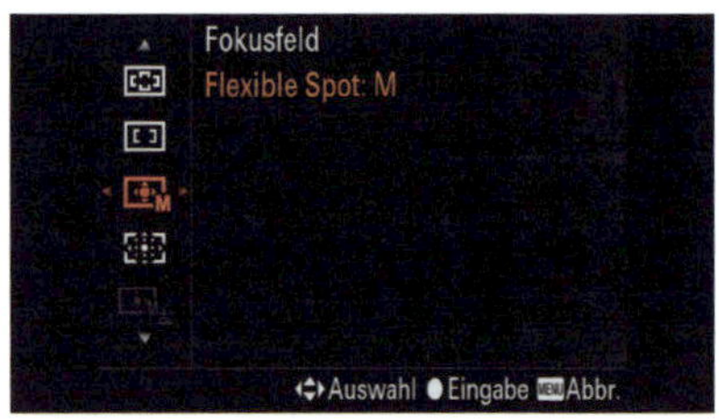

Fn-Menü Fokusfeld *Flexible Spot*. Das Fokusfeld wurde ganz einfach auf den Leuchtturm gesetzt. Du kannst die Fousfeldgröße übrigens auch in drei Größen einstellen: S, M, und L.

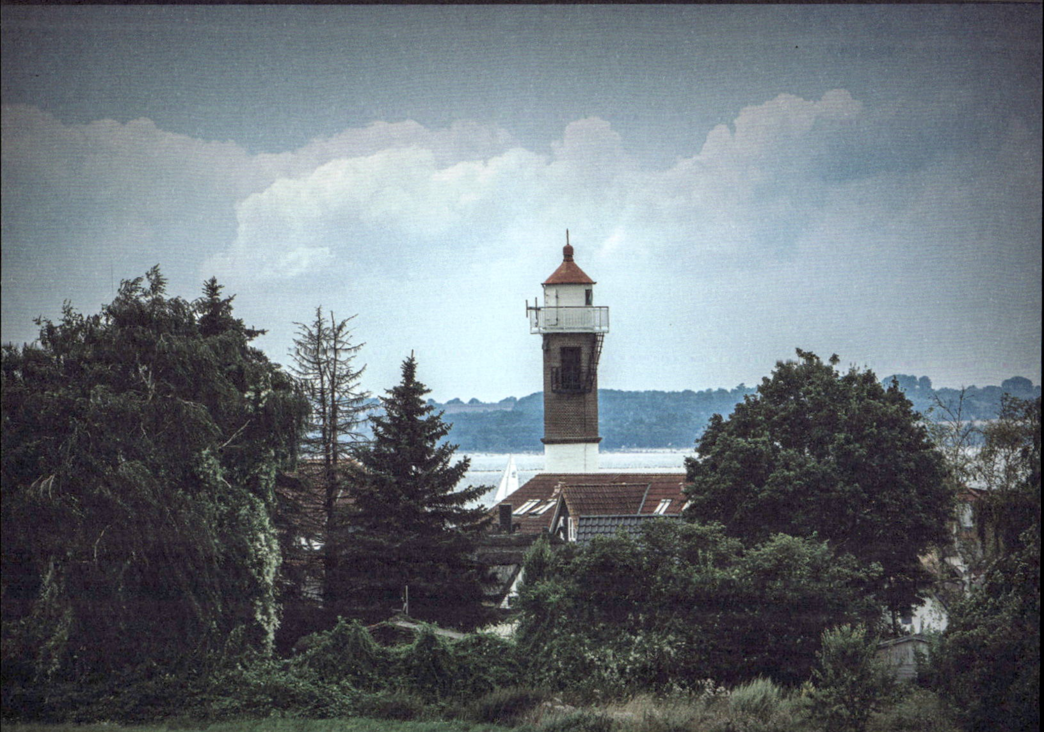

600 mm | f/4 | 1/400 sek | ISO 100 | Modus A | EV +0,3

Dieses Foto wirkt auf den ersten Blick gar nicht wie eine starke Teleaufnahme. Durch die 600 mm Brennweite wird das Motiv gestaucht, und alles rückt optisch ein wenig näher zusammen. Auch die Wolken scheinen jetzt hinter dem Leuchtturm anstatt darüber. Das gibt dem Bild seine konzentrierte, gemäldehafte Wirkung.

Detail am Pool

①

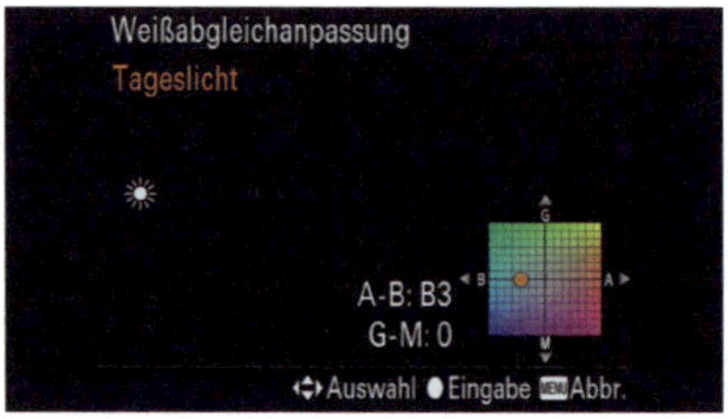

Fn-Menü Weißabgleich *Tageslicht* mit einer Verschiebung in Richtung Blau, um die Farbe des Wassers im Pool zu betonen.

②

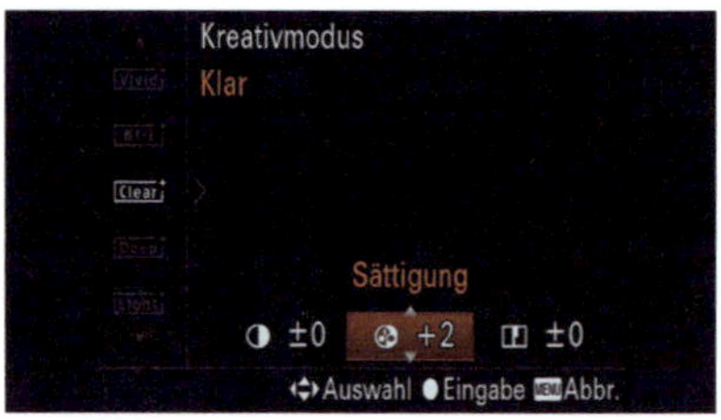

Fn-Menü Kreativmodus *Klar*. Die Sättigung wurde hier erhöht, um in der Aufnahme den klaren, reinen Charakter des Wassers und der Absperrungsmarkierungen hervorzuheben.

③

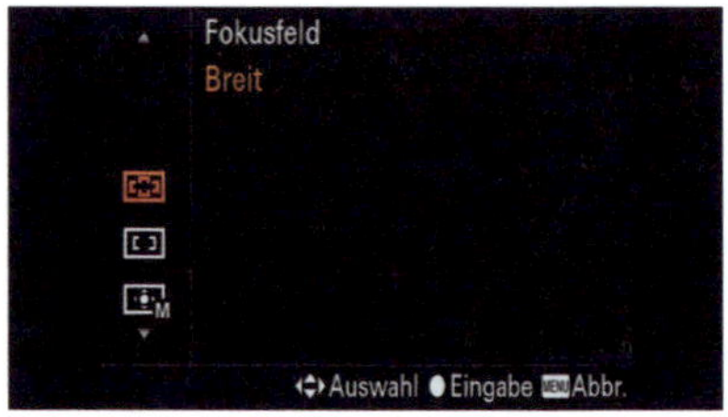

Fn-Menü Fokusfeld *Flexible Breit*. Die rotweißen Ringe geben genug Kontrast, um sich von der Wasseroberfläche abzuheben. Wenn du merkst, dass die Ringe nicht im Fokus bleiben, musst du auf die *AF-Verriegelung* oder den *Flexible Spot* wechseln.

Fokusmodus *AF-C*. Wenn man wie bei dieser Aufnahme vornübergebeugt fotografiert, wippt man zum Balancehalten unmerklich nach vorne und hinten. Der AF-C gleicht diese Bewegung aus, und die Plastikringe bleiben in der Schärfe. *AF-S* funktioniert hier aber meistens auch gut.

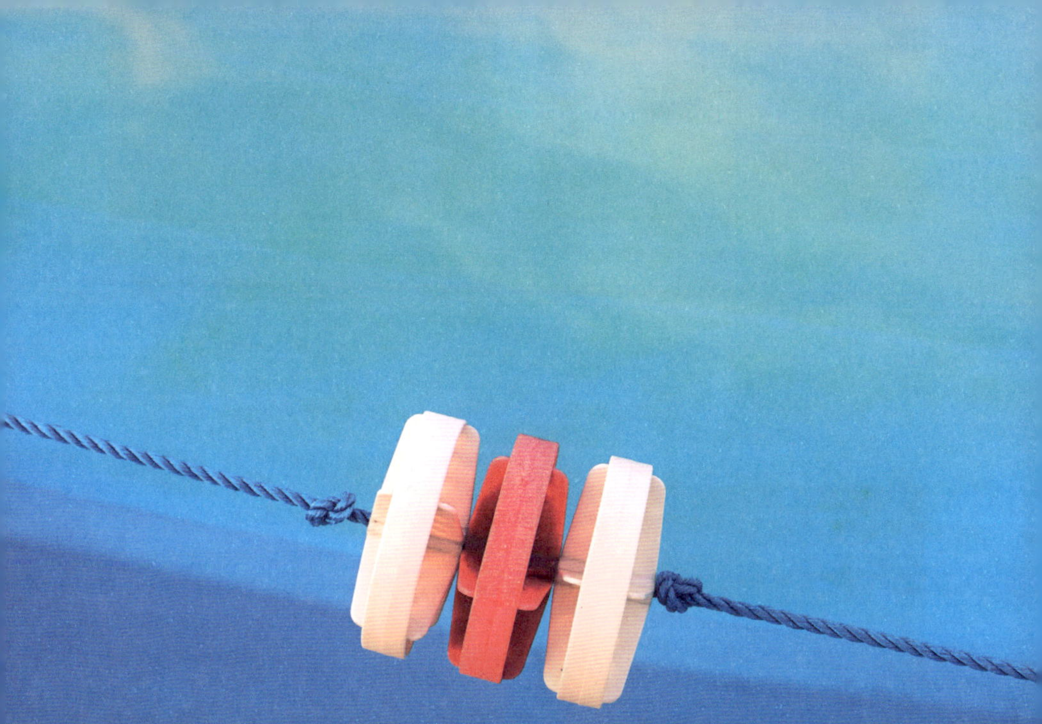

52 mm | f/4 | 1/125 sek | ISO 100 | Modus M

Eine klassische Detailaufnahme mit plakativer Wirkung. Es dominieren zwei komplementäre Farben, Blau und Rot. Die blaue Wasserfläche bildet einen sehr klaren Kontrast zu den scharf abgebildeten Ringen und dem Seil. Achte bei Fototouren darauf, dass du auch immer wieder Nahaufnahmen und Detailfotos machst, die nur wenige Objekte zeigen. Der große Zoombereich der Sony RX10 ist dafür ideal.

Bäume im Hochwasser

①

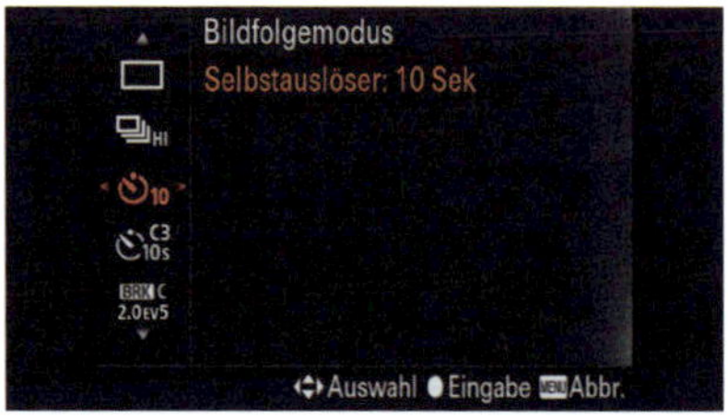

Fn-Menü Der Selbstauslöser ist eine gute Alternative zu einem Fernauslöser oder der App. Diese Einstellung ist im Fn-Menü aufrufbar, du hast sie somit immer dabei.

②

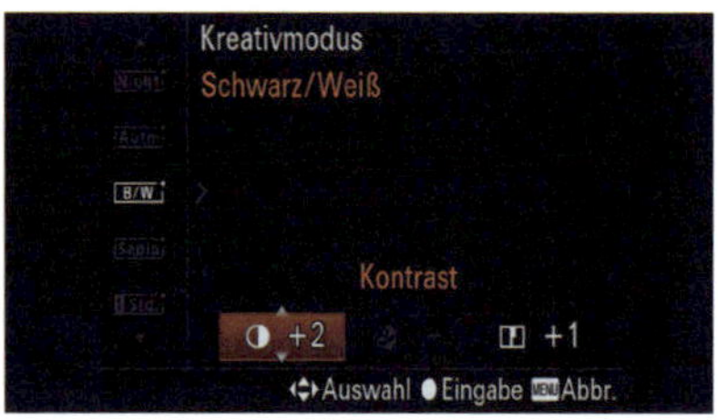

Fn-Menü Der Kreativmodus *Schwarz/Weiß* reduziert das Bild auf die wesentlichen Elemente. Die Steigerung des Kontrasts erhöht diesen Effekt noch.

③

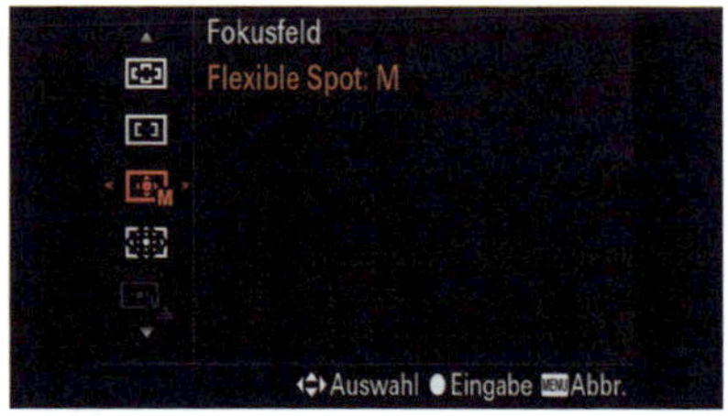

Fn-Menü Fokusfeld *Flexible Spot*. Beim manuellen Fokussieren ist der Flexible Spot sinnvoll, da du die Position der Fokusvergrößerung vorwählen kannst. Hier ist es der vordere der beiden Bäume.

Fokusmodus *MF*. Gerade bei Stativaufnahmen und dem Einsatz von Filtern bringt der manuelle Fokus viel mehr Ruhe ins Fotografieren. Einmal richtig eingestellt, bleibt der Fokus an der richtigen Stelle, auch wenn du noch ein paar Bilder mehr fotografierst.

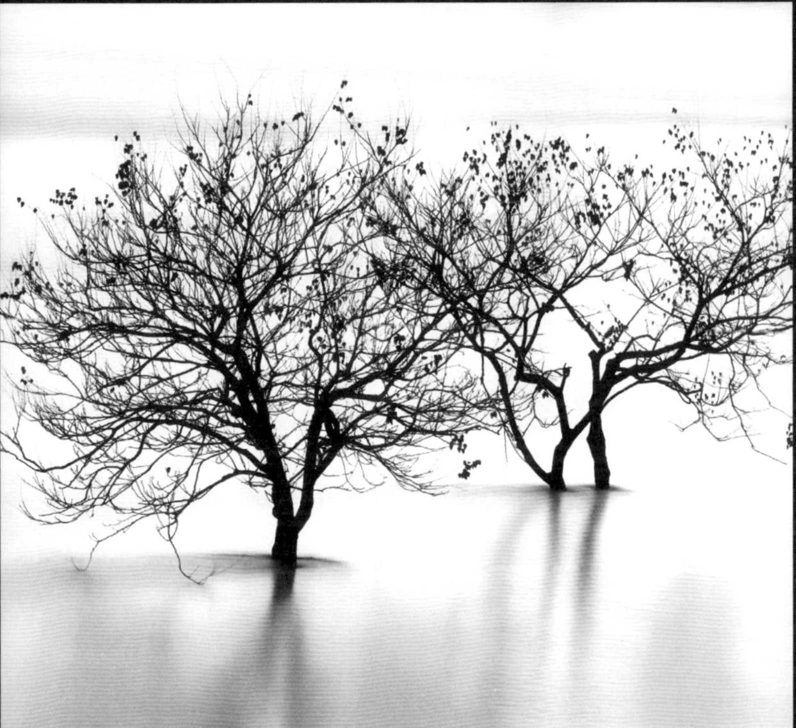

210 mm | f/11 | 20 sek | ISO 100 | Modus M

as alljährliche Hochwasser am Rhein eignet sich gut, um mit Stativ und einem 000er-Graufilter surreale Fotos von Bäumen im Wasser zu machen. Durch die lange erschlusszeit von 20 Sekunden wird das Wasser zu einer fast glatten Fläche. Nur ie kleinen Wellenkämme an den Bäumen haben noch etwas Struktur. Auch die elle Belichtung und der hohe Kontrast steigern die traumartige Wirkung.

Heiß und kalt

①

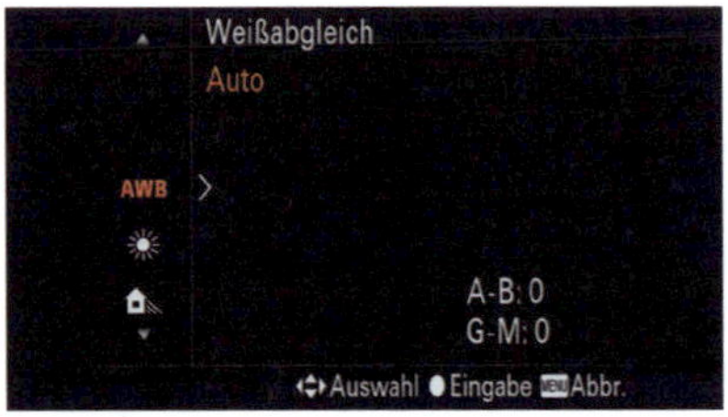

Fn-Menü Weißabgleich *Automatisch (AWB)*. Wenn du mehr Zeit zur Vorbereitung für das Foto hast, kannst du auch eine spezielle Einstellung vornehmen.

②

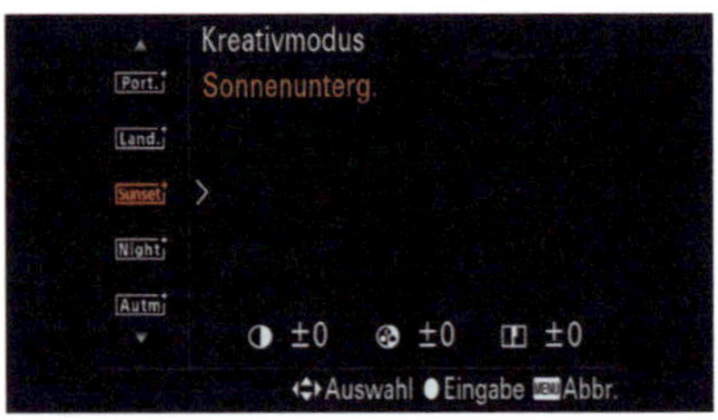

Fn-Menü Kreativmodus *Sonnenuntergang*. Durch diesen Modus werden nicht nur die Farben besser dargestellt, sondern auch durch die Nachschärfung die Wassertropfen noch schärfer.

③

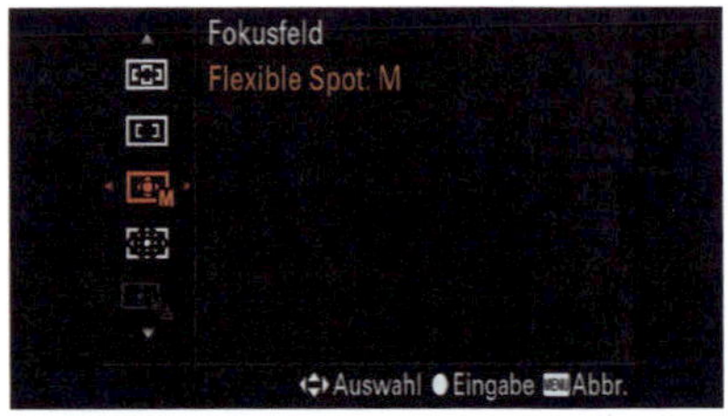

Fn-Menü Fokusfeld *Flexible Spot*. Das Fokusfeld muss hier ganz genau liegen. Eine automatische Steuerung hätte hier das Auge oder die Finger wählen können.

Fokusmodus *AF-S* oder *AF-C*, je nachdem, ob die Tasse unbewegt ist oder bewegt wird.

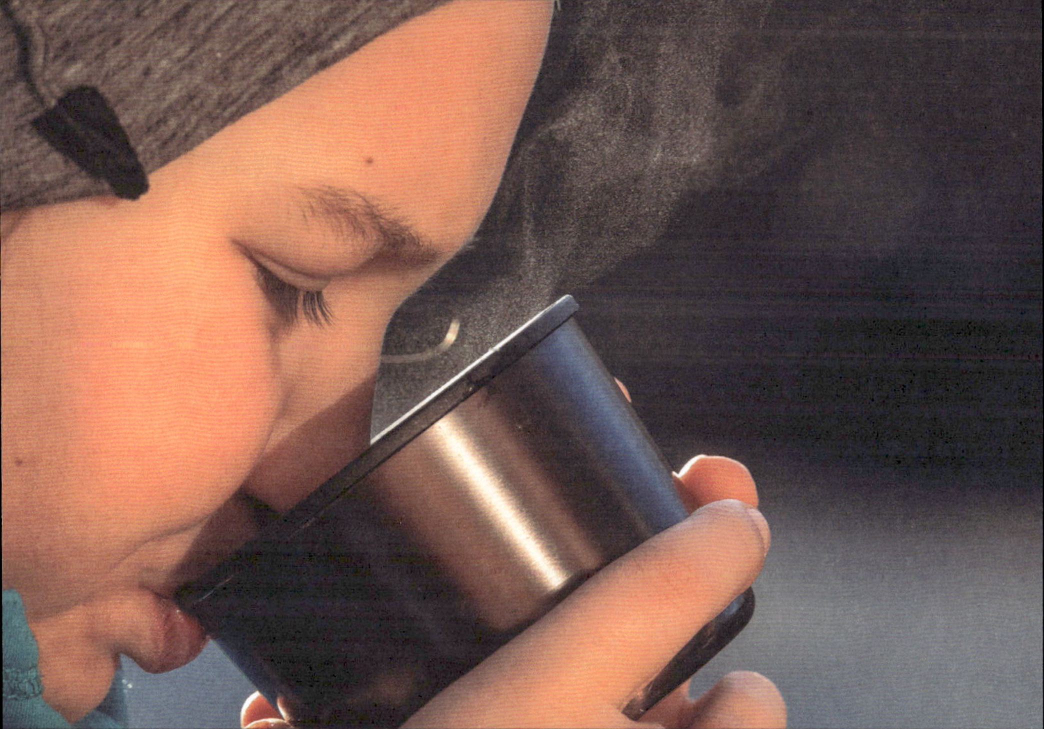

290 mm | f/4 | 1/2000 sek | ISO 100 | Modus A | EV –0,3

Dieser Schnappschuss lebt von der tief stehenden Sonne, die den Dampf über dem heißen Tee gestochen scharf aufleuchten lässt. Die Schärfe liegt nicht auf dem Auge, sondern ein paar Zentimeter dahinter auf dem Thermosbecher, damit die kleinen Wassertröpfchen richtig gut zu sehen sind.

Am Ende des Tages

①

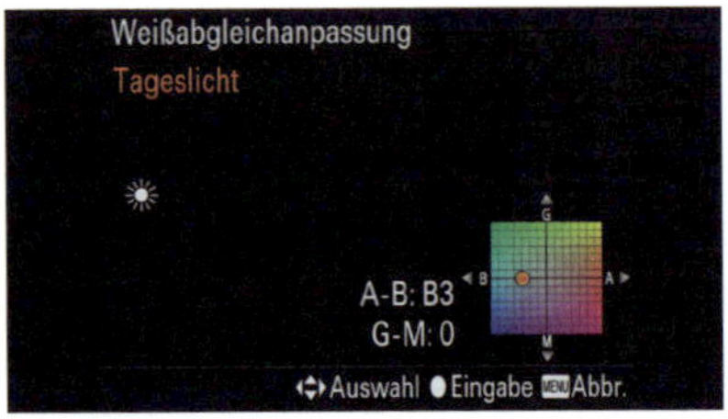

Fn-Menü Weißabgleich *Tageslicht*. Damit das Bild die richtige kühle Farbstimmung erhält, kannst du den Weißabgleich Richtung Blau justieren.

②

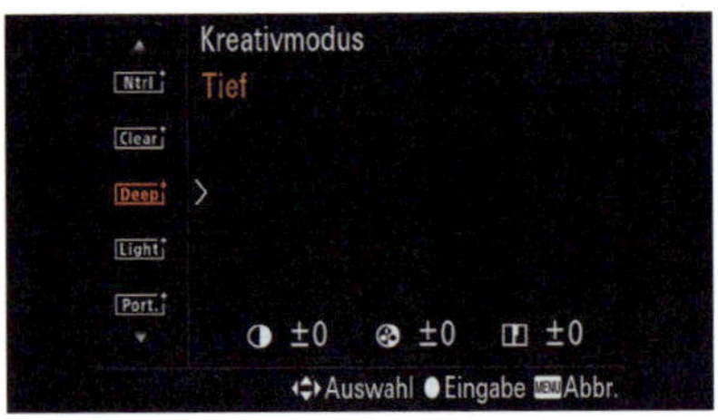

Fn-Menü Der Kreativmodus *Tief* ist sehr gut geeignet, um in der Dämmerung zu fotografieren. Er schützt die dunklen Bereiche des Bildes vor dem „Absaufen", also davor, nicht zu dunkel und detailarm zu werden.

③

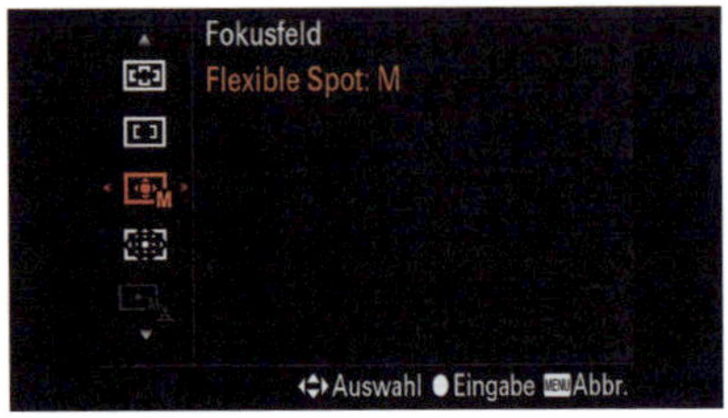

Fn-Menü Fokusfeld *Flexible Spot*, geeignet bei Motiven, die sich so klar und isoliert vom Hintergrund ablösen können. Auch andere Fokusfeldsteuerungen wie *Breit* oder *Mitte* funktionieren gut.

Fokusmodus *AF-S*. In der Dämmerung kann es durch den AF-C schon mal zu störendem Pumpen des Autofokus kommen. Mit dem AF-S gehst du auf Nummer sicher.

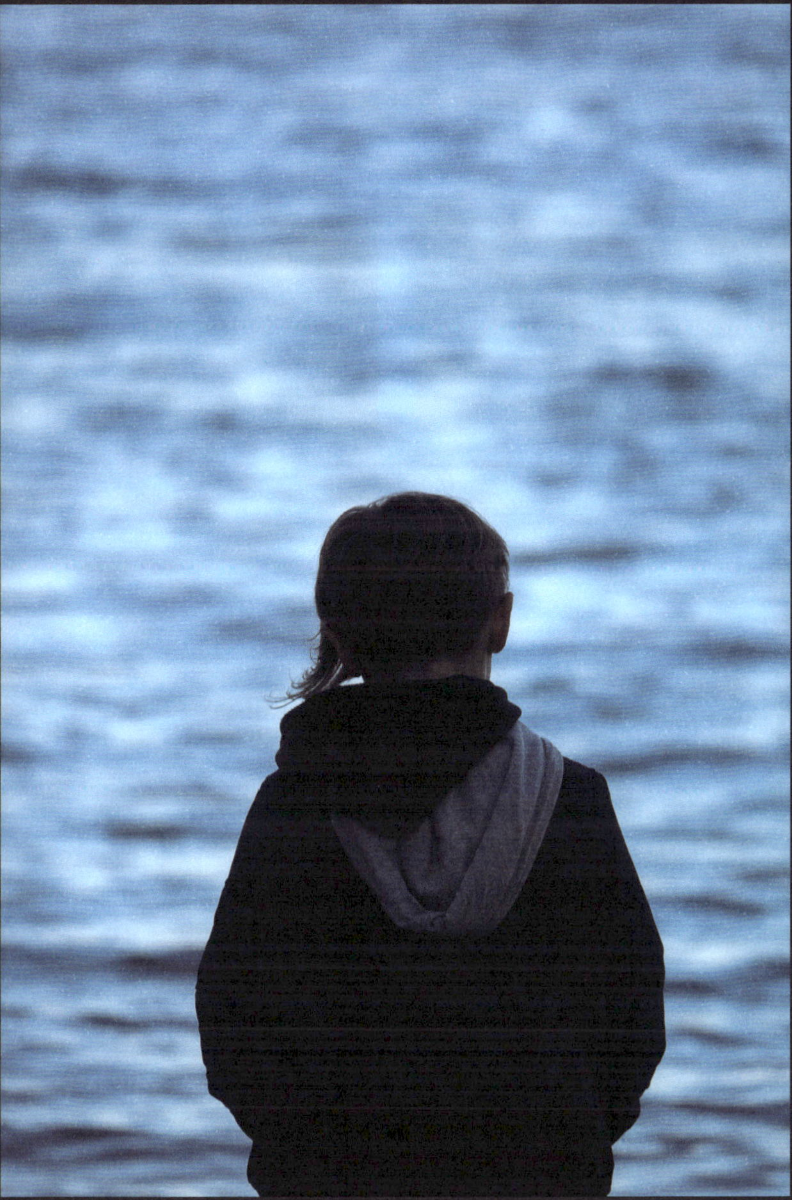

600 mm | f/4 | 1/250 sek | ISO 160 | Modus M

Mit die schönsten Momente im Urlaub: wenn die Kinder nach einem ereignisreichen Tag zur Ruhe kommen. Auch wenn man das Gesicht nicht sehen kann, erzählt dieses Bild doch eine Geschichte und strahlt die Ruhe eines schönen Tages am Meer aus. Die Positionierung des Kopfes genau in der Mitte des Fotos unterstützt die ruhige Wirkung.

Kirchturm am Abend I

①

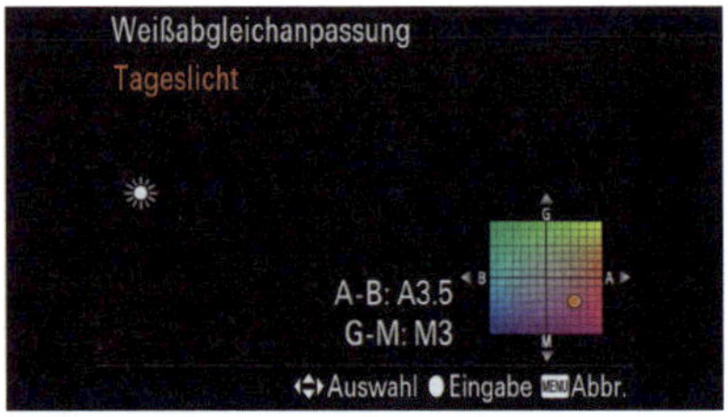

Fn-Menü Weißabgleich *Tageslicht*. Die Feinjustierung ist in Richtung Violett verschoben. Durch das Festlegen des Weißabgleichs auf Tageslicht verhinderst du, dass die Kamera den Farbstich der blauen Stunde automatisch korrigiert. Die Feinjustierung kann dem Himmel dann noch den richtigen Touch geben.

②

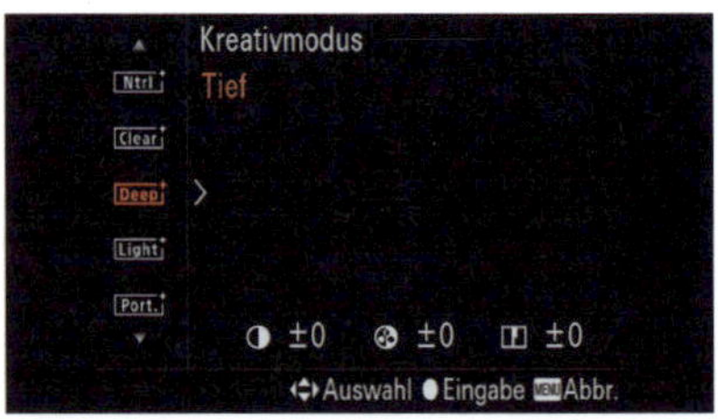

Fn-Menü Kreativmodus *Tief*. Bei dieser Dämmerungsaufnahme hilft er, dass die Schatten nicht zulaufen.

③

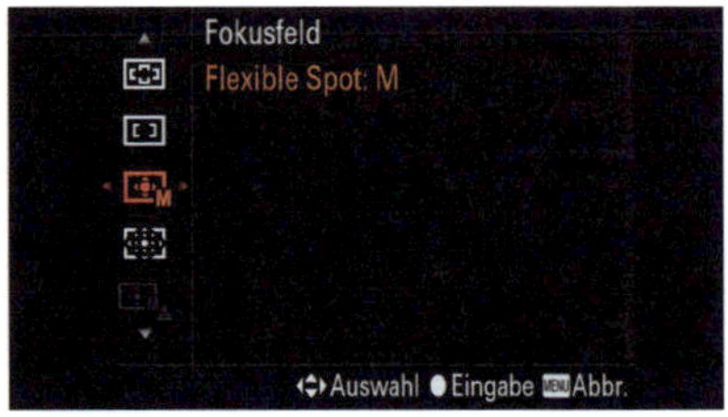

Fn-Menü Fokusfeld *Flexible Spot*. Du kannst den Flexible Spot auch in seiner Größe ändern. Hier ist S, also das kleine Feld gut, weil die größeren an den Antennen hängenbleiben könnten.

Fokusmodus *AF-S*. Wie schon bei den anderen Dämmerungsaufnahmen erwähnt, ist der AF-S hier am besten geeignet.

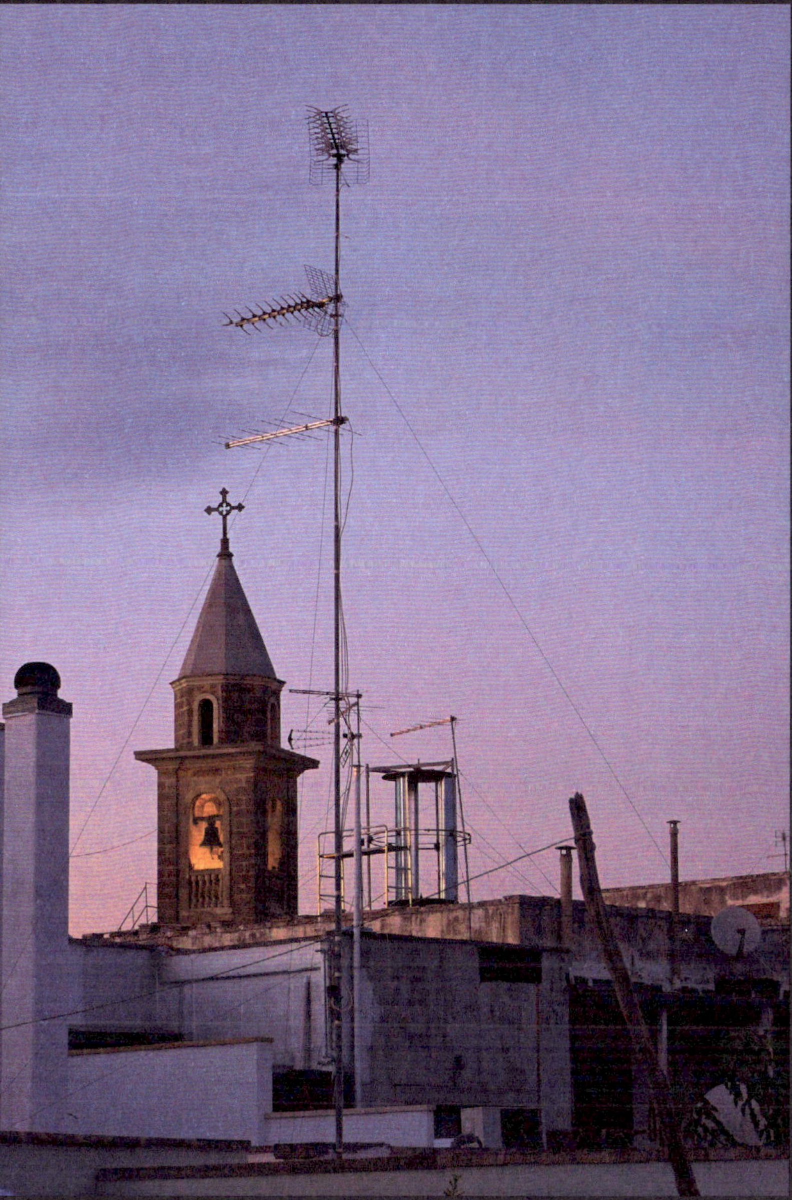

100 mm | f/5.6 | 1/25 sek | ISO 640 | Modus M

iese Aufnahme entstand während der Dämmerung im Herbst in Süditalien. Der on innen warm beleuchtete Kirchturm gibt einen wunderschönen Kontrast zum ühlen Abendhimmel und den Häuserfassaden. Wichtig ist hier auch die gerade usrichtung der Kamera, damit die vertikalen Linien im Bild gerade laufen. Die Aufnahme entstand aus der Hand auf eine Mauer aufgestützt.

Kirchturm am Abend II

①

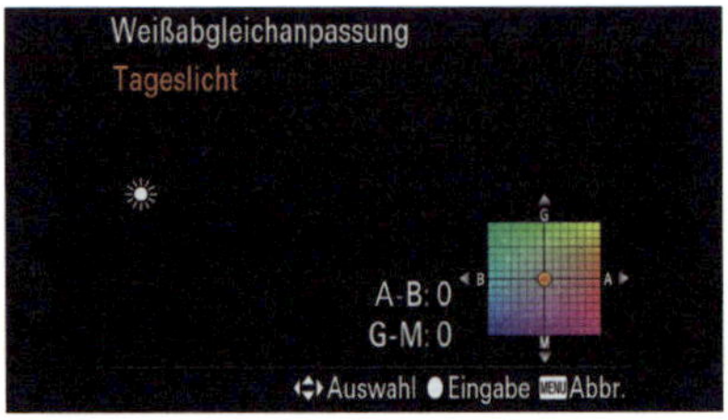

Fn-Menü Weißabgleich *Tageslicht*. Auch hier sorgt der fest eingestellte Weißabgleich dafür, dass die extreme Farbigkeit des rötlichen Himmels erhalten bleibt und nicht vom automatischen Weißabgleich neutralisiert wird.

②

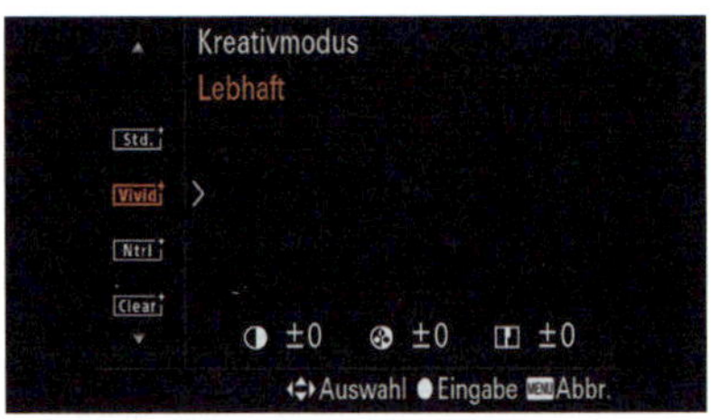

Fn-Menü Kreativmodus *Lebhaft*. Seine hohe Sättigung und der kräftige Kontrast passen gut zu diesem Motiv, das nur aus einem bunten Himmel und den Silhouetten der Gebäude besteht.

③

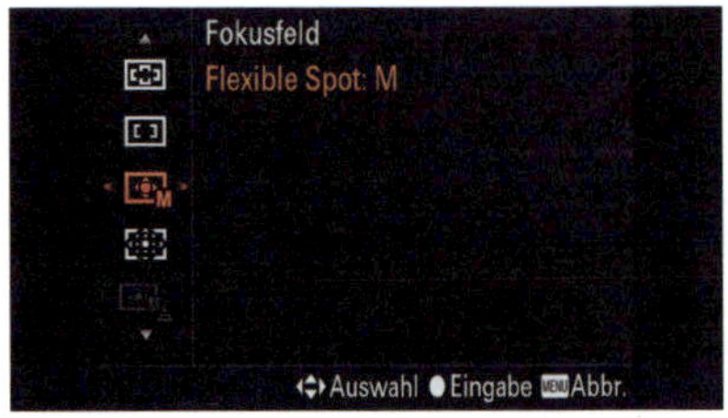

Fn-Menü Fokusfeld *Flexible Spot*. Der Flexible Spot oder auch *Mitte* eignen sich bei großer Dunkelheit am besten. Du solltest eine Kante des Gebäudes anfokussieren.

Fokusmodus *AF-S*. Bei sehr dunklen Motiven ist der AF-S am zuverlässigsten.

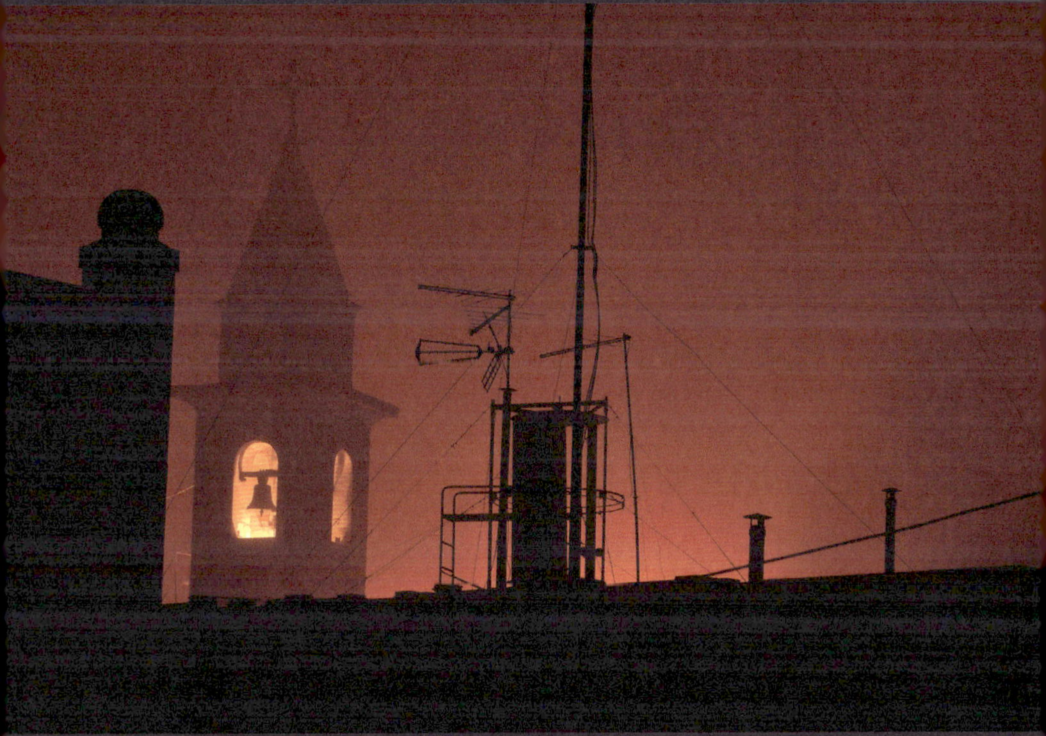

105 mm | f/8 | 2 sek | ISO 200 | Modus M

Diese Aufnahme desselben Kirchturms entstand an einem anderen Abend. Die Luft war sehr feucht, wodurch die gelb-orangenen Straßenlaternen den Himmel in diesen feuerroten Schein tauchen. Mithilfe des kleinen Reisestativs war hier eine lange Verschlusszeit und ein niedriger ISO-Wert möglich.

Regentropfen

①

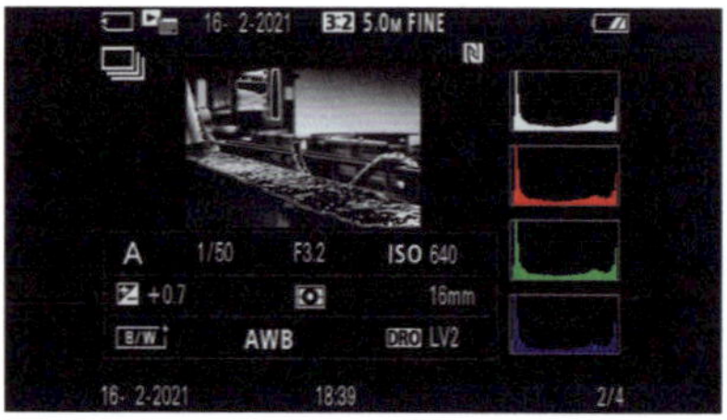

Disp Mit der DISP-Taste in der Wiedergabe kannst du verschiedene Ansichten aufrufen. Diese Ansicht zeigt dir weiß blinkend zu dunkle Bereiche deines Fotos an und schwarz blinkend zu helle Bereiche. Mit dieser Anzeigehilfe kannst du deine Belichtung besser kontrollieren und ggf. eine Belichtungskorrektur wählen.

②

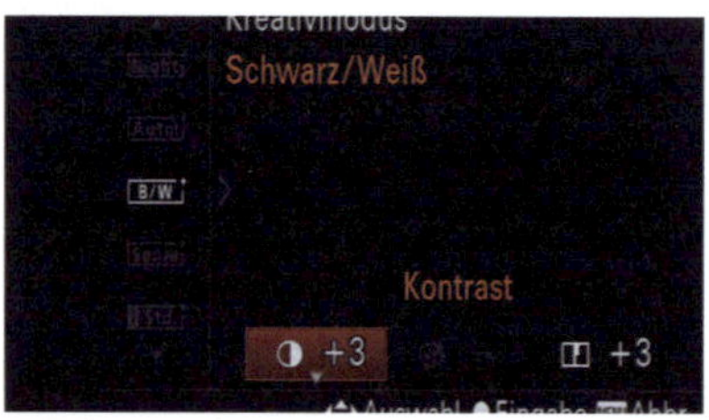

Fn-Menü Kreativmodus *Schwarz/Weiß*. Dieser Modus fördert die Dynamik, die Details des Taus werden besser gezeichnet.

③

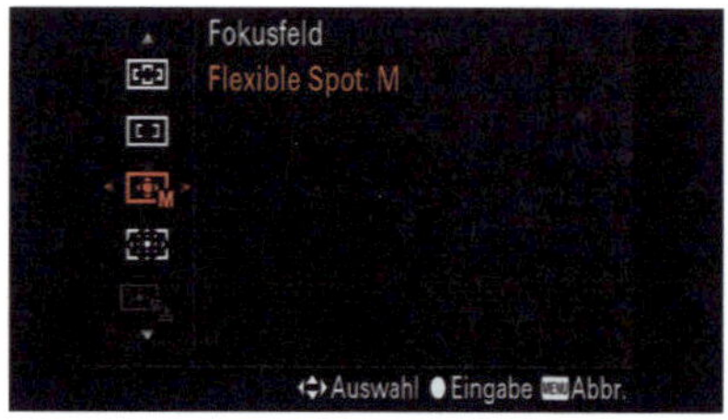

Fn-Menü Fokusfeld *Flexible Spot*. Bei so einer Aufnahme musst du selbst bestimmen, wo die Schärfe am besten liegen soll.

④

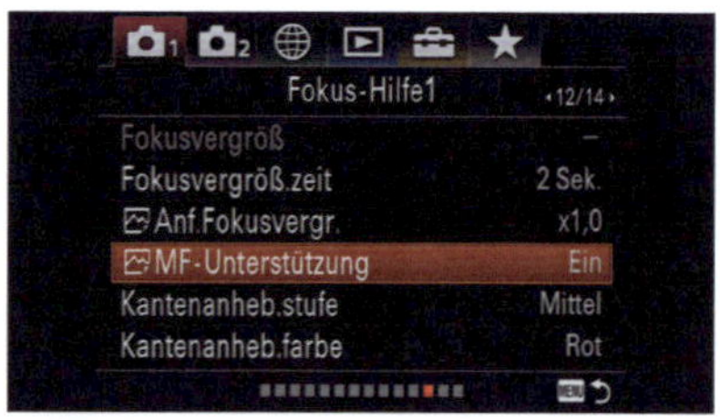

Menü Für solche Aufnahmen kann manuelles Fokussieren *MF* oder *DMF* gut geeignet sein. Mit der Fokusvergrößerung siehst du schon vor der Aufnahme, in welcher Ebene die Regentropfen am deutlichsten zu sehen sind.

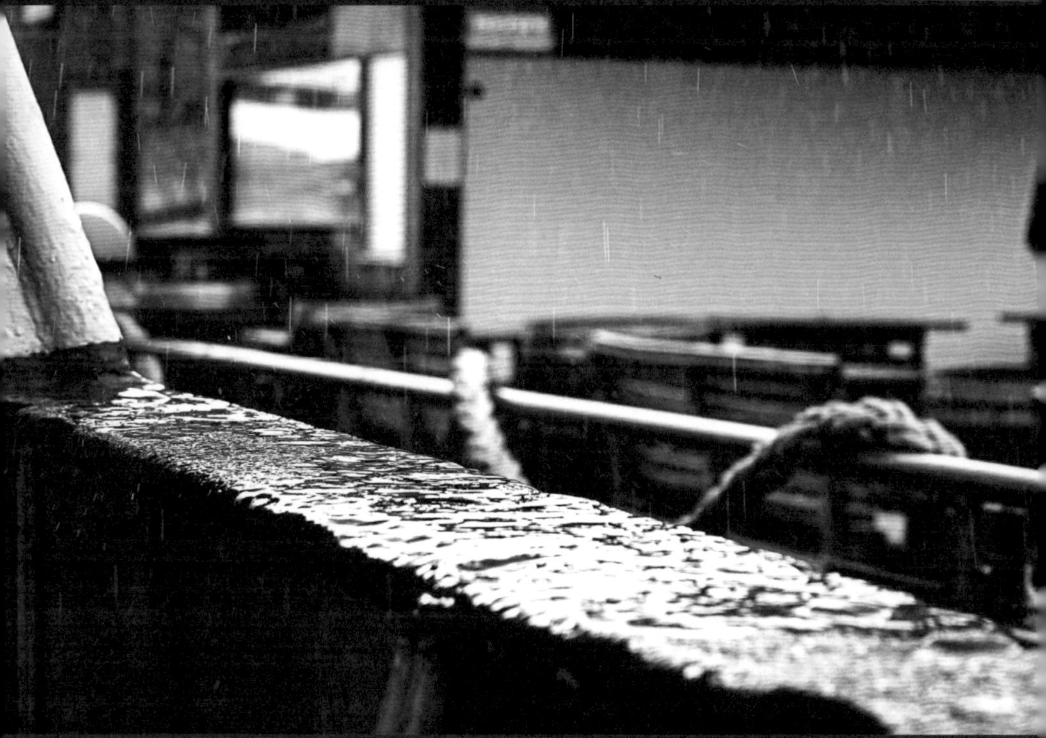

95 mm | f/3.5 | 1/320 sek | ISO 100 | Modus S | EV –1

Bei einem solchen Foto ist wichtig, wie du die Verschlusszeit einstellst. Regentropfen fallen recht schnell. Mit einer bewusst gewählten Zeit kannst du die „Länge" der Regenspuren bestimmen. Eine kürzere Zeit hätte die „Striche" der Regentropfen zu kurz werden lassen, bei einer längeren Zeit wären sie nicht mehr sichtbar gewesen.

Ein Kamm aus Eiszapfen

①

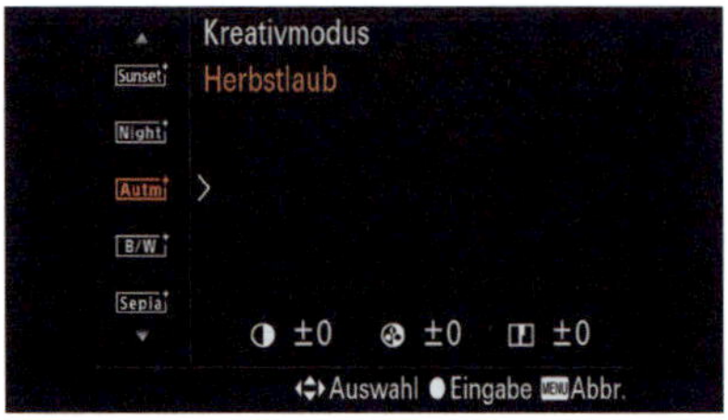

Fn-Menü Kreativmodus *Herbstlaub*. Wenn du etwas wärmere Farben für deine Landschaftsaufnahmen möchtest, ist dies eine gute Wahl. Neutraler sind die Kreativmodi *Landschaft* oder *Klar*.

②

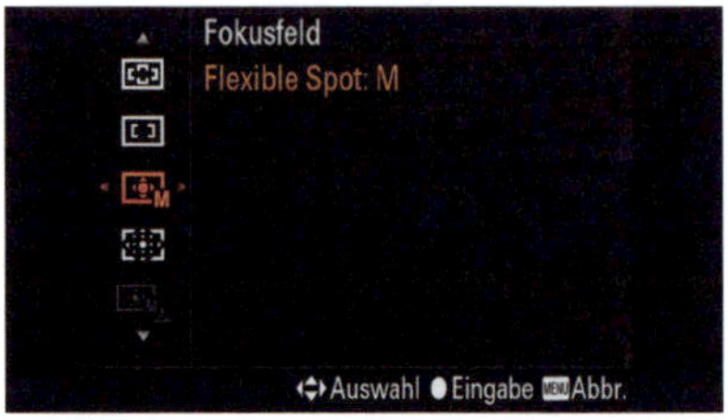

Fn-Menü Fokusfeld *Flexible Spot*. Bei solchen Motiven musst du genau wählen, wo du die Schärfe im Bild haben willst. Die Tiefenschärfe ist bei Nahaufnahmen sehr gering.

Fokusmodus *AF-S*. Gerade wenn du in den Bereich der Naheinstellgrenze kommst, also die Entfernung, wo deine Kamera gerade noch scharfstellen kann, bekommst du bei diesem Fokusmodus eine Bestätigung, dass noch scharfgestellt werden konnte.

NAHAUFNAHMEN

Nahaufnahmen werden auch Makro genannt. Hierbei musst du besonders auf die Schärfe achten. Die Tiefenschärfe ist sehr gering, es sind also immer nur Teile des Motivs scharf, was aber auch den besonderen Reiz ausmacht. Auch die Gefahr des Verwackelns ist groß, nicht nur durch Bewegungen der Kamera, sondern auch deines Motivs. Äste und Blätter wackeln schnell auch in leichtem Wind. Hier war es sehr hell und die Verschlusszeit daher ganz kurz, also unproblematisch.

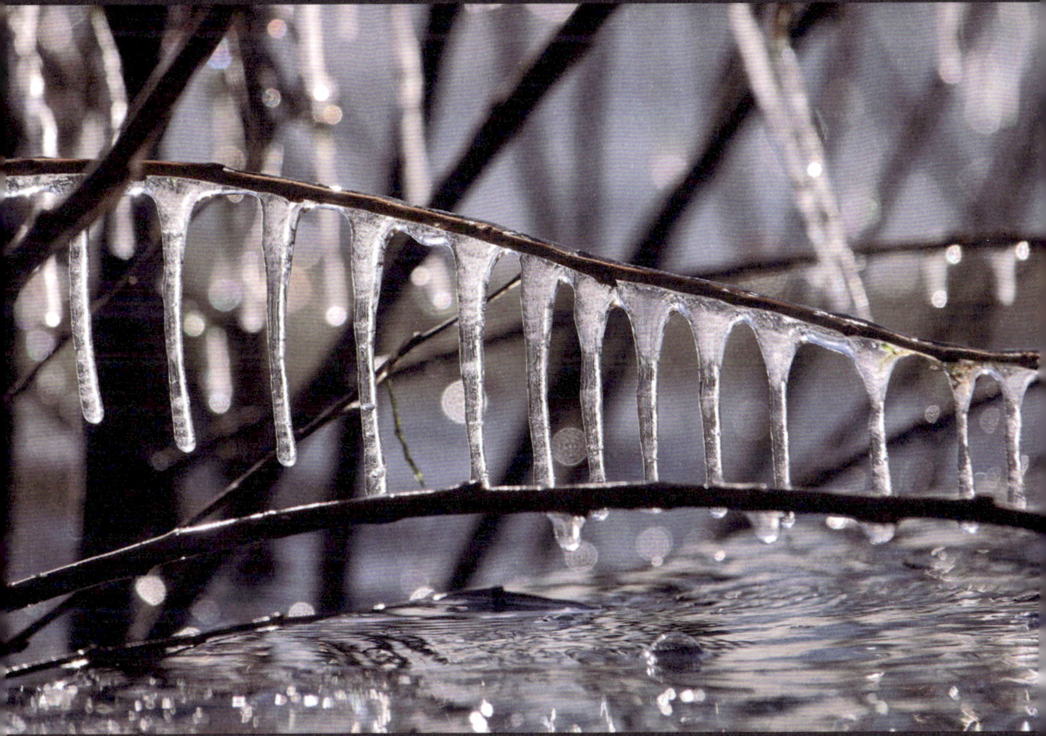

380 mm | f/4 | 1/2000 sek | ISO 100 | Modus A | EV –0,7

Mit der Sony RX10 kann man auch super Nahaufnahmen machen. Hier musst du ein bisschen ausprobieren, welcher Brennweitenbereich am besten funktioniert. Hier waren es knapp 400 mm. Dadurch hat man auch einen guten Abstand zum Motiv, um nicht ins eiskalte Wasser steigen zu müssen.

TIERE

Fotos von Tieren gehören mit Sicherheit zu den spannendsten Motiven. Sie brauchen aber auch viel Geduld und gute Vorbereitung. Ist das Tier, vor allem in der Wildnis, erst einmal gesichtet, bleibt kaum noch Zeit, die Kamera richtig einzustellen. Mach das also am besten vorher. Hier hilft natürlich Erfahrung. Planst du einen Ausflug in den Wald oder ein Wildtiergehege oder sogar eine Fotosafari, dann solltest du ruhig vorher schon mal Trockenübungen machen. Die Verschlusszeit und die richtige Autofokuseinstellung gehören hier zu den wichtigsten Einstellungen. Wenn du ein Haustier hast, hast du schon dein Lieblingsmotiv zum Üben.

Du solltest auf jeden Fall eine Idee davon haben, wie schnell die Bewegungen des Tieres sind, das du fotografisch festhalten möchtest. Das muss nicht immer actiongeladen und rasant sein. Auch ein schlafendes oder dösendes Tier ist ein schönes Motiv. Selbst Vögel halten oft erstaunlich ruhig. Willst du aber eine Aufnahme von einem Pferd im Galopp, oder einer Möwe im Sturzflug machen, muss deine Verschlusszeit passend dazu sehr kurz sein. Das heißt, auch wenn du deine Kamera mal nicht dabeihast, beobachte die Bewegungen von Tieren ganz genau. Das hilft dir auch bei anderen Actionaufnahmen.

Der **Modus S** ist also oft die richtige Wahl, um die **Verschlusszeit** richtig einzustellen. Aber viele Tierfotografen benutzen auch gerne den **Modus M**, um auch die Kontrolle über die **Blende** zu haben. Am Anfang solltest du die **ISO-Automatik** nutzen, später, wenn du Erfahrungswerte gesammelt hast, kannst du auch feste Werte einstellen.

Der Tieraugen-AF der Sony RX10 IV ist natürlich eine riesige Hilfe. Aber behalte im Hinterkopf, dass er nicht für alle Tierarten gleichermaßen funktioniert. Du solltest also auf jeden Fall auch üben, ohne ihn auszukommen. Vor allen Dingen wirst du den *Flexible Spot* häufig benutzen, denn vor allem bei den langen Telebrennweiten deines Zooms muss der Fokus exakt sitzen, damit das Foto ansprechend ist. Wenn dir das bei Tierporträts gelingt, schafft du das erst recht bei Porträts von Menschen.

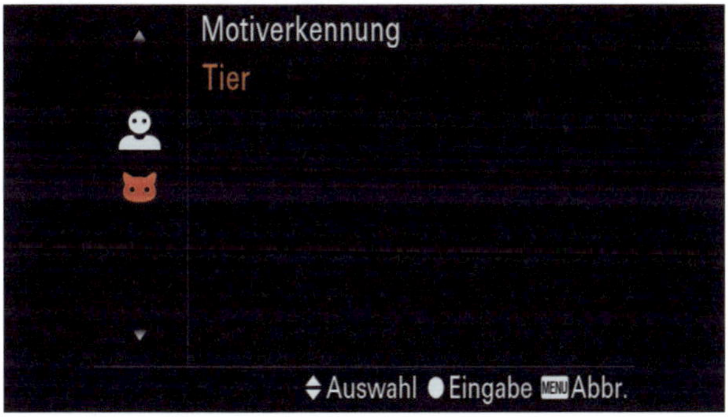

Damit die Kamera auch das Auge von vielen Tierarten direkt scharfstellen kann, wählst du das Tiersymbol an. Besonders gut funktioniert er bei Hunden und Katzen.

Die Grundeinstellungen:

- Stelle **Modus S** oder **M** auf dem Moduswahlrad ein.
- Selbst bei Tageslicht reichen oft bei kurzen Verschlusszeiten ISO 100 oder 200 nicht aus. Nutze anfangs die **ISO-Automatik**, später kannst du es mit festen Werten probieren, um deine Bildqualität noch besser kontrollieren zu können.
- Als **Fokusfeld** sind meistens der **Flexible Spot** oder der **Tieraugen-AF** geeignet. Bei einem auf dich zu rennenden Hund, Pferd oder anderem Tier, das ziemlich groß in deinem Bildausschnitt ist, kann auch **Breit** gut funktionieren.

Schlafender Panda

①

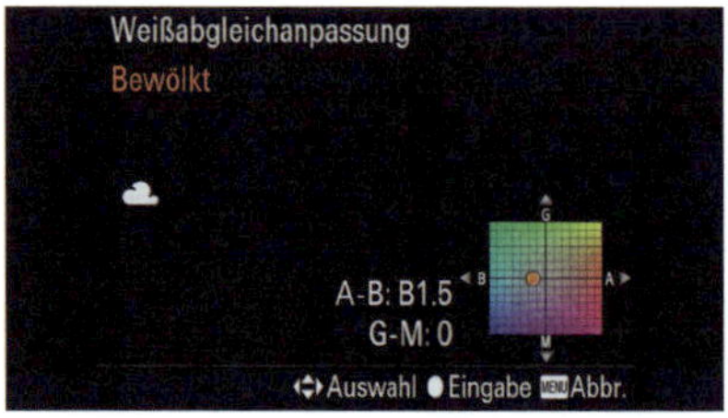

Fn-Menü Weißabgleich *Bewölkt,* damit die schönen Rottöne des Fells gut herauskommen und weil der Panda im Schatten liegt. Damit die Lichtreflexe am Rücken aber nicht zu rötlich werden, ist der Weißabgleich leicht in Richtung Blau verschoben.

②

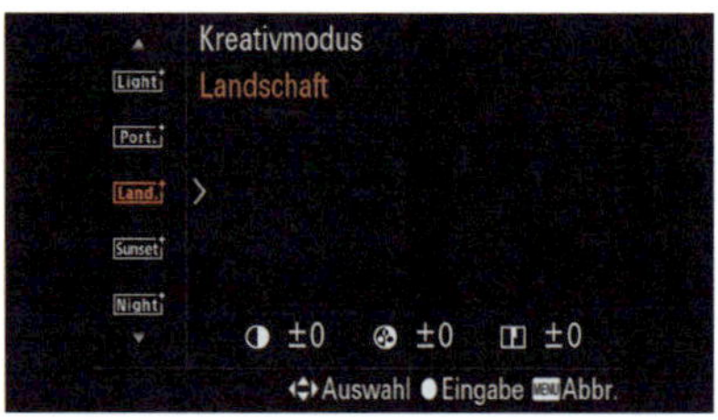

Fn-Menü Kreativmodus *Landschaft*. Je nach der von dir gewünschten Bildwirkung funktionieren auch *Klar* oder *Lebhaft* sehr gut. Sie haben alle einen hohen Kontrast und hohe Schärfe.

③

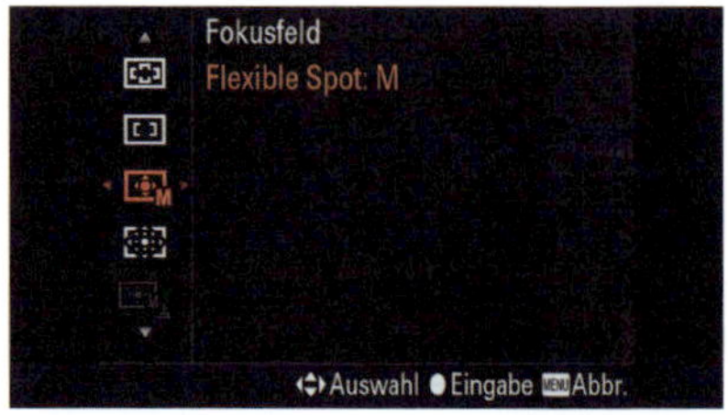

Fn-Menü Fokusfeld *Flexible Spot*. Bei geschlossenen Augen funktioniert der Tieraugen-AF nicht so zuverlässig. Bei dieser Pose ist es auch nicht schwer, das Fokusfeld selbst zu wählen.

Ob Fokusmodus *AF-S* oder *AF-C,* ist hier nicht so entscheidend. Bei unbewegten Motiven kann dir AF-S manchmal ein besseres Feedback geben und du kannst den Bildausschnitt genau setzen.

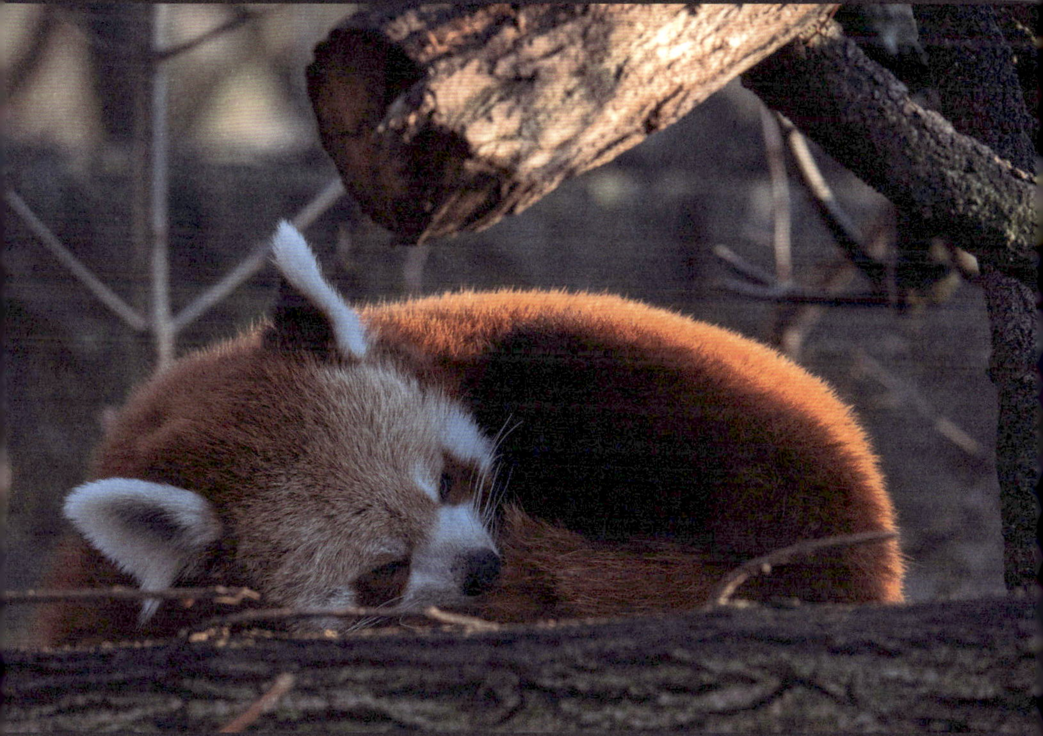

600 mm | f/5 | 1/250 sek | ISO 800 | Modus M

Dieses Foto eines so schön vor sich hin dösenden Pandas besticht vor allem durch die vielen Details im Fell und dem warmen Lichtkranz am Rücken. Durch die trockene und klare Luft am Morgen ist dieses Foto trotz der größeren Entfernung von ungefähr zehn Metern richtig knackig scharf.

Grünspecht

①

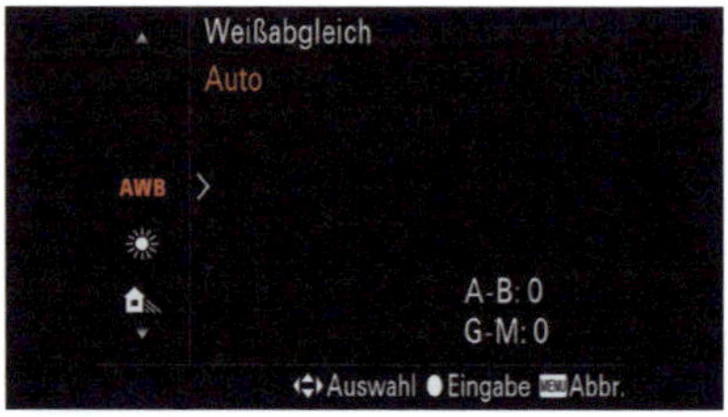

Fn-Menü Der Weißabgleich steht auf *AWB*, also dem automatischen Weißabgleich. Er hat hier zu guten Farben geführt, manchmal muss man im Wald aber auch andere Einstellungen wählen, da durch das Blattgrün die Farben sehr kühl werden. Dann sind *Schatten* oder *Bewölkt* bessere Weißabgleicheinstellungen.

②

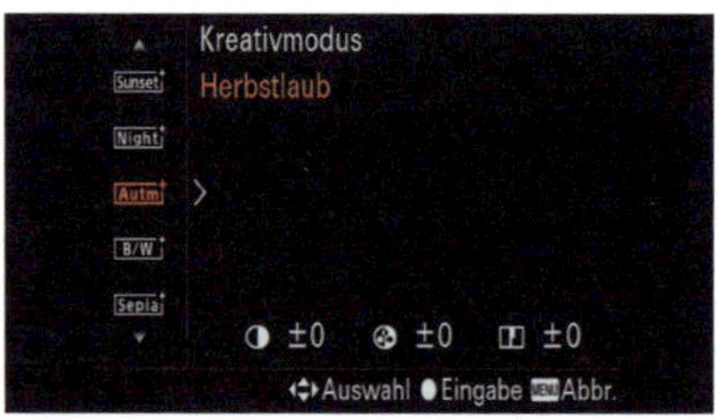

Fn-Menü Kreativmodus *Herbstlaub*, damit Laub und Specht etwas angenehmere warme Farben bekommen. Probiere die verschiedenen Kreativmodi mal aus, vor allem, wenn du in JPEG fotografierst. In RAW kannst du solche Einstellungen später am PC ändern.

③

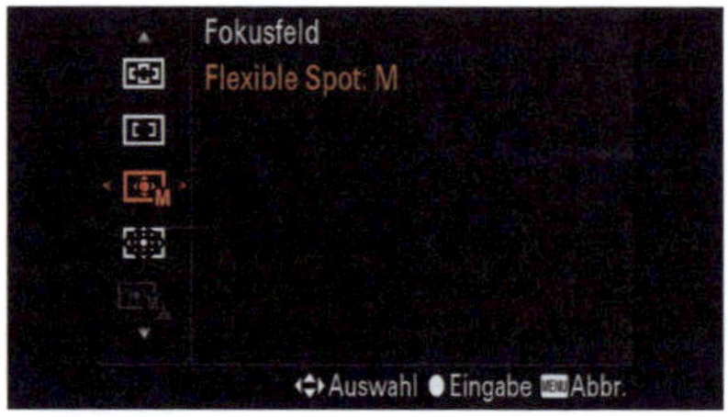

Fn-Menü Fokusfeld *Flexible Spot*. Augen von Vögeln können oft nicht zuverlässig scharfgestellt werden. Du solltest hier mit dem Flexible Spot *M* oder *S* arbeiten, denn auch durch den unruhigen Untergrund, hier die Blätter, kann sich eine andere Fokusfeldwahl schnell vertun.

Fokusmodus *AF-C*. Bei sehr langen Brennweiten wie hier ist die Tiefenschärfe extrem gering. Der AF-C sorgt dafür, dass kleinste Bewegungen von dir oder des Vogels ausgeglichen werden.

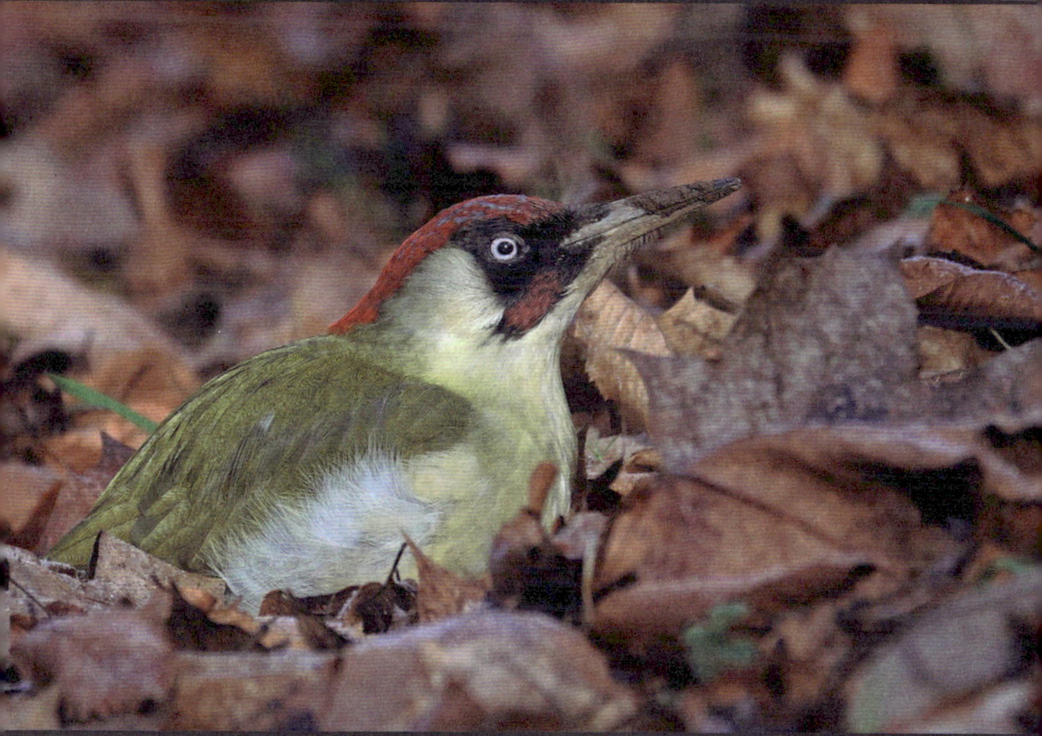

600 mm | f/4 | 1/800 sek | ISO 500 | Modus S | EV −0,7

Das charakteristische Klopfen von Spechten ist bei Waldspaziergängen oft zu hören, aber auch in Städten werden diese Vögel immer heimischer. Dank des starken Teles war ausreichend Abstand gewährleistet, um dieses Grünspechtmännchen nicht zu stören. Da sich Vögel sehr schnell bewegen, sollte die Verschlusszeit relativ kurz gewählt werden. Ab 1/500 sek hat man eine gute Ausbeute an scharfen Fotos. Je kleiner der Vogel ist, desto kürzer stellst du die Verschlusszeit ein.

Moschusochse

①

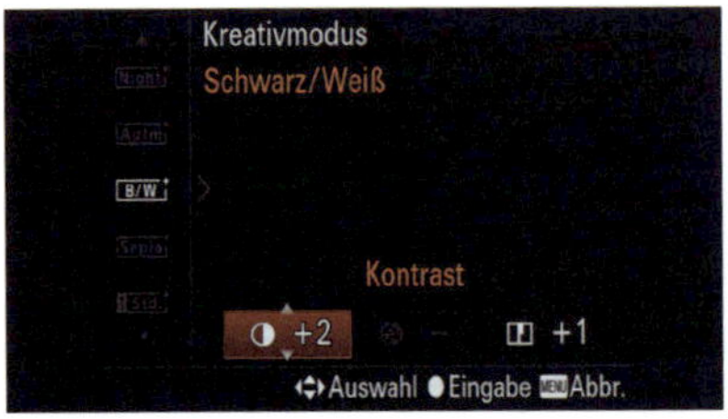

Fn-Menü Wenn du deine Fotos nicht noch am Computer nachbearbeiten möchtest, kannst du die Kreativmodi direkt in der Kamera anpassen. Bei *Schwarz/Weiß* wirkt ein hoher Kontrast sehr dramatisch.

②

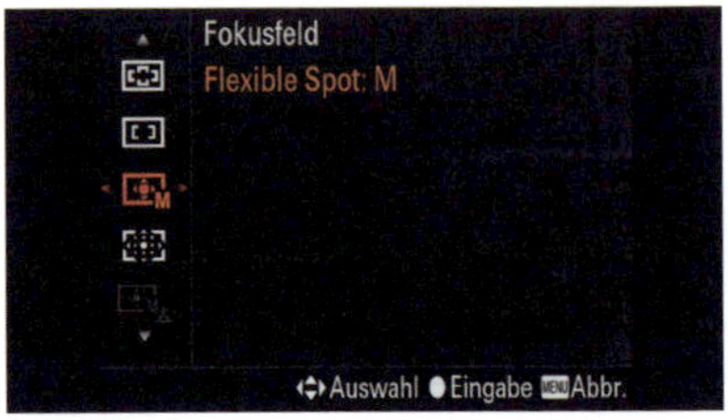

Fn-Menü Fokusfeld *Flexible Spot*. Da bei vielen Tieren der Augen-Autofokus nicht zuverlässig funktioniert, solltest du mit dem Flexible Spot vertraut sein.

Fokusmodus *AF-C* gleicht die Bewegung deiner Kamera aus, falls du oder das Tier sich noch mal etwas nach vorne oder hinten bewegen, bevor du den Auslöser drückst. Wenn es dir lieber ist, kannst du bei ruhigen Motiven aber auch mit *AF-S* arbeiten und die sogenannte Re-Compose-Technik anwenden. Das bedeutet, du stellst erst einmal auf das Objekt scharf und korrigierst bei halb gedrücktem Auslöser deinen Bildausschnitt. Das ist besonders dann ein Vorteil, wenn dir der Bildausschnitt wichtig ist.

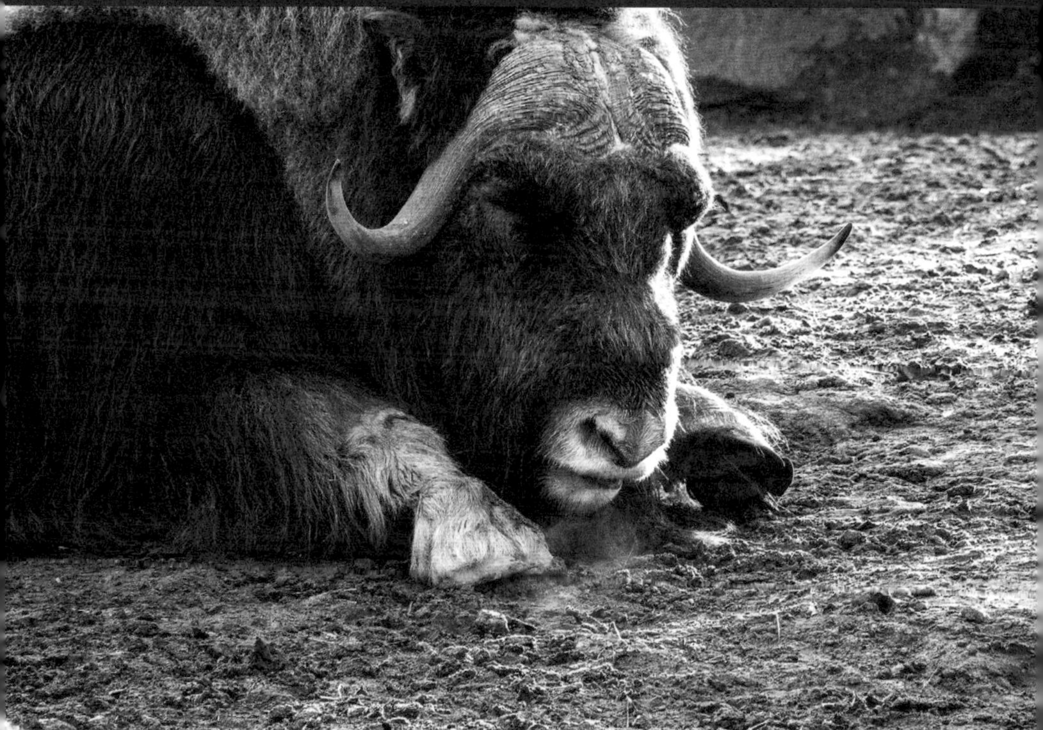

600 mm | f/5 | 1/250 sek | ISO 800 | Modus M | EV −0,3

Bei einem so archaisch anmutenden Tier wirkt Schwarz-Weiß passend. Es betont die Struktur der Hörner und des Fells. Außerdem war das Licht nicht so spannend, daher stand die Entscheidung für eine monochrome Aufnahme schnell fest. Als Belichtungssteuerung war der Modus M am besten, um die Blende nicht ganz zu öffnen und die Strukturen etwas kontrastreicher darzustellen. Zur Anpassung der Belichtung war die ISO-Automatik eingestellt.

Möwe und Leuchtturm

①

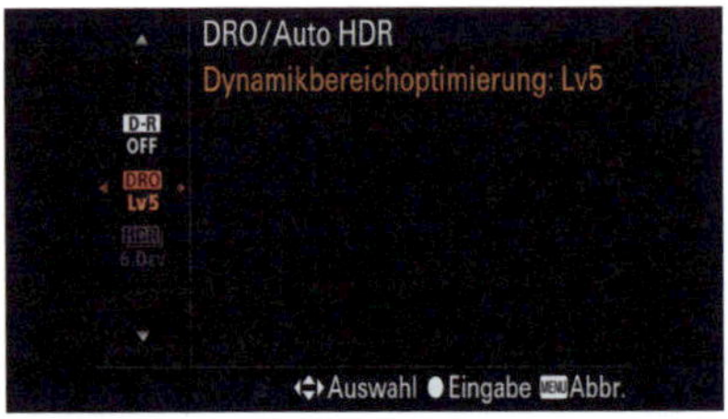

Fn-Menü Durch die hohe DRO-Einstellung *Lv5* bekommt das Bild einen sehr speziellen Look. Du solltest diese Einstellung aber nicht standardmäßig nutzen. Sie ist wie ein kräftiges Gewürz und sollte immer zum Motiv und zur Bildaussage passen.

②

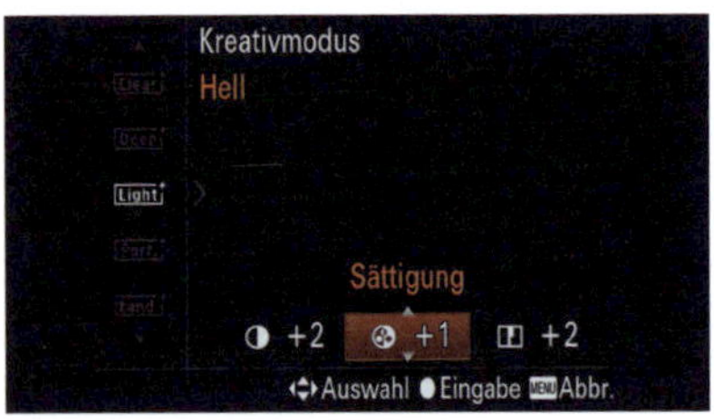

Fn-Menü Der Kreativmodus *Hell* macht das Foto mit seinen hellen Bereichen leichter. Der hohe Kontrast sorgt für den knackigen Look und die hohe Kantenschärfe.

③

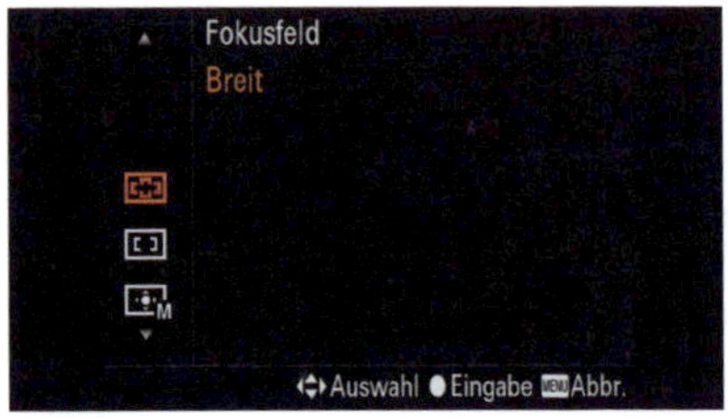

Fn-Menü Fokusfeld *Breit*. Da die Möwe am Himmel gut von der automatischen Fokusfeldsteuerung gefunden wird, ging es hier ganz einfach. Wenn der Fokus auf den Leuchturm geht, kannst du auch *Feld* und den Bereich, wo der Vogel im Bild positioniert sein soll, wählen.

Fokusmodus *AF-C*, denn die Möwe bewegt sich sehr schnell.

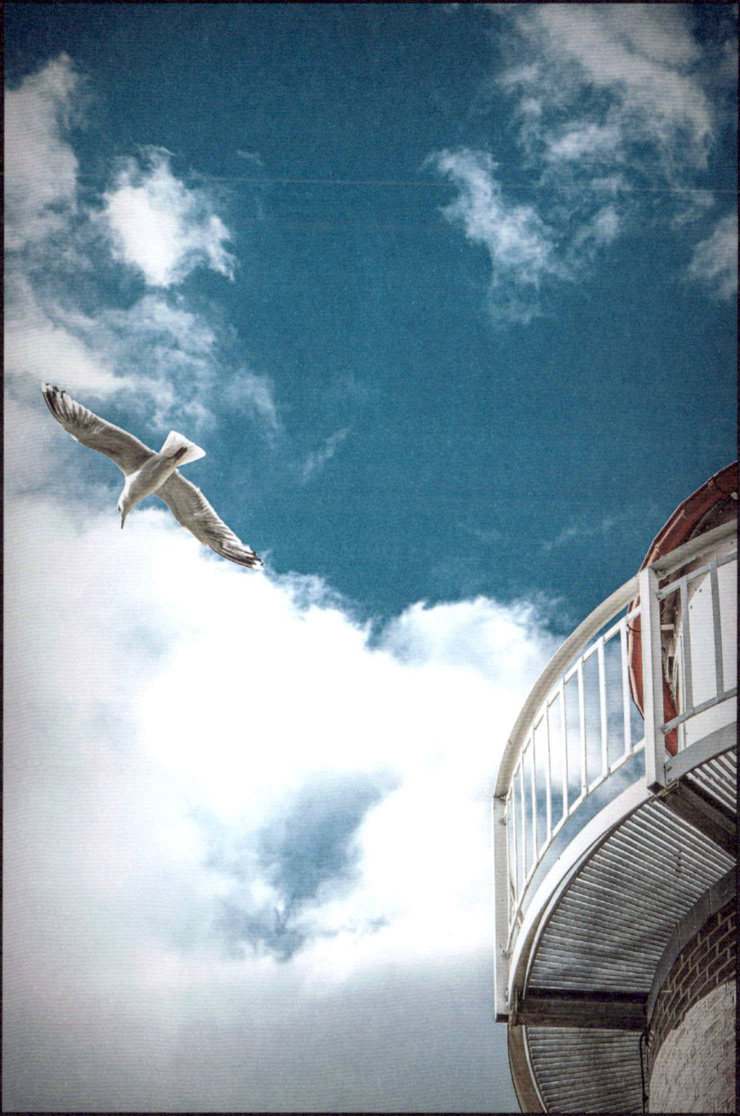

170 mm | f/5.6 | 1/400 sek | ISO 100 | Modus A | EV +2,0

Hier zahlt sich mal wieder die Flexibilität des großen Zoombereichs aus. Kurz zuvor wurde eine stark herangezoomte Aufnahme der Möwe gemacht. Als sie dem Leuchtturm näherkam, sollten beide Motive in einem Foto vereint werden. Also schnell vom starken Telebereich in die mittlere Brennweite 170 mm gezoomt und ... Treffer! Weil hier ein sehr heller Tag war, konnte auch gut in Modus A, also der Blendenpriorität, fotografiert werden, die Verschlusszeit ist kurz genug. Und: Wenn du gegen den hellen Himmel fotografierst, musst du meistens eine starke Belichtungskorrektur einstellen.

Gut gebrüllt, Tiger

①

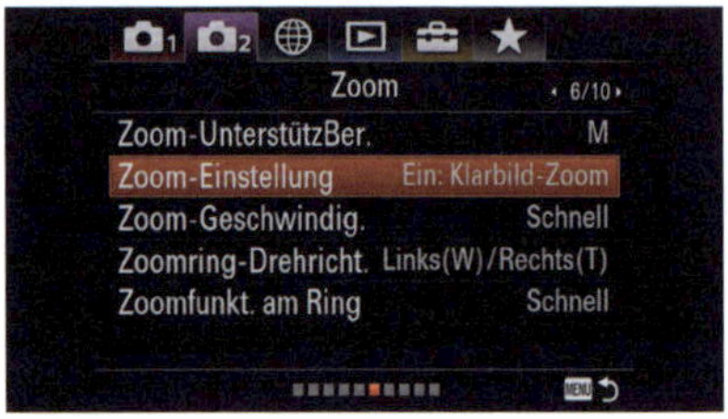

Menü Der *Klarbild-Zoom* ist eine Besonderheit bei manchen Sony-Kameras. Er liefert tatsächlich eine bessere Bildqualität als eine spätere Ausschnittvergrößerung am Computer und bietet die volle Auflösung der Kamera. Er funktioniert aber nur bei Bildqualität JPEG.

②

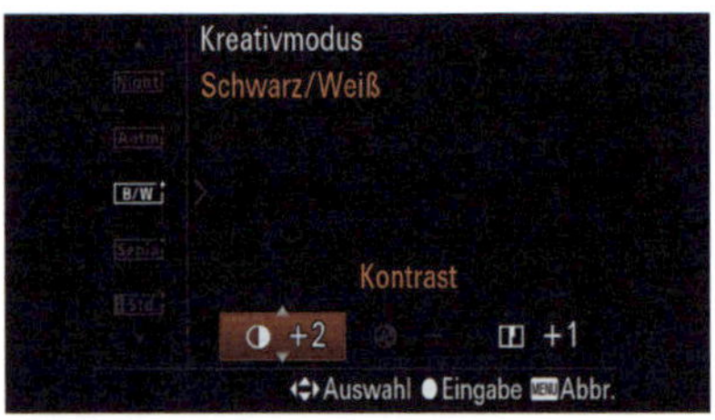

Fn-Menü Kreativmodus *Schwarz/Weiß*. Versuche ab und zu, Fotos in Schwarz-Weiß zu fotografieren. Das schult dein Auge für Formen und Kontraste, und du kannst damit unruhige Objekte im Bild wie bunte Blätter weniger präsent wirken lassen.

③

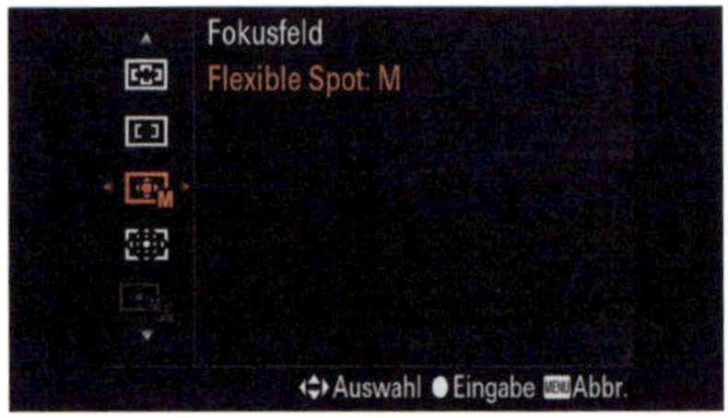

Fn-Menü Fokusfeld *Flexible Spot*. Wo der Fokus liegen soll, entscheidet der Fotograf. Bei diesem Tigerporträt lag der Fokus auf der riesigen Zunge.

Fokusmodus *AF-S* oder *AF-C* – beides funktioniert. AF-S kann dir Vorteile bieten, wenn du schon scharfstellen willst und dann auf das Gähnen wartest. AF-C ist besser, wenn du Serienbilder vom Tiger in Bewegung machen willst.

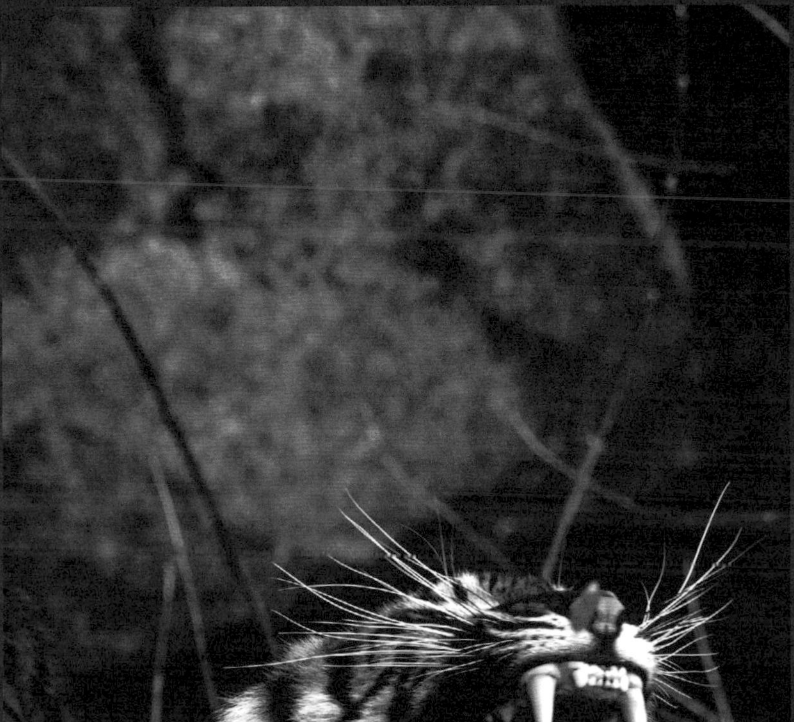

600 mm + Klarbild-Zoom (1200 mm) | f/4 | 1/250 sek | ISO 1000 | Modus S | EV –1

Die großen Fangzähne und die Schnurrhaare bilden hier den Hingucker. Durch die Aufnahme in Schwarz-Weiß stechen die Kontraste stärker hervor. Hier wurde mit dem zusätzlichen Digitalzoom (Klarbild-Zoom) fotografiert, um das Fletschen der Zähne noch eindrucksvoller darzustellen.

Pfauenauge

①

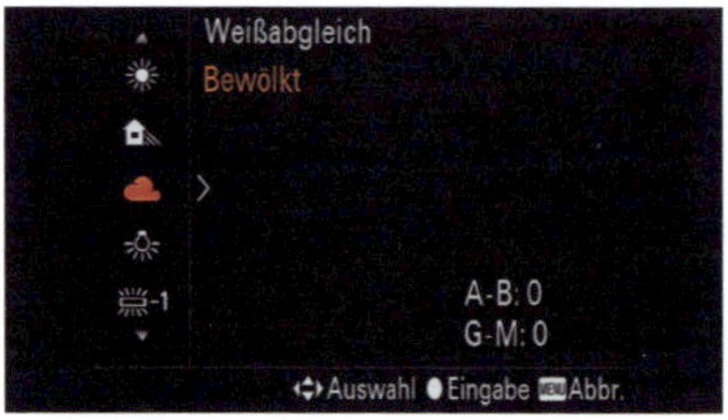

Fn-Menü Der Weißabgleich *Bewölkt* macht die Farben hier etwas wärmer, was gut zu den Farben des Falters passt. Wenn viel Blattgrün im Bild ist, kann der *AWB* auch mal zu kühl und bläulich-grünlich wirken.

②

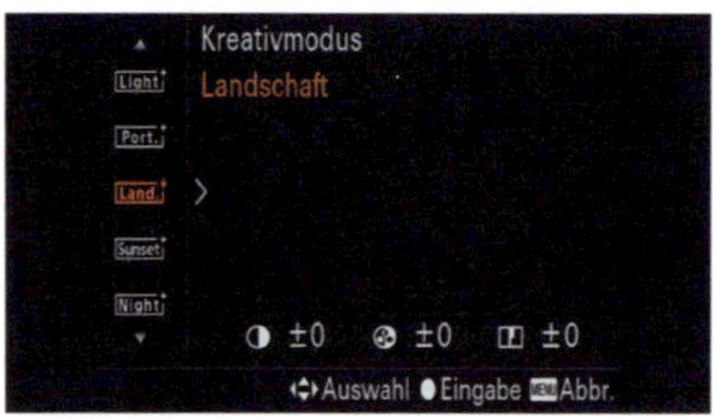

Fn-Menü Der Kreativmodus *Landschaft* ist auch bei Tieraufnahmen meist eine gute Wahl. Auch wenn stark gesättigte Farbtöne durch die Einstellung *Lebhaft* verlockend wirken, überstrahlen sie bei solchen Motiven oft und machen das Bild eher schlechter.

③

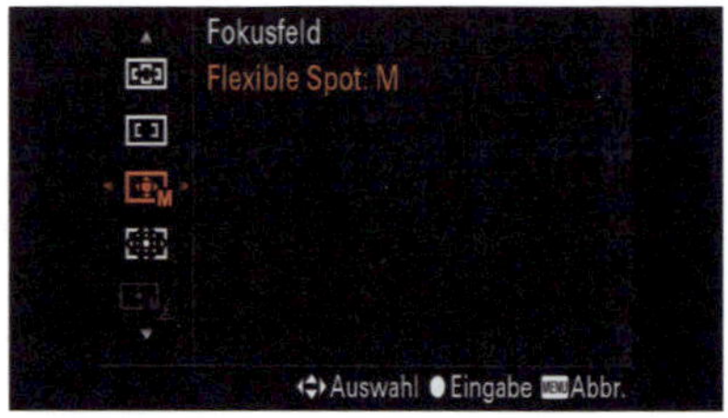

Fn-Menü Fokusfeld *Flexible Spot*. Das „Auge" trägt das Pfauenauge ja auf den Flügeln – keine Chance für den Tieraugen-AF.

Fokusmodus *AF-C*. Hier ist man beim Fotografieren meist in einer gebückten Haltung und die Tiefenschärfe extrem gering. Der kontinuierliche Fokus gleicht das aus.

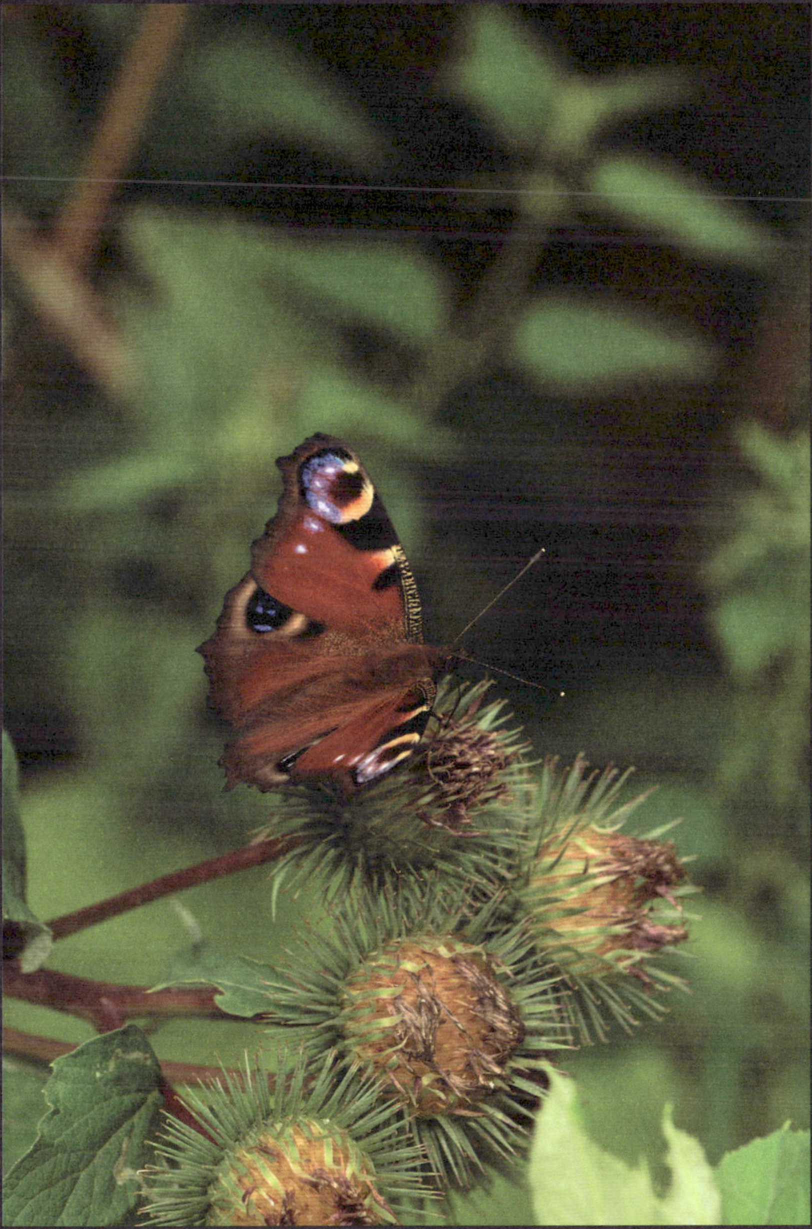

300 mm | f/4 | 1/400 sek | ISO 250 | Modus S

Schmetterlinge sind mit ihrer Farbenpracht immer ein lohnendes Motiv. Wenn man weit genug weg bleibt und ein bißchen Glück hat, bleiben sie einen Moment ruhig sitzen. Bei 300 mm reichte die Verschlusszeit noch gut für eine gestochen scharfe Aufnahme.

Vier Möwen

①

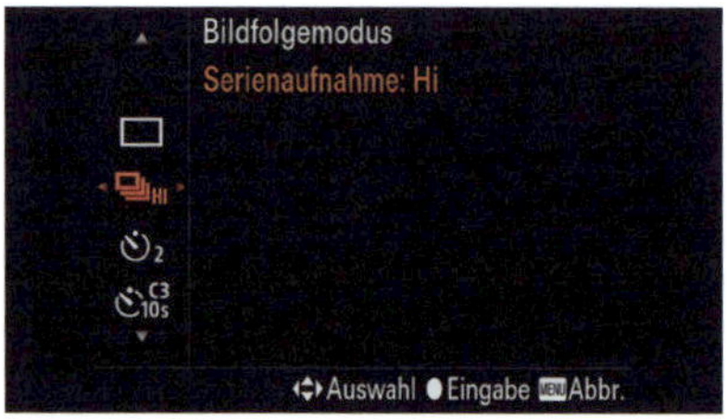

Fn-Menü Der Bildfolgemodus *Hi* verhilft dir bei Actionfotos zu einer hohen Ausbeute an Treffern. Die Kamera macht bis zu 24 Bilder pro Sekunde. Die Aufnahmen, die du in einer Serie fotografierst, werden in einem Stapel angezeigt. Das ist praktisch, um schon in der Kamera missglückte Versuche schnell zu finden und zu löschen.

②

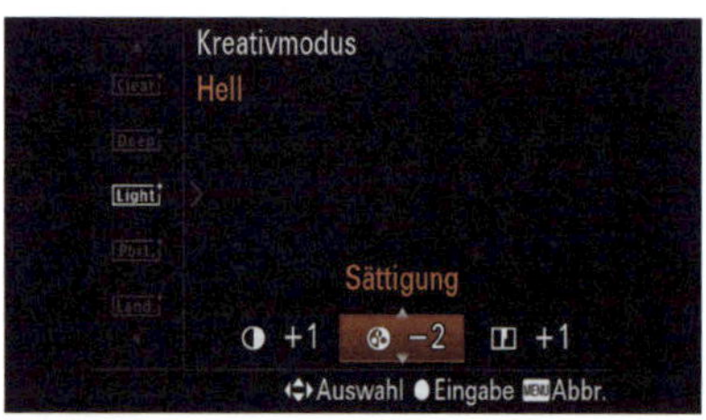

Fn-Menü Der Kreativmodus *Hell* sorgt für die leichte Stimmung und die zarten Helligkeitsübergänge im Bild. Da hier relativ wenig Farbe im Motiv ist, wurde diese Wirkung durch eine geringere Sättigung betont. Schärfe und Kontrast sind dagegen angehoben.

③

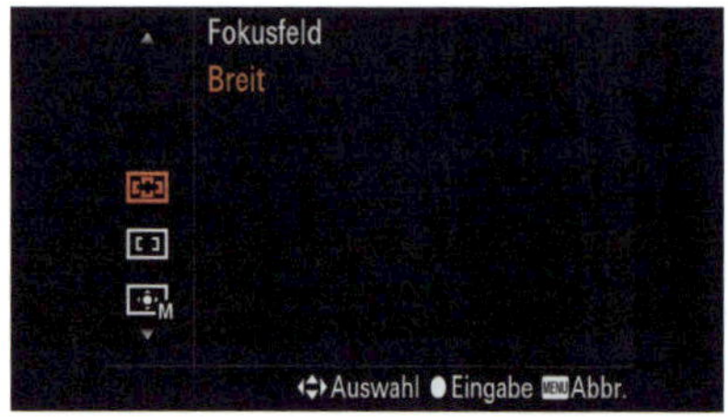

Fn-Menü Fokusfeld *Breit*. Die vollautomatische Fokusfeldsteuerung hat die Priorität, mittig im Bild zu suchen. Wenn sie dort etwas findet, funktioniert sie meistens ganz gut und verfolgt das Objekt, hier die fliegende Möwe. Das ist die einfachste Art, schnell bewegte Objekte zu fokussieren.

Der Fokusmodus muss natürlich auf *AF-C* stehen.

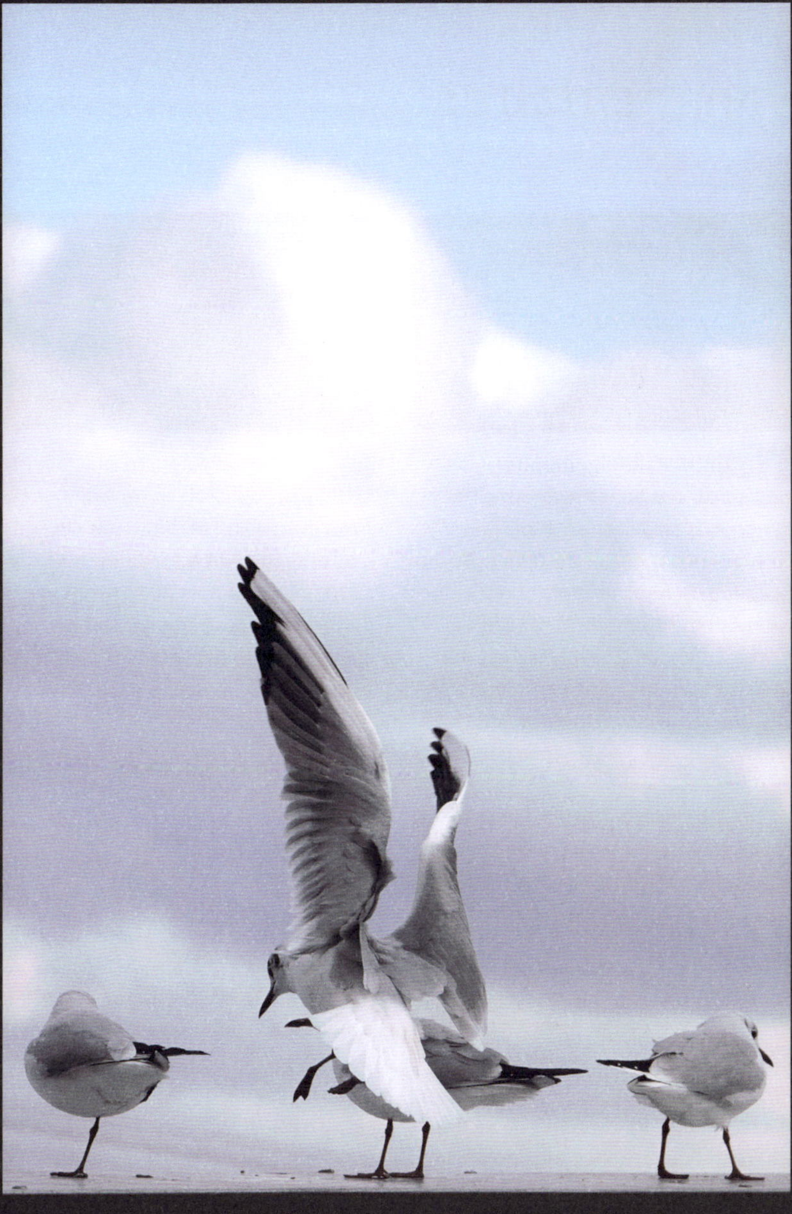

180 mm | f/4 | 1/1600 sek | ISO 250 | Modus S | EV +0,3

Fliegende Vögel sind schwer zu fotografieren. Damit du eine Chance hast, sie gut ins Bild zu bekommen, solltest du sie intensiv beobachten, um zu wissen, wo sie öfter landen oder starten. Auch ein Futterhaus für Singvögel ist ein guter Fixpunkt, an den sie immer wieder zurückkehren. Die hohe Serienbildgeschwindigkeit der Sony RX10 hilft dir dabei, aus einer Vielzahl an Aufnahmen die beste auszuwählen.

Bananenfalter

①

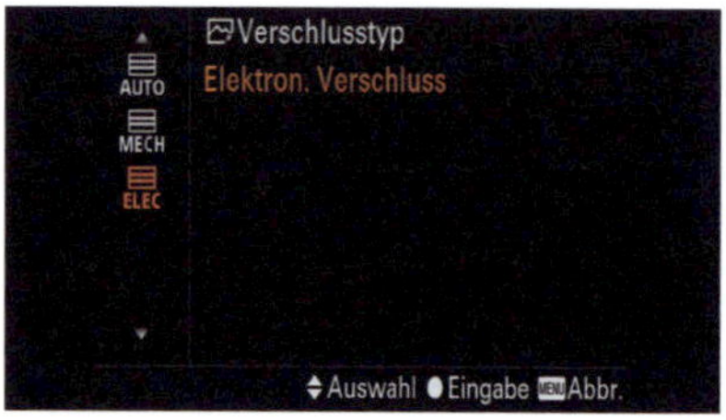

Menü Unter dem Menüpunkt *Verschlusstyp* kannst du unter drei Optionen wählen. An sich würden wir hier immer *Auto* empfehlen. Wenn du aber z. B. bei Tierfotos gar kein Geräusch machen möchtest, kannst du auch mal den elektronischen Verschluss nehmen. Achtung: Blitzen geht dann nicht.

②

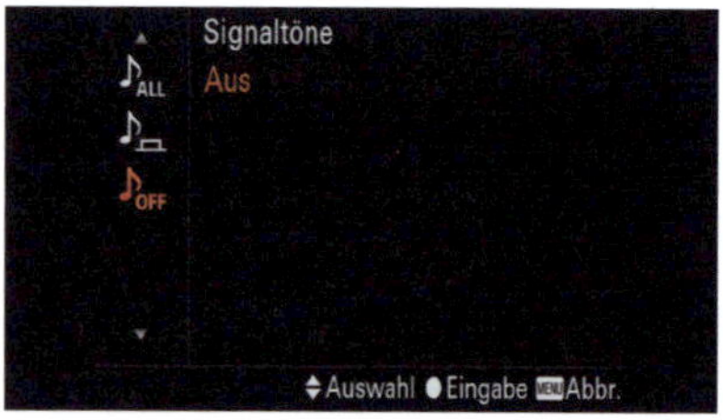

Menü Damit deine Kamera keine Geräusche beim Drücken der Tasten macht, kannst du die *Signaltöne* ausschalten. Wenn du den elektronischen Verschluss an deiner Kamera nutzt, macht sie auch beim Fotografieren kein Geräusch, wenn du auf *Off* stellst.

③

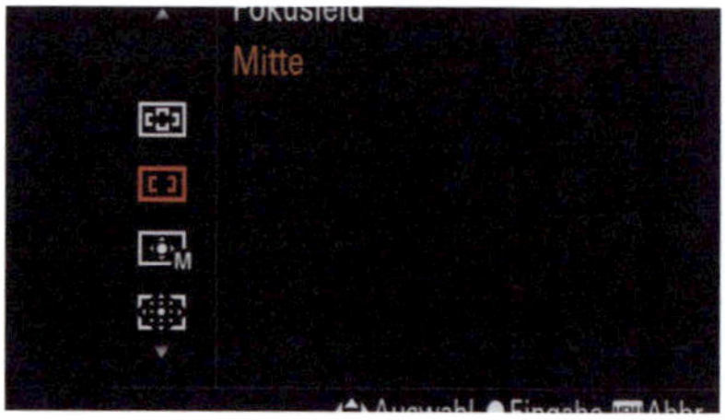

Fn-Menü Fokusfeld *Mitte*. Für Schnappschüsse ist diese Fokussteuerung gut geeignet. Du triffst schnell und intuitiv dein Hauptmotiv und nichts entgeht dir. Als Nachteil kann gelten, dass die Bildgestaltung eher einfach ist. Bei diesem Motiv stört das aber nicht.

Der Fokusmodus war hier *AF-C*, es geht aber auch mit *AF-S*.

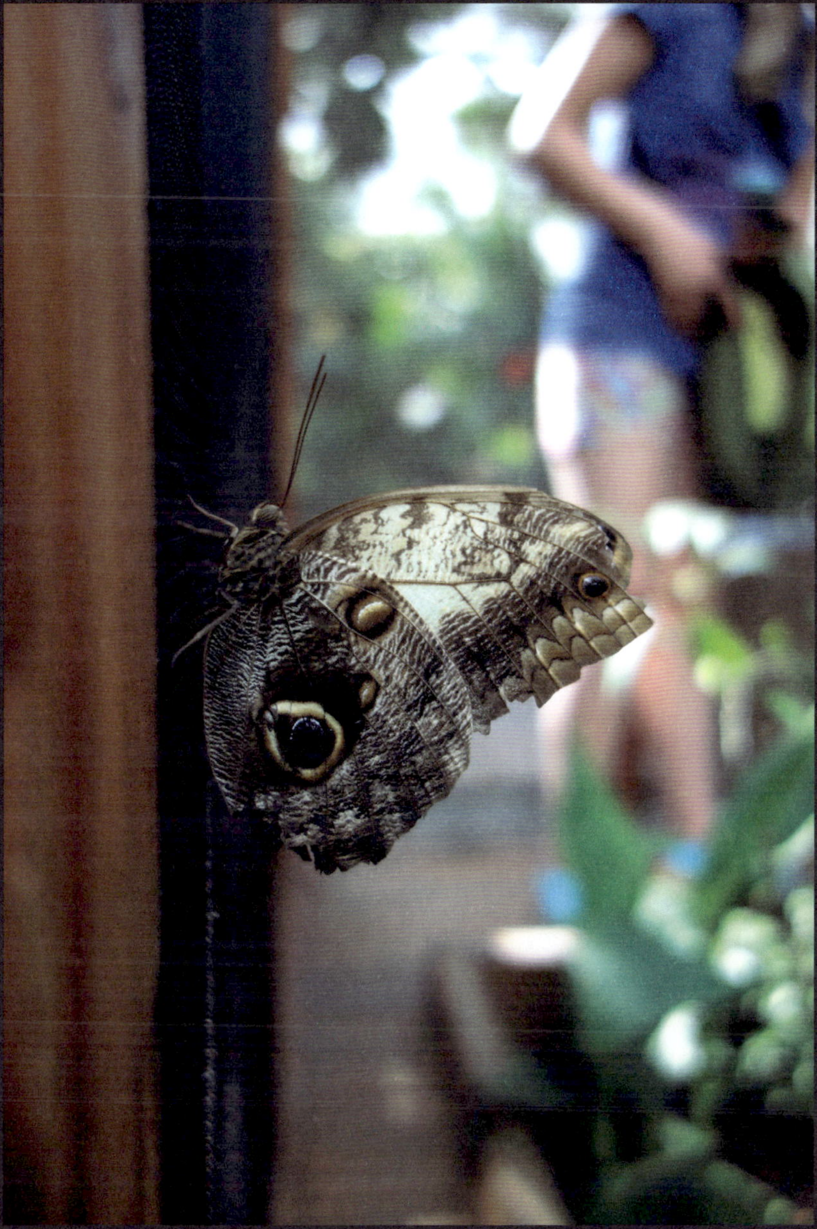

27 mm | f/2.5 | 1/80 sek | ISO 125 | Modus A

Dieser Hingucker, ein exotischer Falter, entstand ganz spontan im Schmetterlingshaus in Potsdam. Durch die offene Blende und die dadurch geringe Tiefenschärfe stört der Hintergrund mit seinen bunten Akzenten nicht. Im Gegenteil, er gibt dem Foto Tiefe und dem Betrachter etwas zu entdecken.

Eine Pfote im Wasser

①

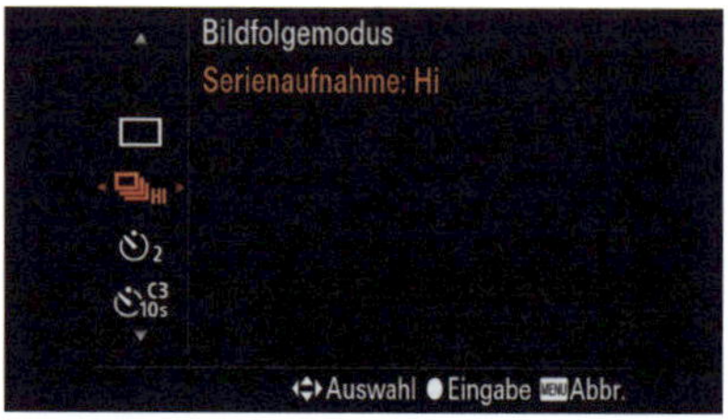

Fn-Menü Auch solche Fotos ermöglicht dir die superschnelle Serienbildrate der RX10. Damit du im Modus *Hi* auf die 24 Bilder pro Sekunde kommst, sollte der Verschlusstyp auf *Auto* stehen.

②

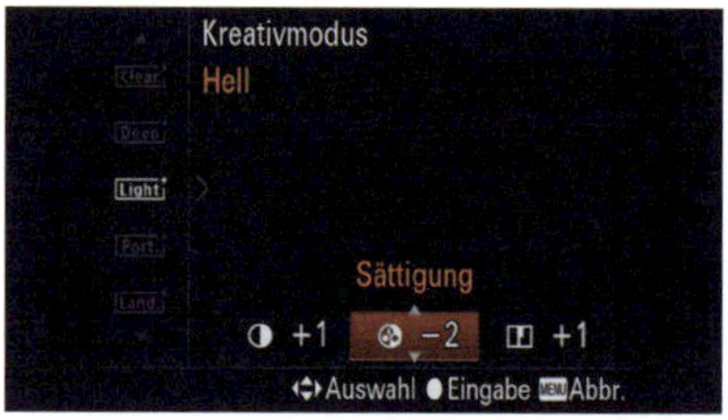

Fn-Menü Der Kreativmodus *Hell* sorgt für die leichte Stimmung und die zarten Helligkeitsübergänge im Bild. Da hier relativ wenig Farbe im Motiv ist, wurde diese Wirkung durch eine geringere Sättigung betont. Schärfe und Kontrast sind dagegen angehoben.

③

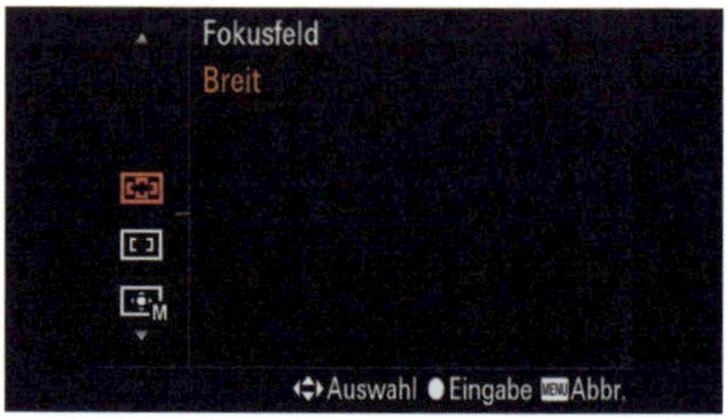

Fn-Menü Fokusfeld *Breit*. Da du vorher kaum abschätzen kannst, wo der Hund im Bild sein wird, ist diese Einstellung die unkomplizierteste und funktioniert meistens auch sehr gut. Schwieriger wird es bei sehr unruhigem Hintergrund: Dann musst du etwas mit den Fokusfeldern experimentiren.

Der Fokusmodus muss natürlich auf *AF-C* stehen.

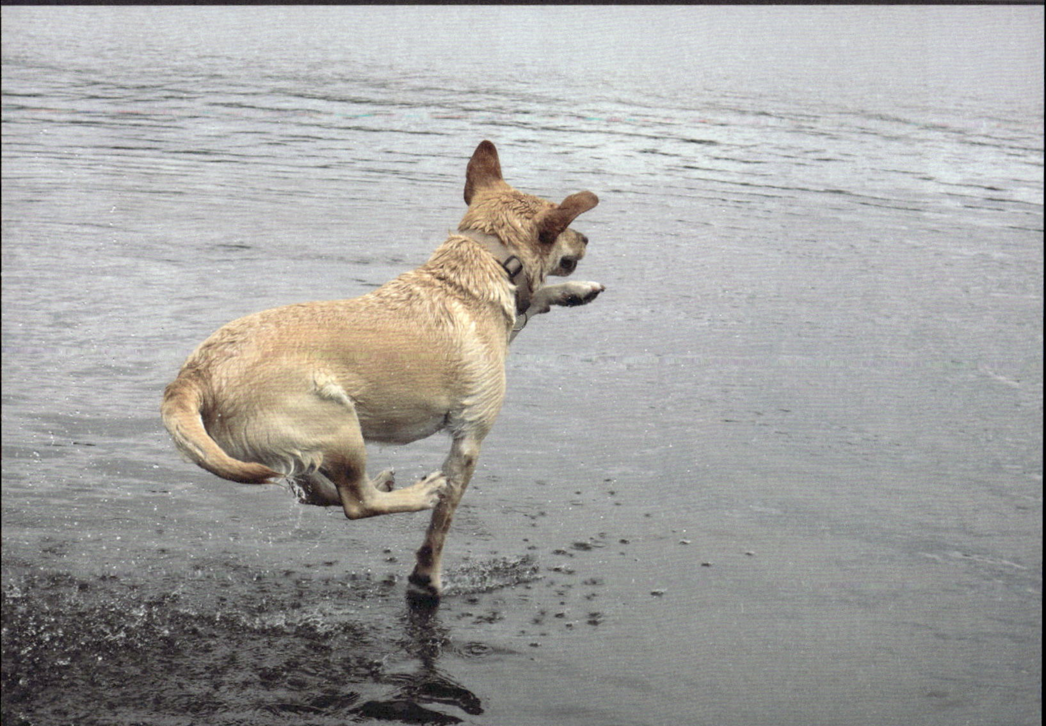

85 mm | f/4 | 1/2000 sek | ISO 400 | Modus S | EV +0,3

Hier gab es eine ganze Serie an Aufnahmen, aber genau dieses Bild, bei dem nur eine Pfote das Wasser berührt und der Hund beinahe übers Wasser zu laufen scheint, war das Beste. Für solche Aufnahmen ist die RX10 mit ihrer schnellen Serienbildrate hervorragend geeignet.

Grüner Wasserdrache

①

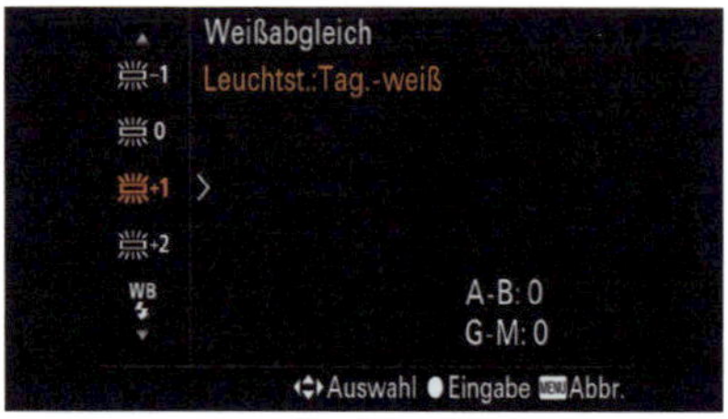

Fn-Menü Terrariumlampen imitieren das Sonnenlicht, daher kann man manchmal auch mit dem *Tageslicht*-Weißabgleich oder dem *AWB* perfekte Ergebnisse erzielen. Ansonsten helfen die unterschiedlichen *Leuchtstoffröhre*-Einstellungen. Triffst du auch mit ihnen nicht die richtige Lichtfarbe, stell die Farbtemperatur über *Farbtemperatur/Filter* ein. Ähnliches gilt, wenn du Fische in einem Aquarium fotografieren willst.

②

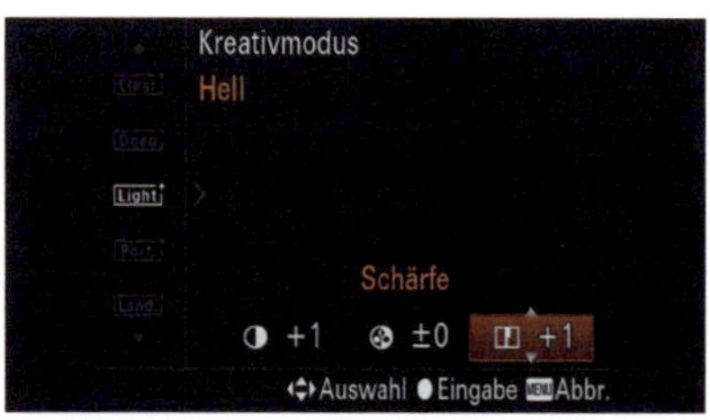

Fn-Menü Da dass Licht sehr kontrastreich war, hätten die sonst üblichen Modi *Landschaft*, ja selbst *Standard*, zu ausgefressenen Spitzlichtern oder dunklen Schatten geführt. Der Kreativmodus *Hell* mit leicht angepasstem Kontrast und Scharfzeichnung brachte ein gutes Ergebnis.

③

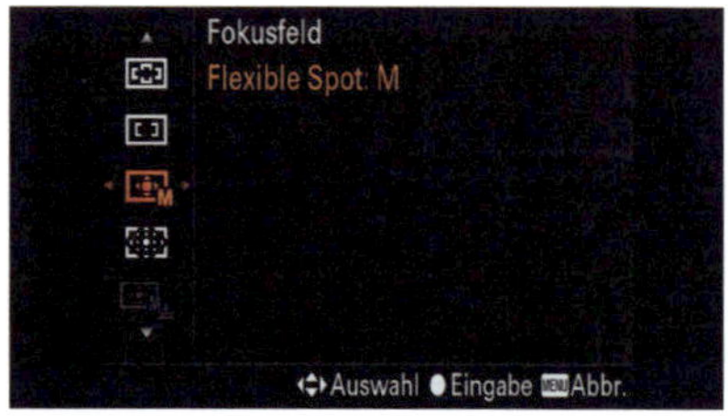

Fn-Menü Fokusfeld *Flexible Spot*. Mittlerweile gibt es AF-Systeme, die relativ sicher Augen von Vögeln oder anderen Tierarten wie Rehe erkennen. Solche Exoten sind aber meist noch nicht programmiert. Da hilft wieder mal der *Flexible Spot*. Wenn die Schärfe ganz exakt liegen soll, kannst du die Größe auch mal auf *S* einstellen.

Fokusmodus *AF-S* funktioniert bei Reptilien gut, da sie sich oft nicht bewegen, sonst *AF-C*.

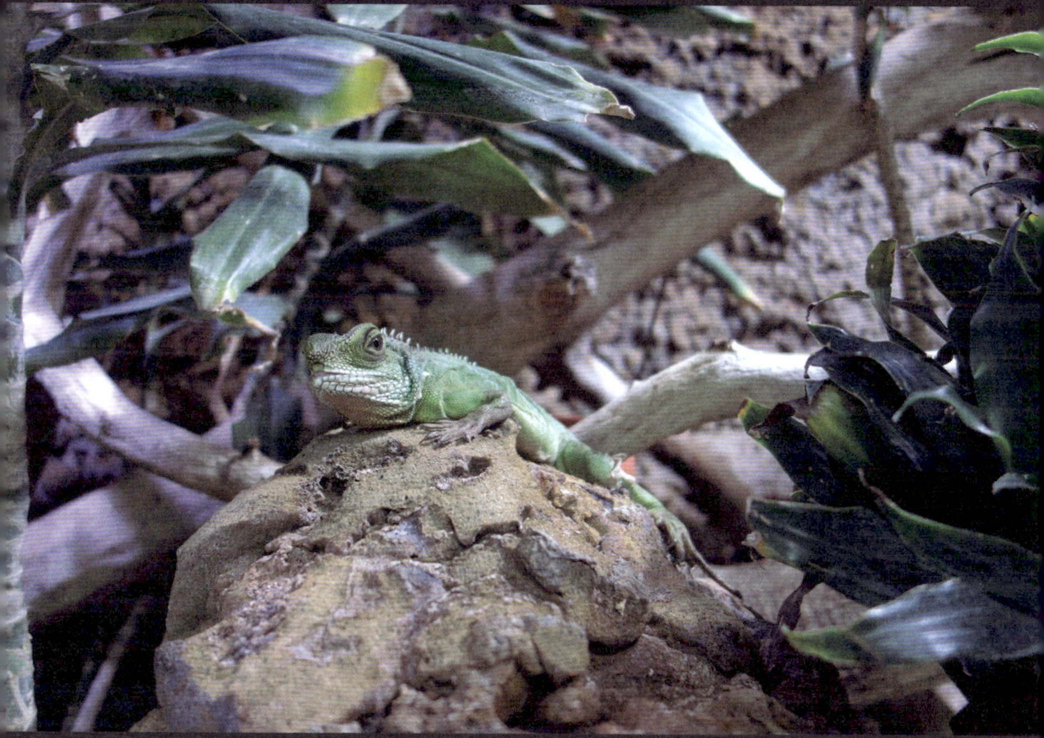

33 mm | f/2.8 | 1/50 sek | ISO 125 | Modus A

Das Auge der Echse scheint den Betrachter direkt anzuschauen. Glücklicherweise hatte das Terrarium saubere Fensterscheiben, die Szene wirkt also, als wäre sie in freier Wildbahn aufgenommen.

ARCHITEKTUR

Deine Sony RX10 hat nicht nur ein sehr starkes Teleobjektiv, auch ihr Weitwinkel ist mit 24 mm gut ausgestattet. Du kannst also auch Gebäude interessant in Szene setzen.

Aber nicht nur Weitwinkelaufnahmen können interessant sein, auch Ausschnitte und Details eines Gebäudes bieten spannende Motive, weil sie nicht gleich alles offenbaren. Hier ist das Zoomobjektiv deiner Kamera also auch ein Vorteil.

Ein Stativ ist natürlich ein wichtiges Zubehör bei der Architekturfotografie, vor allem, wenn du abends oder nachts fotografieren möchtest. Tagsüber funktioniert das meistens auch gut aus der freien Hand.

Die Grundeinstellungen:

- Bei der Fotografie von Architektur und Gebäuden kommt es vor allem auf die Schärfentiefe an. Deswegen ist hier der **Modus A** eine gute Wahl. Aber wie bei der Landschaftsfotografie hast du meistens Zeit und kannst auch **Modus M** benutzen.
- In der Regel willst du das gesamte Gebäude scharf abbilden: von ganz vorne bis ganz hinten. Da sind **Blendenwerte von f/8 und aufwärts** meist die richtige Wahl. Achte aber darauf, die Blende möglichst nicht ganz (also auf f/16) zu schließen: In der Fotografie gibt es optische Besonderheiten, in diesem Fall die sogenannte Beugungsunschärfe. Das bedeutet, wenn du die Blende ganz schließt, wird dein Foto insgesamt etwas unschärfer. Daher bleibst du am besten unter dem höchstmöglichen Blendenwert.
- Damit deine **Tiefenschärfe** ausreicht, musst du sehr genau scharfstellen. Am besten funktioniert das mit dem **Flexible Spot**. Bei dieser Art der Fotografie kannst du außerdem auch mal die Fokus-

modi **MF** und **DMF** üben. Hilfestellung für ein einfacheres und genaueres Scharfstellen bekommst du entweder über die Fokusvergrößerung oder du stellst dir im Menü die Kantenanhebung ein, die dir in einer Kontrastfarbe anzeigt, welche Bereiche deines Fotos scharf sind.

- Mit absichtlich „falschen“ **Weißabgleicheinstellungen** kannst du die Farben, gerade bei abstrakten Architekturfotos, stark beeinflussen. Und der **Kreativmodus Schwarz/Weiß** kann bei dieser Art von Fotos auch sehr spannend wirken, weil er die Formen und Linien der Gebäude stärker betont.

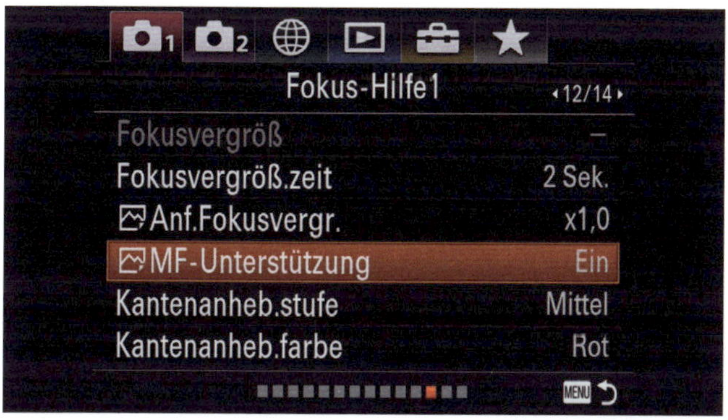

Für die Fokusvergrößerung muss dieser Menüpunkt aktiviert sein

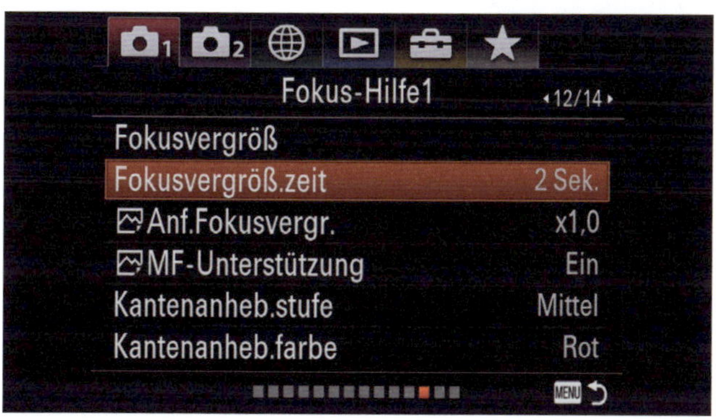

Hier kannst du die Fokusvergrößerungsdauer einstellen

To the Sky

①

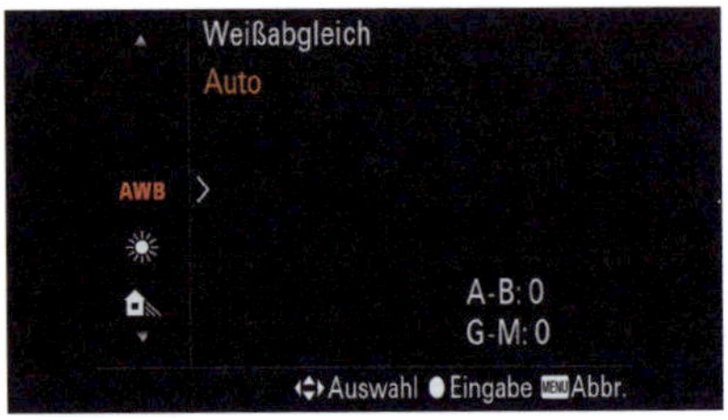

Fn-Menü Der Weißabgleich *AWB* macht seinen Job hier schon richtig gut. Aber gerade bei Architekturfotos solltest du auch mal andere Einstellungen wie *Kunstlicht*, die verschiedenen *Leuchtstoffröhren* oder auch die Kelvinwerte über *Farbtemperatur/Filter* ausprobieren.

②

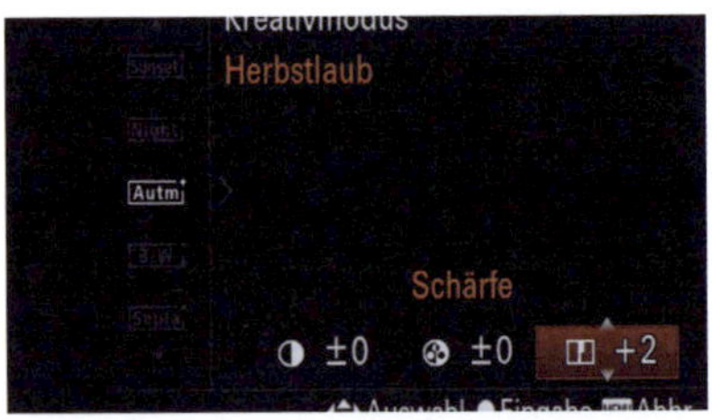

Fn-Menü Hier wurde die Farbstimmung über den Kreativmodus *Herbstlaub* etwas wärmer dargestellt. Aber hier gibt es kein Richtig oder Falsch, sondern dein Geschmack entscheidet. Auch Schwarz-Weiß wäre hier interessant.

③

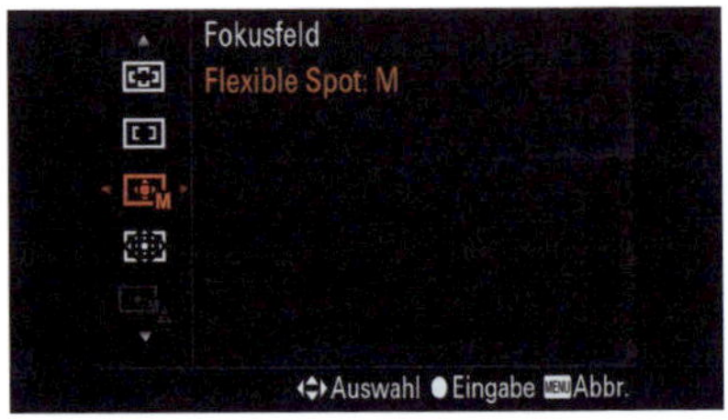

Fn-Menü Fokusfeld *Flexible Spot*. Hier sollte die Schärfentiefe ganz unten im Bild beginnen, aber gleichzeitig auch bis weit zu den obersten Stockwerken reichen. Daher ist die Wahl der richtigen Fokusebene wichtig.

Der Fokusmodus ist *AF-S*.

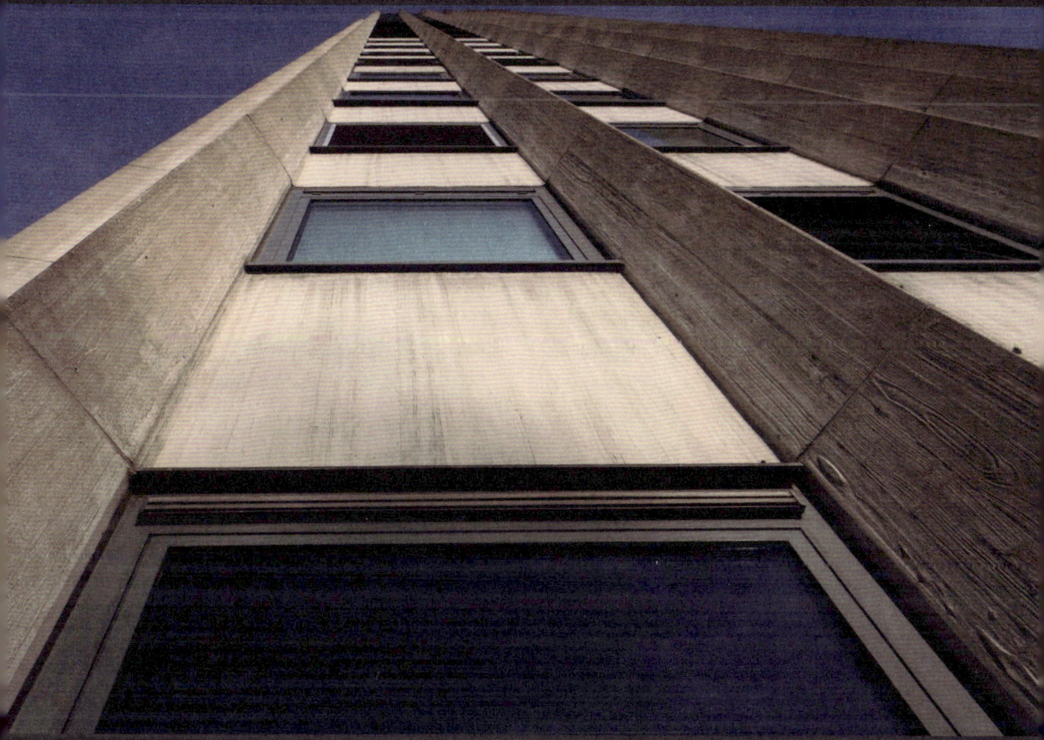

24 mm | f/8 | 1/640 sek | ISO 100 | Modus A | EV –0,3

Ein Beispiel dafür, wie man sogenannte stürzende Linien als Gestaltungsmittel für Architekturfotos einsetzen kann. Bei einem Hochhaus hast du keine Chance, das Gebäude ganz gerade zu fotografieren. Du müsstest selbst aus einem gegenüberliegenden Haus und in der richtigen Entfernung fotografieren oder dir einen Hubschrauber für Luftaufnahmen mieten. Aber wenn du diese perspektivische Besonderheit bewusst und sehr deutlich einsetzt, indem du nah herangehst und steil nach oben fotografierst, wirkt es als Stilmittel. Fokussiert wurde hier kurz unterhalb des hellblauen Fensters, wodurch die Fassade bis in den Nahbereich scharf ist.

Fernsehturm gespiegelt

①

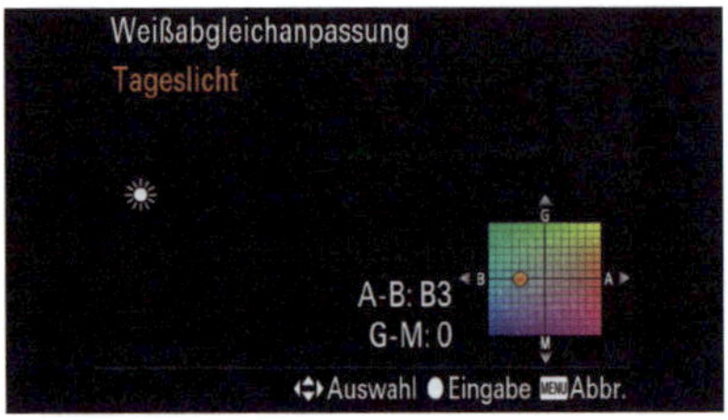

Fn-Menü Bei Sonnenschein ist es meist unerheblich, ob du den automatischen Weißabgleich *AWB* oder *Tageslicht* einstellst. Die leichte Verschiebung in Richtung Blau lässt den Himmel und das Hotel noch etwas präsenter werden. Wenn du nicht gerade bewusst Spiegelungen in dein Foto einbauen willst, kann auch ein Polfilter das Himmelsblau intensiver wirken lassen. Hier wäre er aber kontraproduktiv, da dadurch die Glasfassade und die Spiegelung weniger intensiv wären.

②

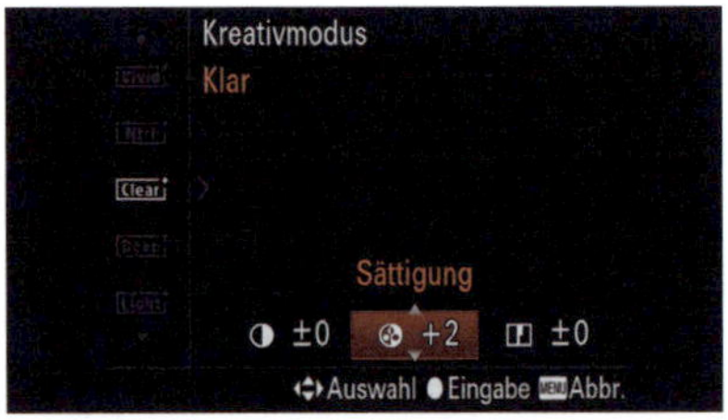

Fn-Menü Der Kreativmodus *Klar* mit extra starker Sättigung und die Überbelichtung schaffen ein kontrastreiches Foto.

③

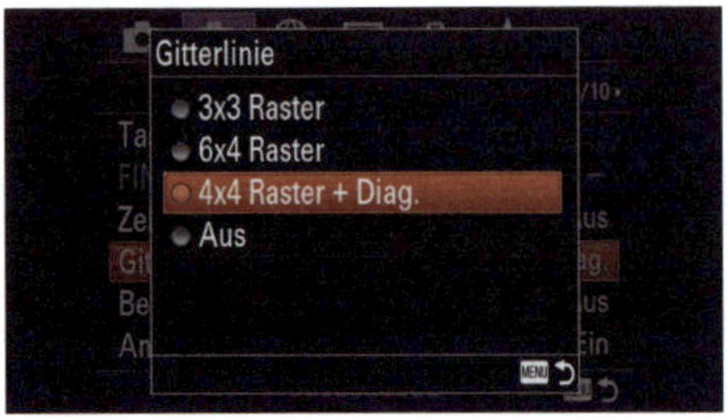

Menü Die *Gitterlinien* helfen dir, deine Bildkomposition stimmiger zu machen. Du hast verschiedene Raster zur Auswahl.

④

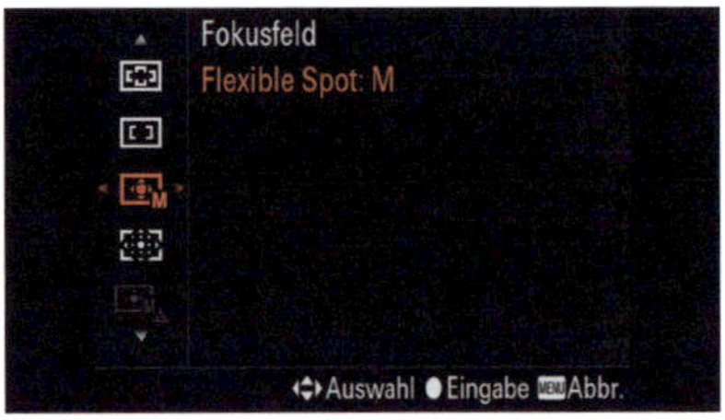

Fn-Menü Fokusfeld *Flexible Spot,* damit du den Fokuspunkt etwa in die halbe Gebäudetiefe des vorderen Hauses legen kannst.

Der Fokusmodus *AF-S* ist am besten geeignet.

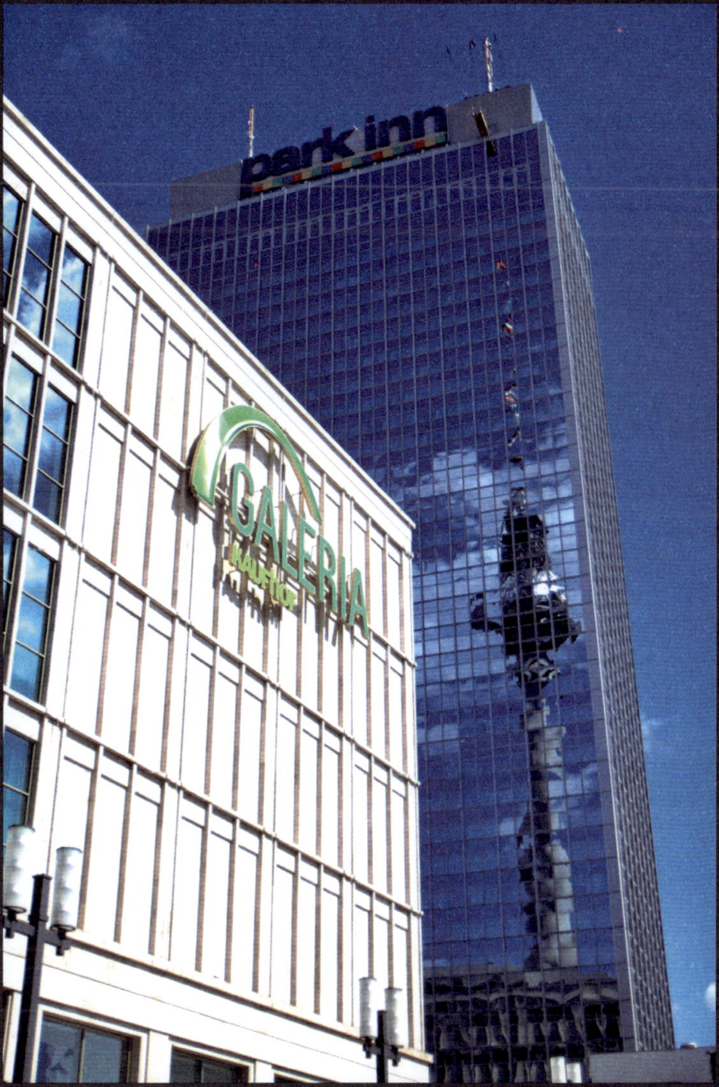

30 mm | f/4 | 1/640 sek | ISO 100 | Modus A | EV +1,7

Hier wurde die Spiegelung in der Glasfassade genutzt, um den Berliner Fernsehturm als drittes Gebäude mit ins Bild zu nehmen. Spiegelungen bieten häufig interessante Perspektiven und einen Bild-im-Bild-Effekt. Nimm dir mal einen ganzen Tag Zeit dafür, dich auf die Suche nach Spiegelungen zu begeben, in Schaufenstern, in Regenpfützen oder eben wie hier in Glasfassaden. Wegen des sehr hellen Gebäudes im Vordergrund musste stark überbelichtet werden. Achte aber auch darauf, dass du nicht zu hell belichtest, damit die interessante Reflexion noch möglichst kontrastreich abgebildet wird. Wenn du solch ein Motiv im RAW-Format fotografierst, hast du in der Bildbearbeitung bessere Möglichkeiten, die Details auszuarbeiten.

Architektur in Blaugrau

①

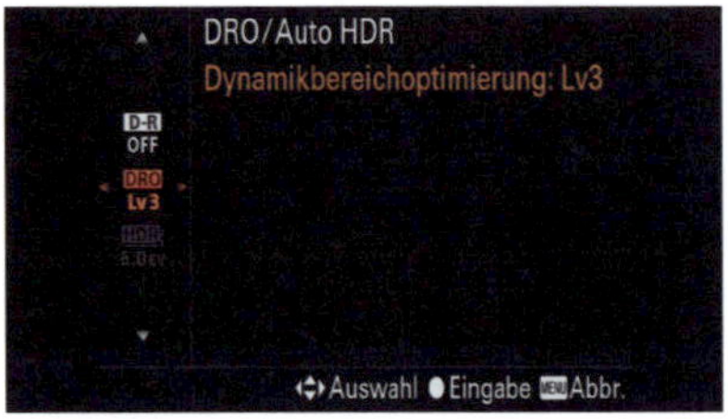

Fn-Menü Die Kontrastoptimierung DRO auf *Lv3* sorgt dafür, dass die Aufnahme gegen den helleren Himmel gleichmäßige Kontraste behält. Andernfalls wären die Häuser sehr dunkel geworden.

②

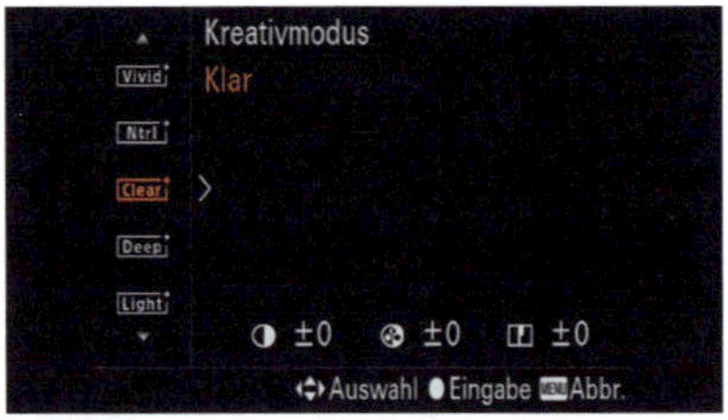

Fn-Menü Der Kreativmodus *Klar* bringt den Kontrast und die Schärfe, bleibt aber bei der Sättigung und der Farbstimmung ganz neutral. Das betont die modernen grauen Gebäude.

③

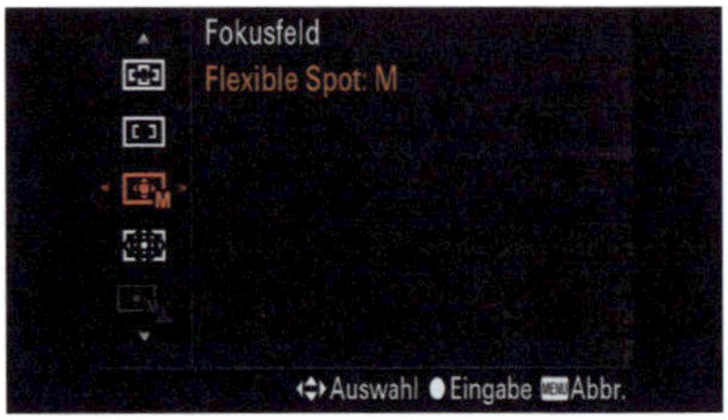

Fn-Menü Fokusfeld *Flexible Spot*. Damit die Schärfe bis zu den obersten Stockwerken, aber auch bis zu dem Schriftzug unten reicht, musst du etwas mit der Schärfeebene experimentieren. Am besten war das Ergebnis etwa eineinhalb Stockwerke über dem Schriftzug.

Der Fokusmodus ist *AF-S*.

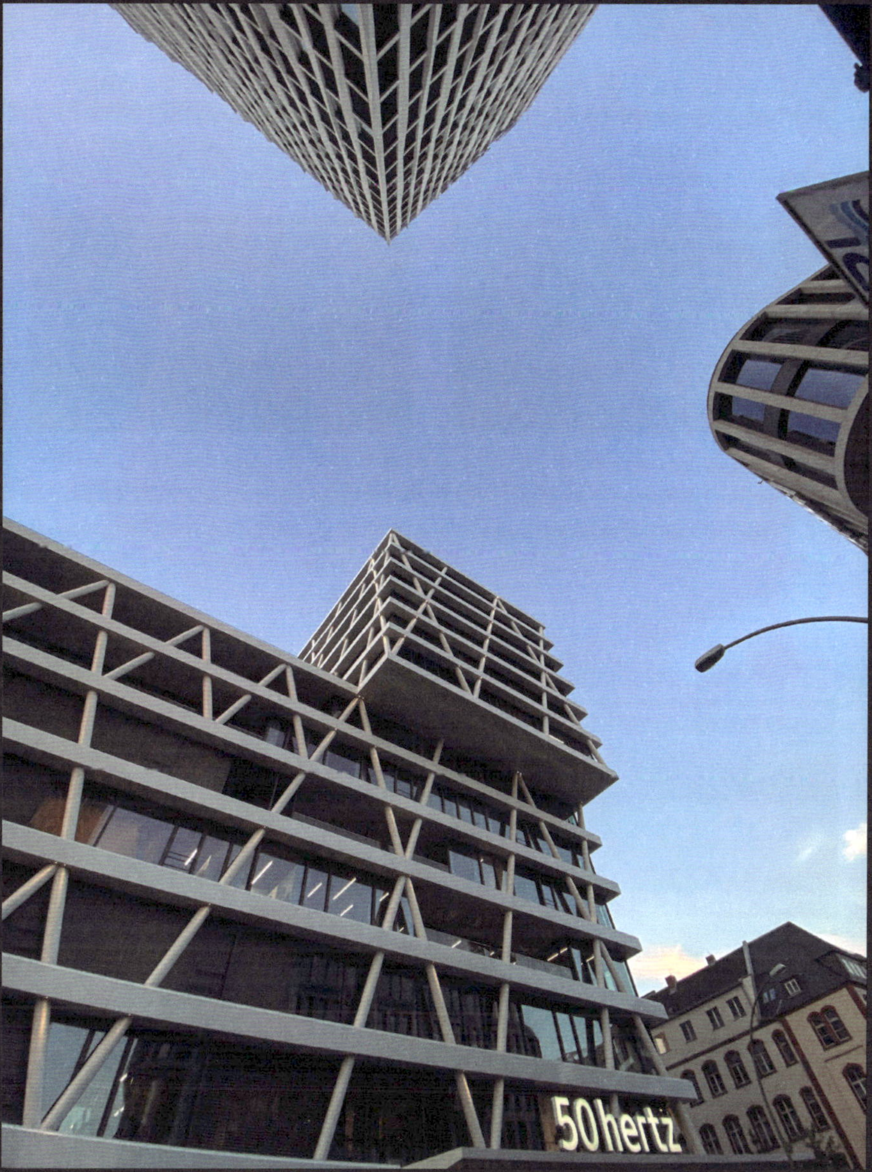

24 mm | f/11 | 1/60 sek | ISO 320 | Modus A | EV +0,3

Noch ein Beispiel, wie man mit stürzenden Linien und einer extremen Perspektive Spannung erzeugen kann. Das Klappdisplay der RX10 hilft dir bei solchen Perspektiven. Hier war die Kamera nur wenige Zentimeter über dem Boden. Wenn du mal eine noch tiefere Position brauchst, kannst du auch dein Smartphone mit der „Imaging Edge Mobile"-App als externen Monitor benutzen, um aus solch kniffligen Perspektiven zu fotografieren.

Konvex/Konkav

①

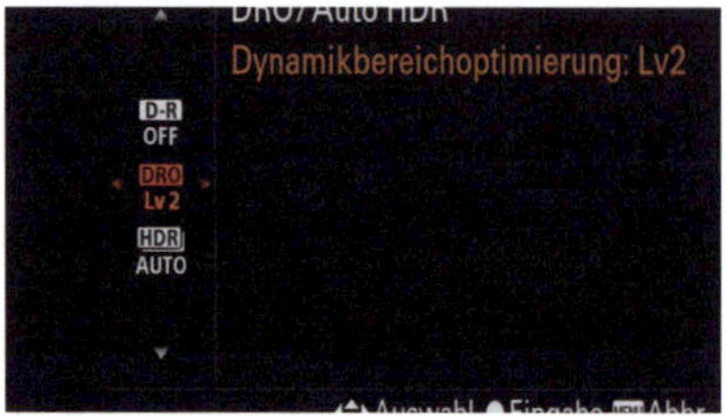

Fn-Menü Auch hier half DRO auf *Lv2*, die Schatten im kleinen Vordach auf der rechten Bildseite nicht zu dunkel gegen den blauen Himmel werden zu lassen.

②

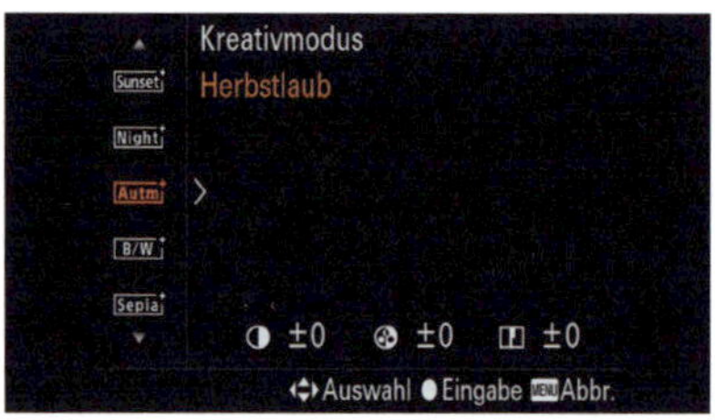

Fn-Menü Der Kreativmodus *Herbstlaub* gibt die cremefarbenen Steinplatten etwas wärmer wieder.

③

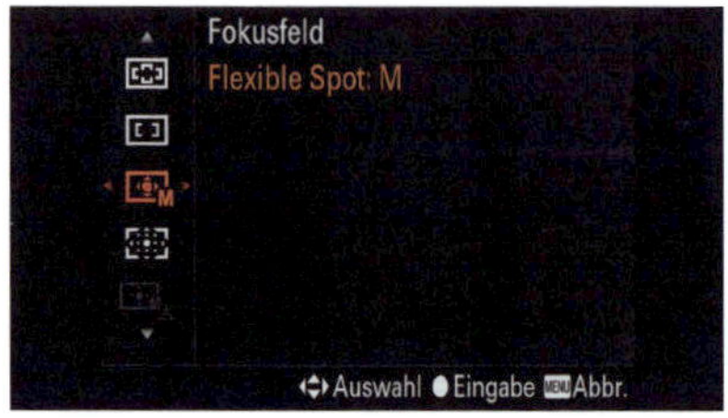

Fn-Menü Fokusfeld *Flexible Spot*. Hier hätte noch etwas mehr Sorgfalt beim Finden der richtigen Fokusebene geholfen, die Schärfe bis in die linke Bildecke verlaufen zu lassen.

Der Fokusmodus ist *AF-S*.

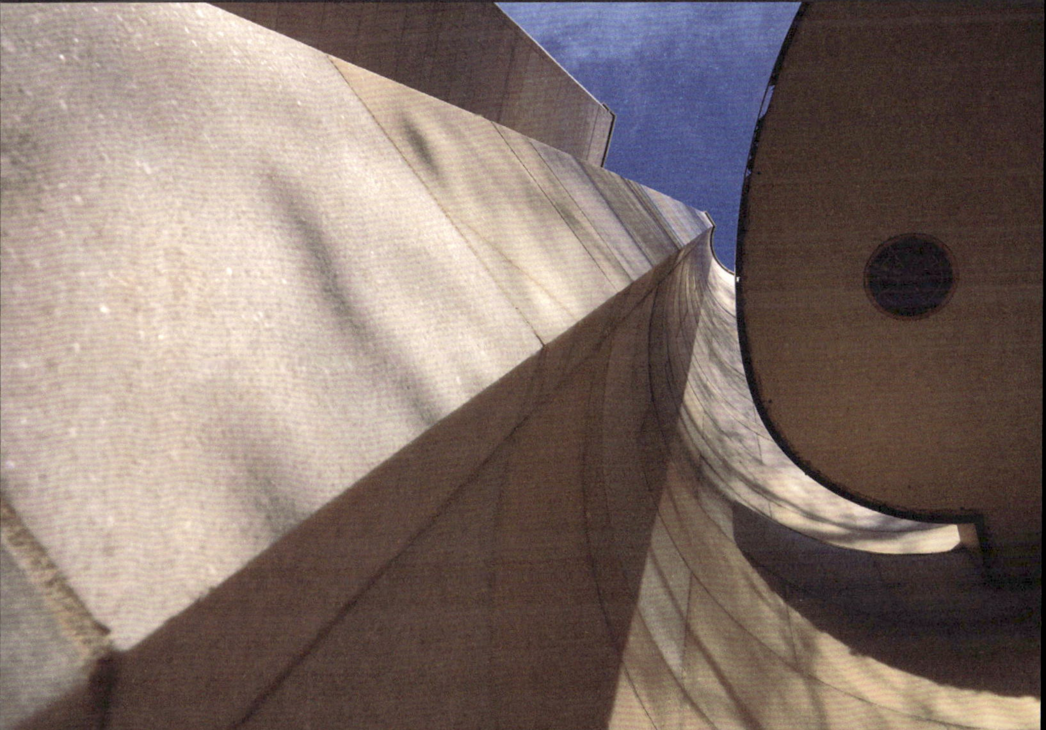

24 mm | f/8 | 1/160 sek | ISO 100 | Modus A | EV –0,3

Bei dieser Aufnahme sollte nichts von der besonderen Gebäudeform ablenken. Da diese Aufnahme im frühen Winter entstand, säumten viele kahle Bäume das Haus und waren häufig mit im Bild. Dieser Ausschnitt war einer von wenigen, bei denen keine Äste hereinragten.

Berlin bei Nacht

①

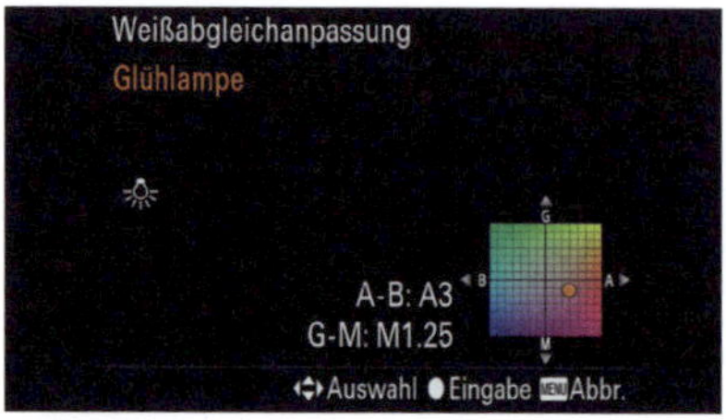

Fn-Menü Um die Lichter des Hotels möglichst neutral zu zeigen, wurde der Weißabgleich auf *Glühlampe* gesetzt. Damit die Farben nicht zu kaltblau erscheinen, ist die Feineinstellung in Richtung Rot und Violett gesetzt – da muss man einfach ein bisschen probieren.

②

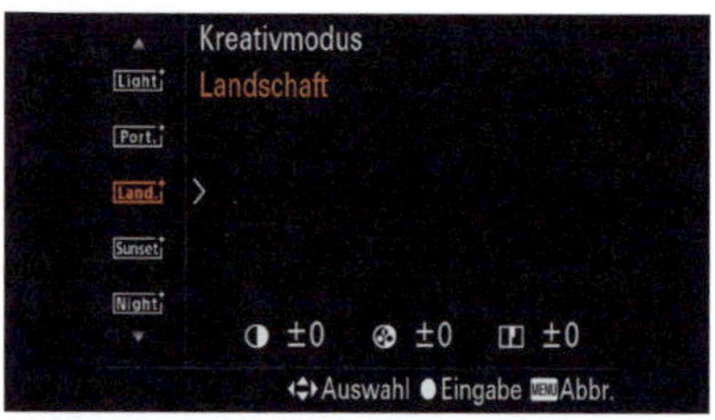

Fn-Menü Der Kreativmodus *Landschaft* erhält das tiefdunkle Blau des Nachthimmels und sorgt für den hohen Kontrast. Die Wirkung, ein sehr dunkles Foto, war hier gewollt. Übrigens solltest du für so eine Nachtaufnahme DRO ausschalten oder höchstens auf *Lv1* benutzen.

③

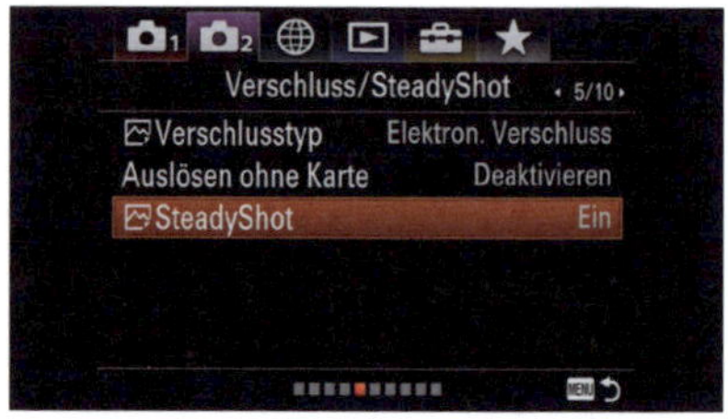

Menü Damit du solche Aufnahmen aus der Hand fotografieren kannst, solltest du den *SteadyShot* einschalten. Es gibt nur wenige Gründe, ihn auszuschalten. Ein Grund wäre, wenn du ein sehr robustes Stativ verwendest, denn dann könnte der SteadyShot leichte Unschärfen ins Bild bringen.

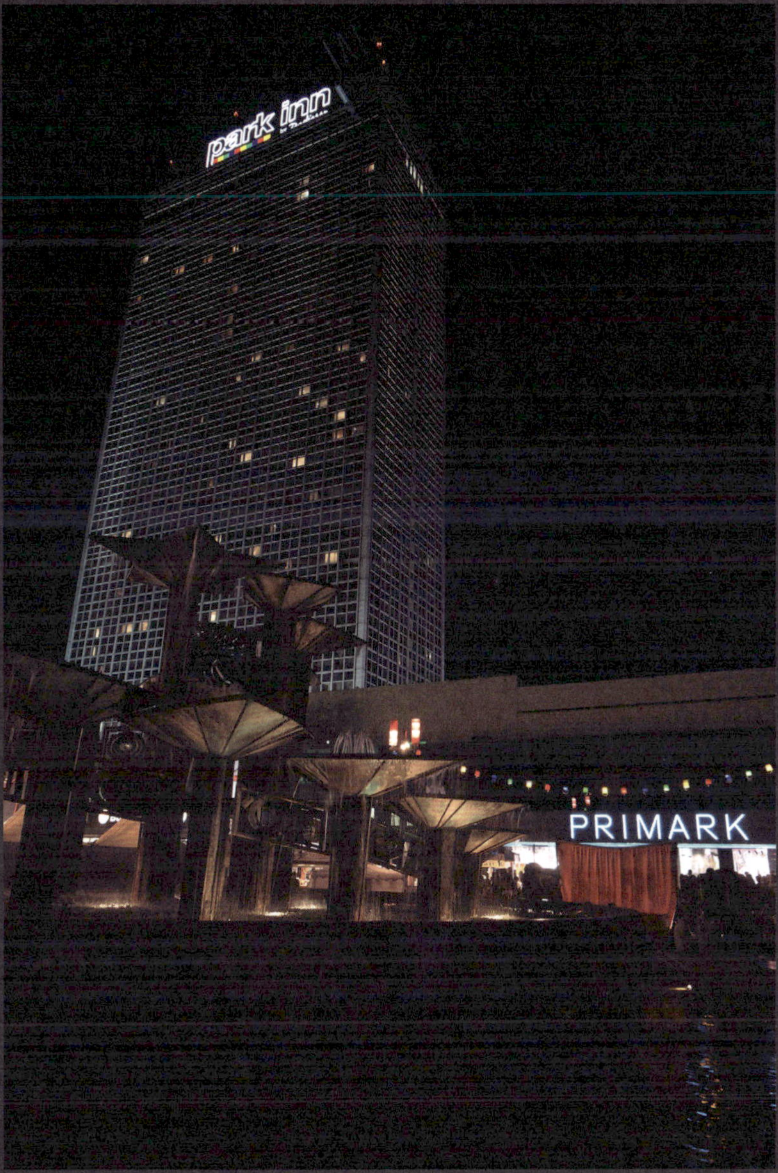

24 mm | f/2.4 | 1/15 sek | ISO 800 | Modus M

Diese Aufnahme zeigt das gleiche Hotel wie im Workshop „Fernsehturm gespiegelt“, die Wirkung ist bei Nacht aber eine ganz andere. Die Belichtung wurde absichtlich sehr dunkel gehalten, um den Schriftzug und die Fensterrahmen zu betonen. Die Verschlusszeit konnte so noch aus der Hand gehalten werden. Ein Stativ ermöglicht natürlich noch weitere Möglichkeiten, z. B. andere Blendenwerte und einen niedrigeren ISO-Wert.

Mont-Saint-Michel

①

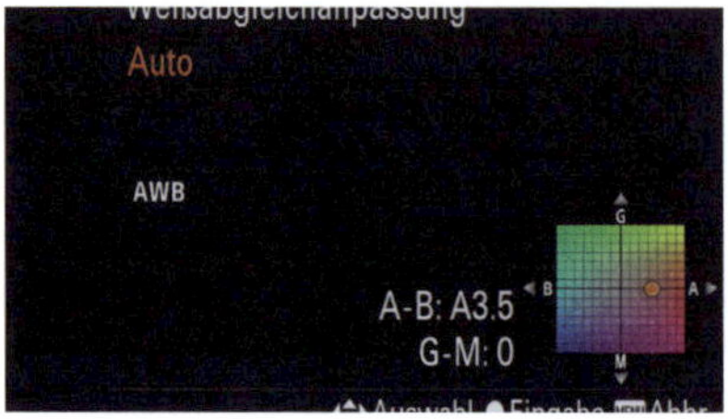

Fn-Menü Mit dieser Feineinstellung des *Automatischen Weißabgleichs* in Richtung Rot bekommt man auch am Nachmittag ein schönes warmes, abendlich anmutendes Foto.

②

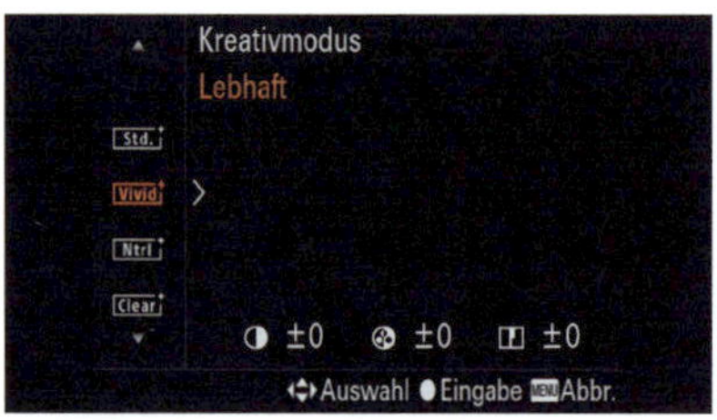

Fn-Menü Um die Farben kräftiger erscheinen zu lassen, wurde hier *Lebhaft* als Kreativmodus eingestellt. Vor allem die Wiese und der Mont-Saint-Michel profitieren aufgrund der großen Entfernung davon. Andernfalls würden sie zu flau und kontrastarm wiedergegeben.

③

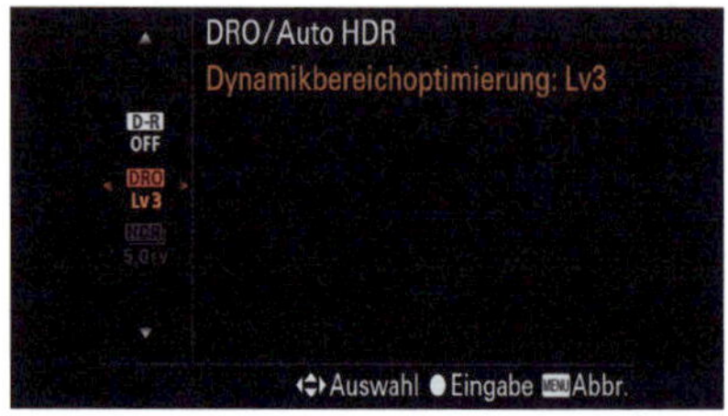

Fn-Menü Mit DRO auf *Lv3* bleibt die Wolkenzeichnung natürlich und hebt die Schattenzeichnung der Abtei dezent an.

④

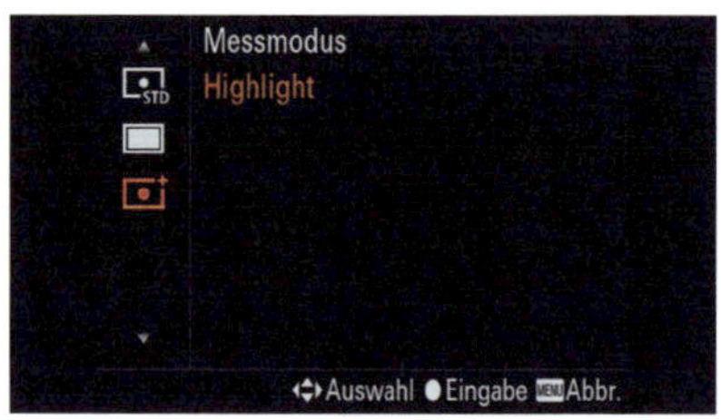

Fn-Menü Ein besonderer Tipp, um eine Belichtung zu erhalten, die sich gut für die RAW-Bildnachbearbeitung eignet, ist die *Highlight*-Messung mit einer Belichtungskorrektur von +2. Dadurch erhältst du alle Details in den Schatten und kannst auch die hellen Bildbereiche wie die Wolken retten.

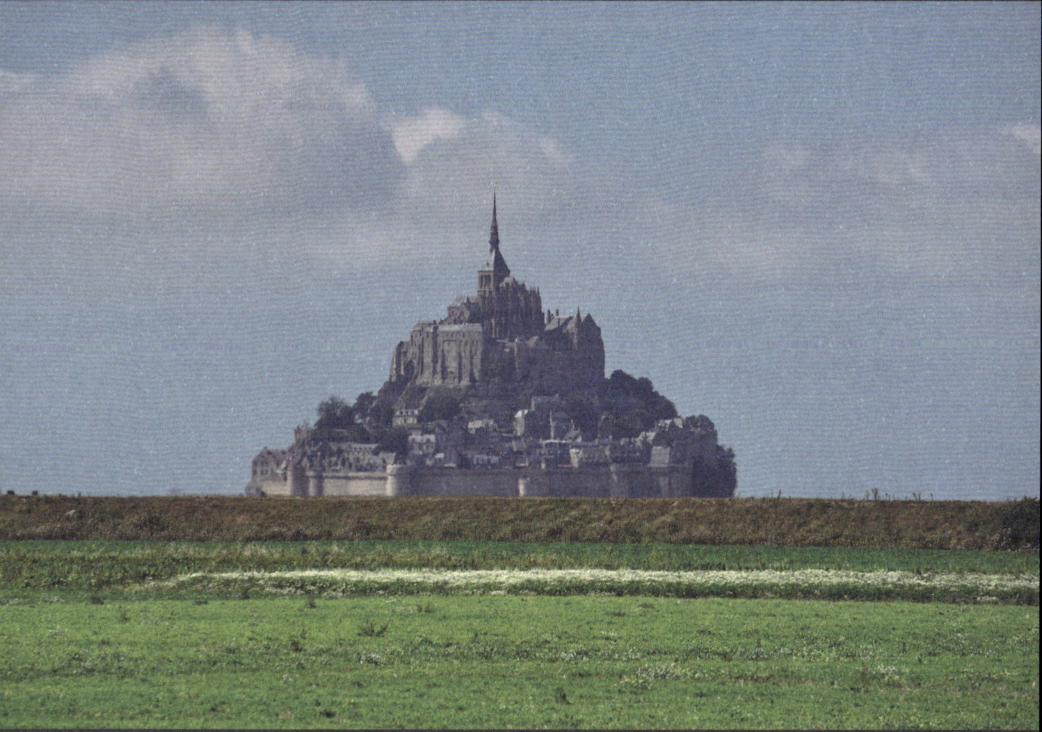

380 mm | f/7.1 | 1/640 sek | ISO 100 | Modus M

Der Mont-Saint-Michel in der Normandie gehört zu den berühmtesten Touristenattraktionen der Welt. Es gibt kaum Fotos von ihm, die nicht kurz nach Sonnenaufgang oder zum Abend hin fotografiert sind, da sonst immer sehr viele Besucher mit im Bild wären. Hier wurde nach einem Besuch am Nachmittag einfach das starke Tele der RX10 genutzt und der beeindruckende Ort aus der Ferne noch mal festgehalten.

ACTION

Unter Actionaufnahmen haben wir hier einiges zusammengefasst, was sich bewegt. Für die Fotografie von bewegten Motiven sind die Sony RX10-Kameras besonders gut geeignet. Vor allem die RX10 IV besitzt mit ihrer Autofokus-Programmierung aus dem Profimodell Sony α9 eine so schnelle Erkennung, das mit ihr scharfe Aufnahmen möglich sind, wozu sonst deutlich größere, schwerere und teurere Kameras nötig sind.

Wenn du gerne schnell bewegte Objekte fotografieren möchtest, empfehlen wir dir, ein Set-up auf dem Motivwahlrad unter **MR** abzulegen. Schau dafür mal hier in den Abschnitt „Der Speicherabruf". Dort kannst du bestimmte Autofokuseinstellungen, z. B. auch die Mensch- oder Tiererkennung, den Belichtungsmodus **S** oder **M** und eine passende **ISO-Automatik**-Einstellung speichern. Das macht es dir in Zukunft leichter, Sport-, Tier- oder andere Actionsituationen zu fotografieren.

SCHNELLE SPEICHERKARTE LOHNT SICH

Du solltest bei deiner Speicherkarte darauf achten, dass sie den UHS-II-Standard unterstützt, also schnell genug ist, um die vielen Serienbilder zügig abzuspeichern. Das gilt besonders dann, wenn du auch mal Action im RAW-Format fotografieren möchtest.

Die Serienbildgeschwindigkeiten reichen bei der RX10 III bis zu 14 Bildern pro Sekunde und bei der RX10 IV sogar bis zu 24 Bildern pro Sekunde. Die RX10 IV kann bei dieser hohen Geschwindigkeit auch den Fokus und die Belichtung nachführen.

Die Grundeinstellungen:

- Da du Bewegungen fotografisch festhalten möchtest, ist der **Modus S** (Zeitpriorität) der richtige. Meistens willst du dein bewegtes Motiv ja scharf abbilden, also stellst du hier eine kürzere Verschlusszeit ein.
- Wenn du eine Bewegung zeigen möchtest, brauchst du für diesen **Mitzieh-Effekt** eine längere Verschlusszeit. Manche Fotografen möchten zur Verschlusszeit auch die Blende kontrollieren und nehmen gerne den **Modus M,** für den Anfang empfehlen wir aber klar **S**.
- Damit du dich nicht um den richtigen ISO-Wert kümmern musst, stellst du die **ISO-Automatik** ein.
- Der **AF-Modus** am Fokusmodusknopf auf der Vorderseite sollte auf **C** für AF-C stehen, den kontinuierlichen Autofokus.
- Als **Fokusfeldsteuerung** kommen mehrere in Frage. **Breit, Flexible Spot, Erweiterter Flexible Spot** und die **AF-Verriegelung** (letztere lässt sich nicht einstellen, wenn du als Motiverkennung „Tier“ eingestellt hast).

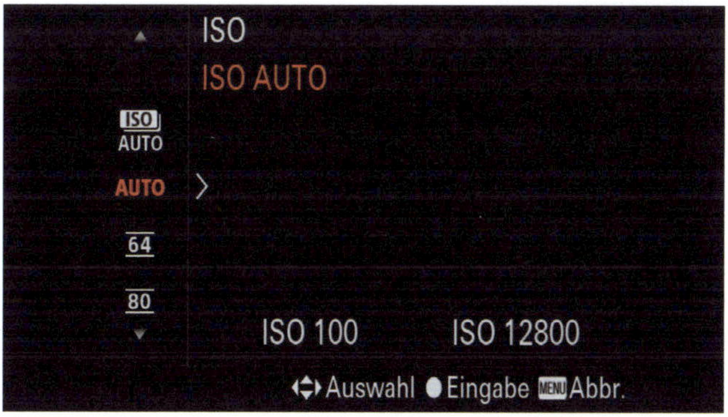

Im Fn-Menü stellst du deine ISO-Werte oder AUTO ein. Achtung: Die oberste Einstellung nennt sich Multiframe-RM und ist nicht für Actionfotos geeignet.

Rampensau

①

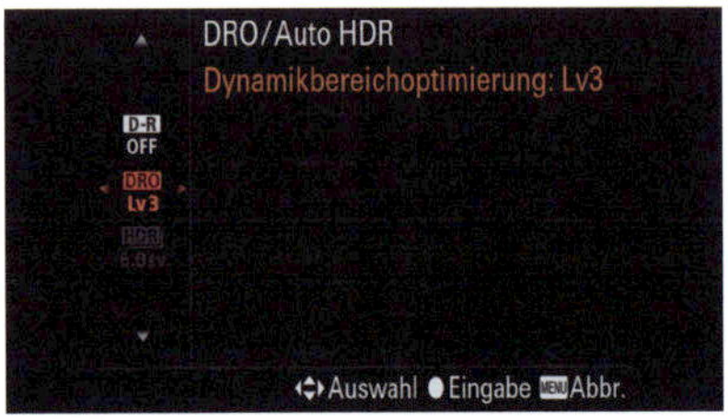

Fn-Menü Durch die Einstellung der Kontrastoptimierung DRO *Lv3* bleibt der Fahrer vor dem Himmel noch hell genug. Auch werden die Farben des Baums etwas intensiver dargestellt.

②

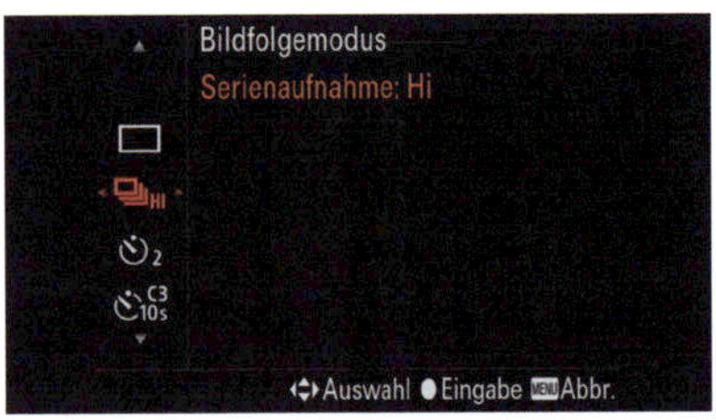

Fn-Menü Da der entscheidende Moment sehr kurz ist, solltest du hier die Serienaufnahme *Hi* einstellen. Bei der Sony RX10 III hast du hier 14 Bilder pro Sekunde, bei der RX10 IV sogar 24 Bilder pro Sekunde.

③

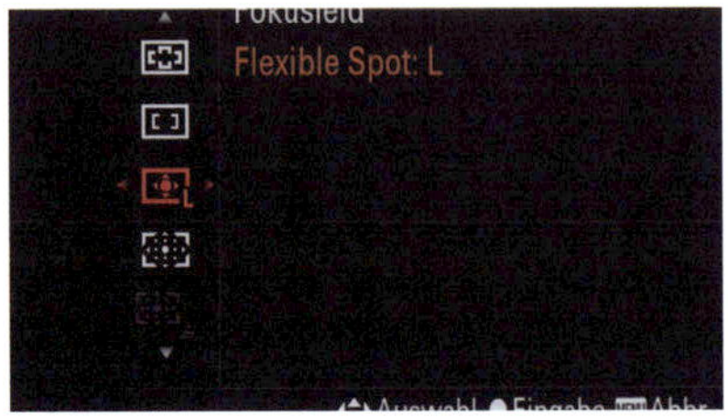

Fn-Menü Fokusfeld *Flexible Spot L*. Bei schnellsten Bewegungen hilft die konkrete Auswahl eines Fokusmessfelds, die höchste Autofokusgeschwindigkeit zu erreichen.

Der Fokusmodus ist *AF-C*.

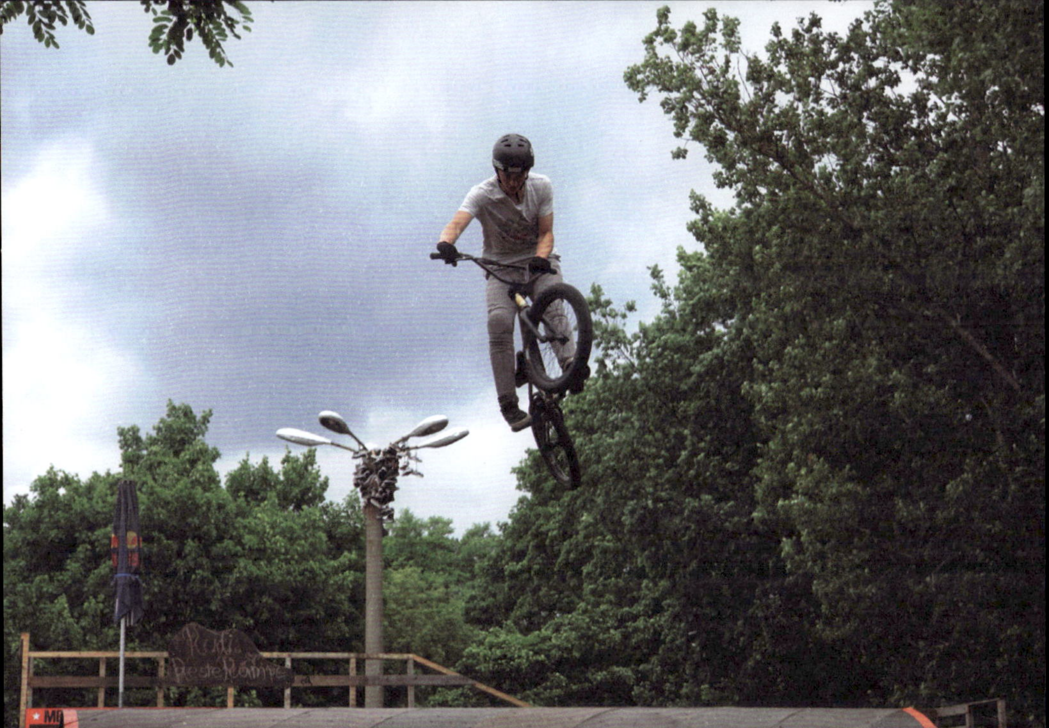

75 mm | f/4 | 1/800 sek | ISO 640 | Modus S

Im Mellowpark in Berlin kann man BMX-Fahrer und Skater fotografieren. 1/800 sek mutet vielleicht etwas zu langsam an, aber bei Sportaufnahmen gilt es natürlich, auf den richtigen Moment zu warten. Hier wurde ausgelöst, als der BMX-Fahrer am höchsten Punkt seines Sprungs war. Dadurch wird er auch mit einer etwas längeren Verschlusszeit noch eingefroren. Alternativ hätte der ISO-Wert deutlich erhöht werden müssen.

Windsurfer am Abend

①

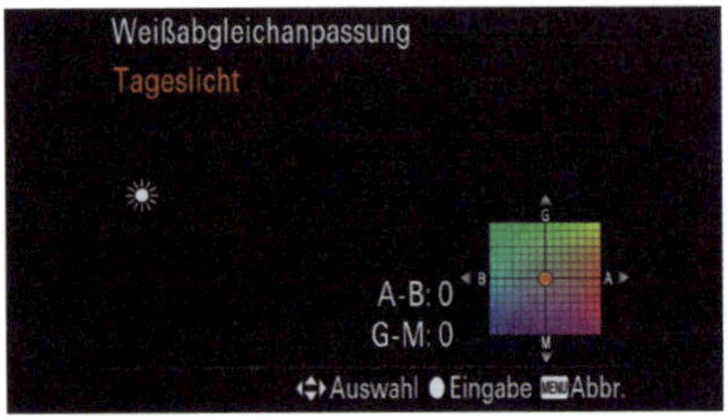

Fn-Menü Die automatische Weißabgleichsteuerung ist in den letzten Jahren viel besser geworden. Dennoch haben auch moderne Kameras oft ein Problem, wenn der Himmel durch den Sonnenuntergang sehr stark eingefärbt ist. Der Weißabgleich *Tageslicht* sorgt dafür, dass die Lichtstimmung erhalten bleibt.

②

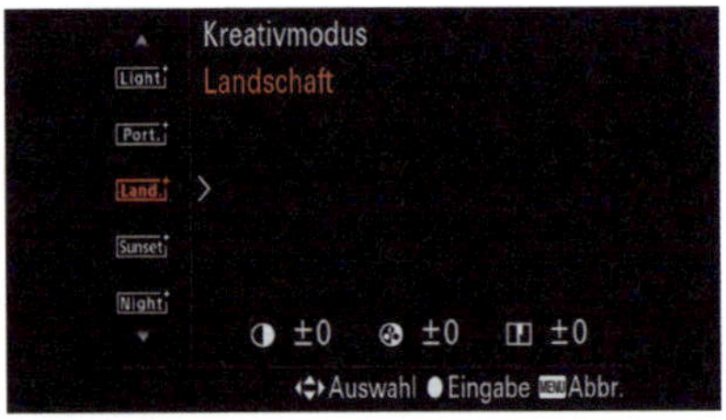

Fn-Menü Hier reichte der Kreativmodus *Landschaft* aus, um die Stimmung der abendlichen Szene zu bewahren. Probiere aber auch mal *Sonnenuntergang* aus.

③

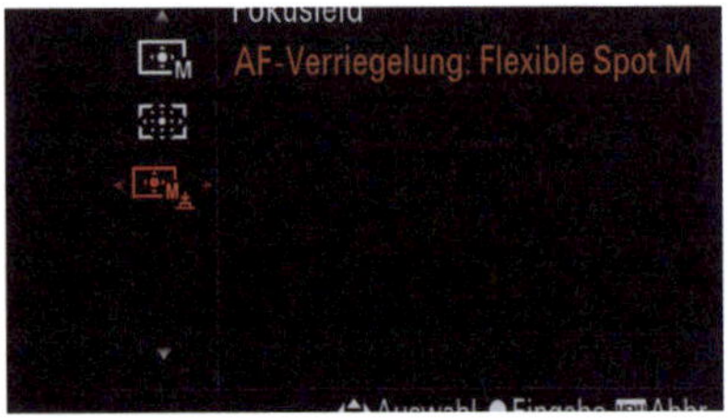

Fn-Menü Fokusfeld *AF-Verriegelung*. Dieses Motiv des relativ mittig im Bild fahrenden Surfers hätte genauso gut mit der Fokusfeldsteuerung *Breit* umgesetzt werden können.

Der Fokusmodus ist *AF-C*.

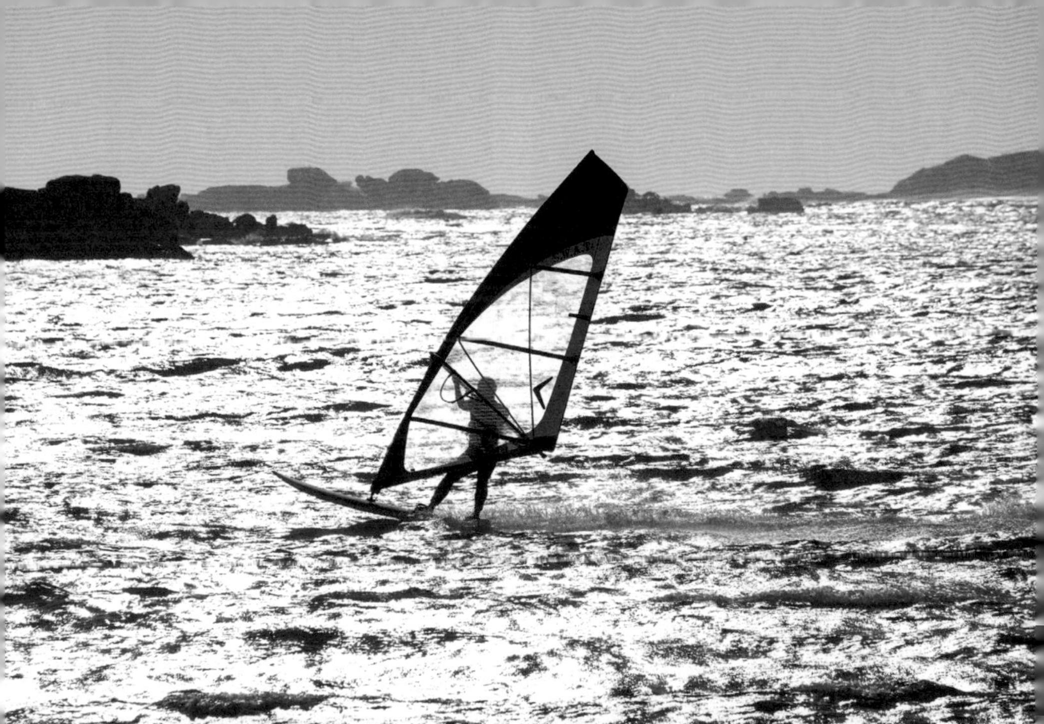

580 mm | f/7.1 | 1/1250 sek | ISO 200 | Modus M

Um den Windsurfer ins Bild zu setzen, wurde fast der komplette Zoombereich von 600 mm ausgenutzt. Damit die Kamera die Blende nicht komplett auf f/4 öffnet, musste Belichtungsmodus M eingestellt werden. Die Werte sorgten für genug Tiefenschärfe, um die Felsen im Hintergrund noch recht scharf abzubilden und die Bewegung der Wellen hinter dem Surfbrett komplett scharf einzufrieren.

Mitgezogen

①

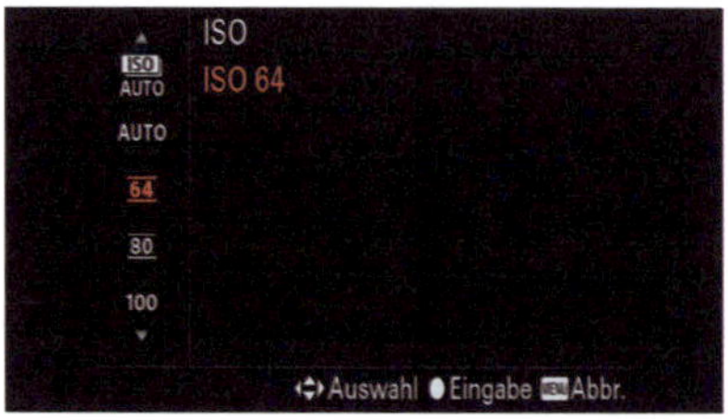

Fn-Menü Normalerweise reicht für Actionfotos die ISO-Automatik aus. Da hier aber ein sehr heller Tag war, musste eine niedrigere ISO eingestellt werden, um die für den Mitzieher benötigte relativ lange Verschlusszeit von 1/40 sek benutzen zu können. *ISO 64* kann die Automatik nicht anwählen. Genau für solche Ausnahmen sind die niedrigen Werte *80* und *64*.

②

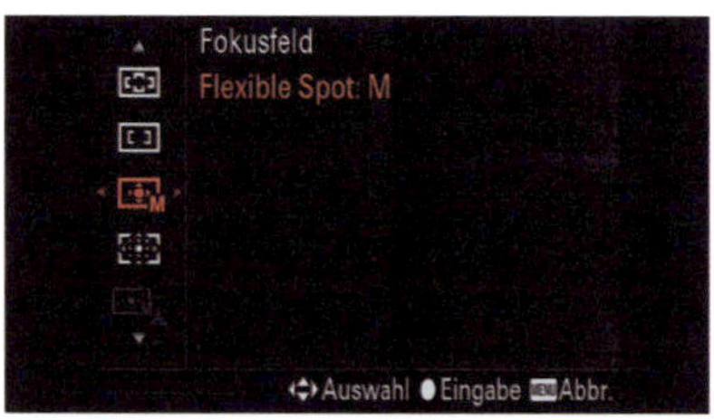

Fn-Menü Fokusfeld *Flexible Spot*. Da die Kamera so mitbewegt werden muss, dass das Motorrad immer an derselben Position im Bildausschnitt bleibt, brauchst du keine spezielle Verfolgung oder Erkennung. Das Fokusfeld im Sucher kann als Zielhilfe hilfreich sein.

Als Fokusmodus wählst du am besten *AF-C*.

③

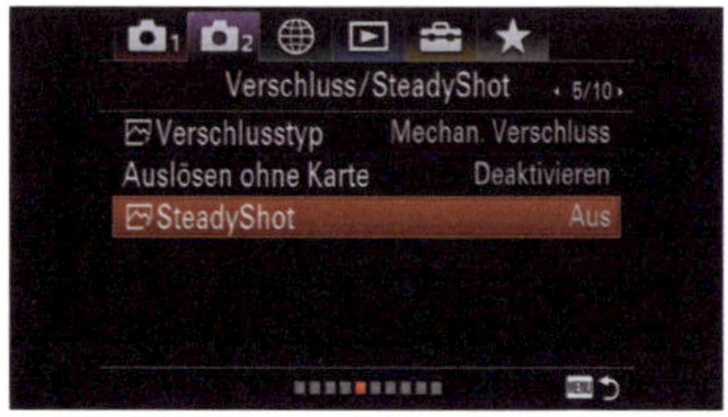

Menü Der *SteadyShot* ist eine tolle Unterstützung, um längere Verschlusszeiten aus der Hand zu fotografieren, allerdings für unbewegte Motive. Bei einem Mitzieher kann er leichte Unschärfen ins Bild bringen. Schalte ihn daher idealerweise für solche mitgezogenen Fotos aus und vergiss nicht, ihn nach diesen besonderen Aufnahmen wieder einzuschalten.

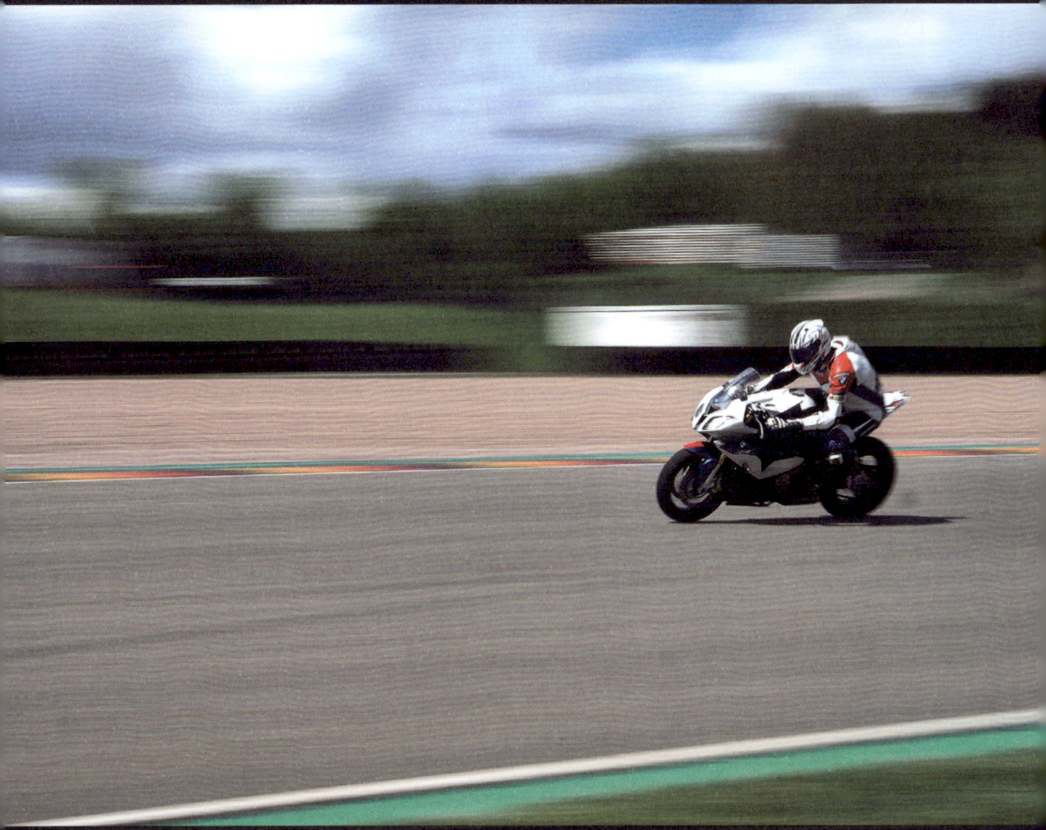

85 mm | f/16 | 1/40 sek | ISO 64 | Modus S | EV +0,3

Eine besonders ansprechende Art, die Dynamik des Motorsports zu fotografieren, ist der sogenannte „Mitzieher“. Dabei wird eine längere Verschlusszeit als für Actionaufnahmen üblich eingestellt und die Kamera in einer fließenden Bewegung mit dem fahrenden Objekt mitbewegt. Dazu schwenkst du die Kamera möglichst waagerecht mit. Der unbewegte Hintergrund verwischt nun, während das bewegte Fahrzeug scharf ist. Um ein Gefühl für die Bewegung und die Geschwindigkeit zu bekommen, „verfolge“ ein paar Sekunden lang mit ausgestrecktem Arm ein vorbeifahrendes Auto oder Fahrrad. Solche Aufnahmen kannst du von allen möglichen bewegten Objekten probieren.

Himmelssprung

①

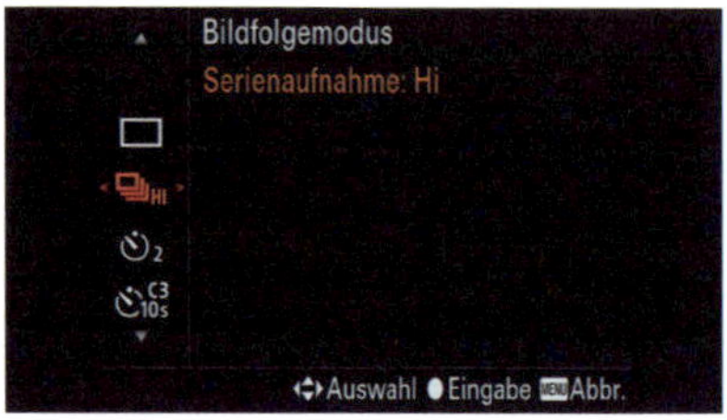

Fn-Menü Ein Sprung, ein Salto oder Ähnliches sind Momente, für die du das volle Potenzial der Geschwindigkeit deiner Kamera ausnutzen kannst. Im Serienbildmodus *Hi* macht die RX10 III bis zu 14 Bilder pro Sekunde. Dabei kann sie aber den Autofokus nicht mehr nachführen, das schafft sie nur bis fünf Bilder pro Sekunde. Die RX10 IV ist da deutlich besser: Sie kann auch bei der maximalen Bildfolge von 24 Bildern pro Sekunde den AF nachführen.

②

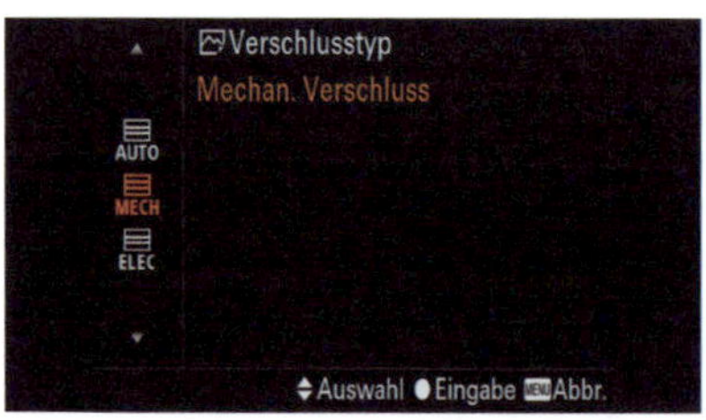

Menü In ganz seltenen Fällen, wenn z. B. ein Golfspieler einen Abschlag oder ein Tier einen Sprung macht, kann es zu einem besonderen Phänomen kommen, dem sogenannten Rolling-Shutter-Effekt. Dabei werden die schnell bewegten Teile des Motivs (z. B. der Golfschläger) leicht verformt. Das tritt nur beim elektronischen Verschluss auf und passiert bei den RX10-Modellen nur in Extremfällen. Damit du in solchen Fällen Fotos ohne Verformung bekommst, stelle den *mechanischen Verschluss* ein.

③

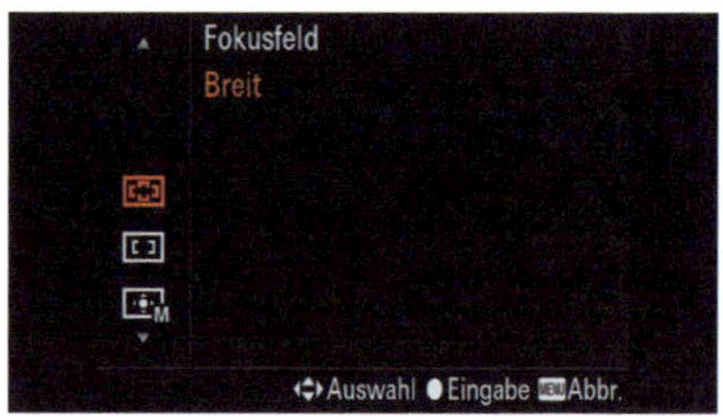

Fn-Menü Fokusfeld *Breit*. Alles andere wäre hier zu kompliziert. Gerade wenn du nicht so stark zoomst, was bei so einem Sprungfoto auch gar nicht möglich wäre, ist der Autofokus der RX10 so rasend schnell, dass viele Treffer dabei sind.

Der Fokusmodus muss natürlich auf *AF-C* gestellt sein.

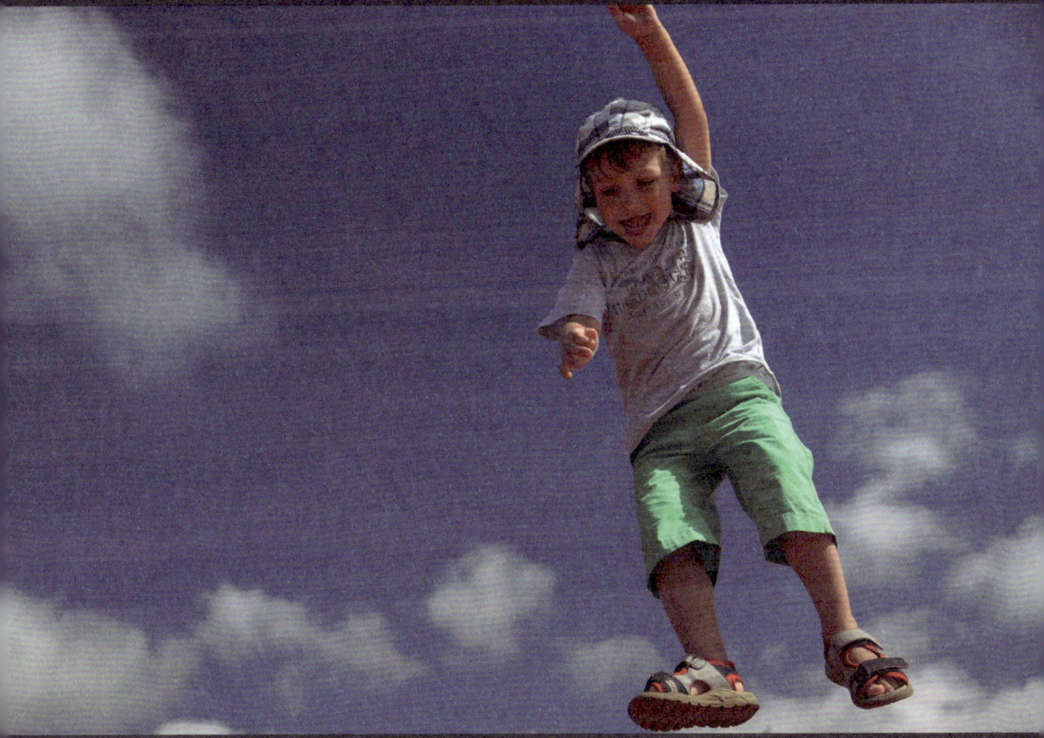

32 mm | f/2.8 | 1/1600 sek | ISO 160 | Modus S

Ein Junge, der scheinbar schwebt. Sprungbilder, zum Beispiel auf einem kleinen Trampolin, bringen immer wieder lustige Momentaufnahmen. Die Verschlusszeit muss hier natürlich sehr kurz sein. Für solche Fotos solltest du den Modus S nehmen und die ISO-Automatik aktivieren.

FILMEN MIT DER SONY RX10 III UND IV

Die RX10 ist auch für das professionelle Filmen sehr gut geeignet. Mit einer Bildfolge von bis zu 1000 Bildern pro Sekunde kann hier echte Zeitlupe aufgenommen werden. Um dir den Einstieg als Vlogger oder Youtuber zu vereinfachen, zeigen wir dir in diesem Kapitel die wichtigsten Einstellungen fürs Filmen.

Grundeinstellungen

Starten wir mit der Grundeinstellung. Als Erstes legst du fest, ob du das europäische PAL-Format oder das amerikanische NTSC-Format nutzen möchtest. Standardmäßig ist an einer RX10 in Europa *PAL* eingestellt, das heißt, deine Kamera kann Videos mit 25, 50 oder 100 Bildern pro Sekunde aufnehmen. Wählst du *NTSC*, stehen dir 24, 30, 60 oder sogar 120 Bilder zur Verfügung.

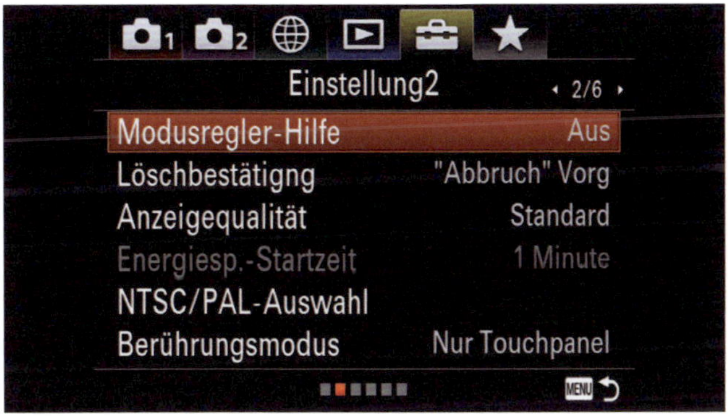

Das Menü der RX10 zur Auswahl des PAL- oder NTSC-Formats. Unsere Empfehlung ist das PAL-Format.

Wofür braucht man das? Ganz einfach: Wenn du mit mehreren Kameras arbeitest, solltest du die gleiche Bildfrequenz wählen. Nimmt dein Smartphone z. B. nur mit 30 Bildern pro Sekunde auf, solltest du NTSC wählen. Außerdem kannst du durch die verschiedenen Frame-Raten Aufnahmen verlangsamen. Wählst du zum Beispiel bei NTSC das Dateiformat XAVC S HD mit den Aufnahmeeinstellungen von 120 p, kannst du später ein Projekt mit 24 fps erstellen, bei dem du eine 5-fache Zeitlupe erreichen kannst, während es bei PAL nur 100 p und entsprechend nur eine 4-fache Zeitlupe sind.

Zeitlupe bzw. Slow Motion ist ein mächtiges Stilmittel beim Filmen und sollte bewusst, aber nicht zu oft eingesetzt werden – ebenso wie Zeitrafferaufnahmen. Eine sehr gute Qualität in der Zeitlupe haben die Kameras mit nahezu FullHD (1920 x 1080 Pixel) mit 250 fps („frames per second“): Hier ist eine zehnfache Zeitlupe möglich. Wem das nicht genügt, wird mit bis zu 1000 fps jede noch so schnelle Situation in 40-facher Zeitlupe darstellen können. Dafür wird die Qualität der Aufnahme in der Auflösung reduziert. Trotzdem sehen die 900 x 300-Pixel-Aufnahmen atemberaubend aus. Wichtig zu wissen ist, dass der Ton während der HFR-Aufnahmen nicht zur Verfügung steht.

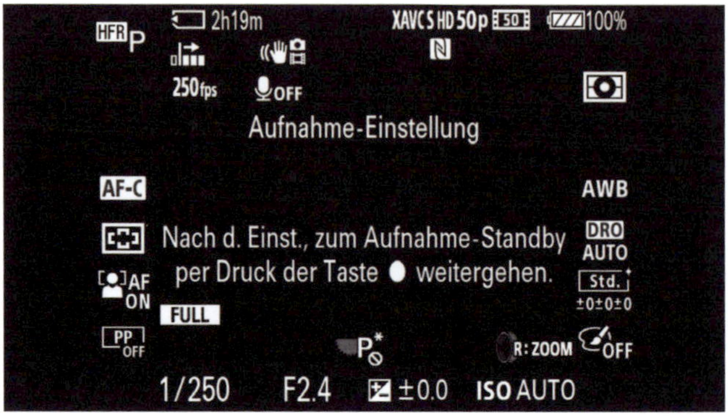

HFR-Modus, bei dem die Aufnahme gleich in verlangsamter Form auf der Speicherkarte abgelegt wird

Schauen wir uns als Nächstes die *Dateiformate* an. Es gibt die Formate *XAVC-S 4K, XAVC-S HD* und *AVCHD*. Sie geben die Qualität des Videos an.

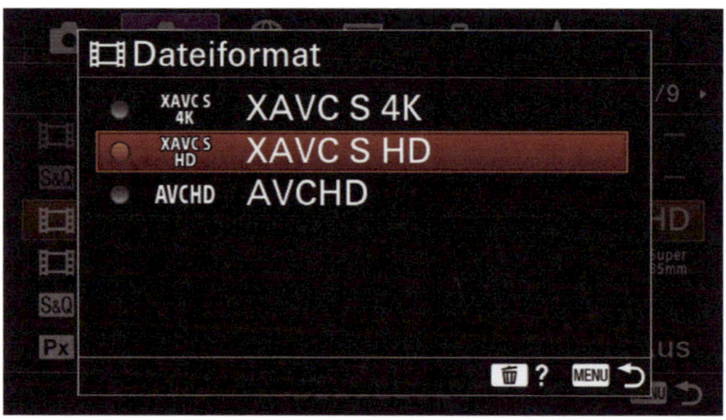

Die Auswahl der Qualitätseinstellungen

Welches Dateiformat ist nun das richtige für dich? Das, was deinem Einsatzweck am nächsten kommt. Für hochwertige Produktionen ist die *4K*-Auflösung zu empfehlen. Benötigst du für ein Schnittbild eine Slow-Motion-Aufnahme, wechselst du nur für die entsprechende Szene zu *XAVC-S HD*.

Hier wird also festgelegt, wie stark das Video komprimiert wird. *XAVC-S HD* liefert hier mit 50 oder 100 Mbit eine sehr hohe Datenrate. Das heißt, du brauchst viel Platz auf der Speicherkarte, bekommst aber auch die bestmögliche Qualität.

AVCHD ist ein bekanntes Aufnahmeformat aus dem Blu-Ray-Standard. Jeder Blu-Ray-Player ist in der Lage, es abzuspielen. Dennoch empfehlen wir es nur bei ganz bestimmten Anforderungen wie der Weitergabe des Videomaterials in einfacher abspielbarer Form.

Blendenwert und Verschlusszeit

Wie nutzt du nun die kreativen Möglichkeiten deiner Kamera? Das Moduswahlrad steht auf Filmmodus. Die Standardeinstellung deiner Kamera dafür ist der Modus P, das heißt, Blendenwert und Verschlusszeit werden von der Kamera gesteuert. Diesen Modus empfehlen wir dir, wenn du mit wenig Aufwand in jeder Situation filmen möchtest.

Das Filmen funktioniert ähnlich wie das Fotografieren, das heißt, wenn du die Fn-Taste an deiner Kamera drückst, kannst du auch für das Filmen den Aufnahmemodus wählen. In der unteren Zeile ganz rechts kannst den Modus z. B. auf A stellen, also durch die *Blendenpriorität* die Blendenwerte mit dem Einstellrad selbst wählen und damit z. B. bestimmen, ob dein Hintergrund scharf oder unscharf wird.

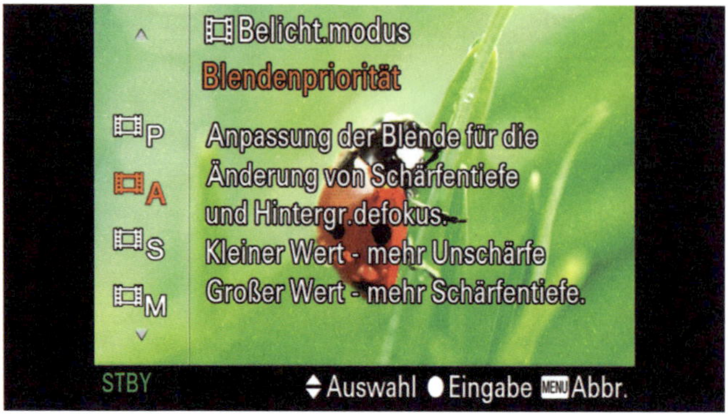

Das Untermenü zur Modusauswahl A beim Filmen

Der kleinste Zahlenwert bedeutet, du bekommst einen richtig unscharfen Hintergrund. Mit einem großen Wert bekommst du einen scharfen Hintergrund. Genau wie im Fotomodus lässt sich bei der Videoaufnahme nicht nur der Blendenwert verstellen, sondern du kannst auch kreativ mit der Verschlusszeit spielen. Dafür wählst du im Videomodus Modus S für *Zeitpriorität* und kannst die Verschlusszeit wie im Fotomodus wählen.

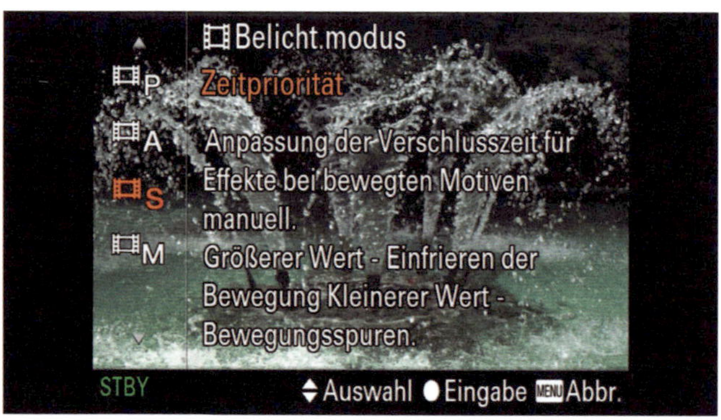

Das Untermenü zur Modusauswahl S beim Filmen

Wenn du hier mit der RX10 eine ganz lange Verschlusszeit einstellst (bis zu einer Viertelsekunde ist möglich), kannst du sogar kreative Effekte im Video nutzen. Deine Kamera zeichnet mit z. B. 25 Bildern pro Sekunde auf. Aber du hast ja nur vier Bilder pro Sekunde, dementsprechend gibt es verwischte Effekte.

Um die volle Kontrolle bei der Videoaufnahme zu übernehmen, kannst Du deine RX10 auch in den manuellen Modus setzen: Wähle im Fn-Untermenü *Manuelle Belichtung*. Jetzt kannst du über die Einstellräder Blendenwert oder Verschlusszeit verstellen.

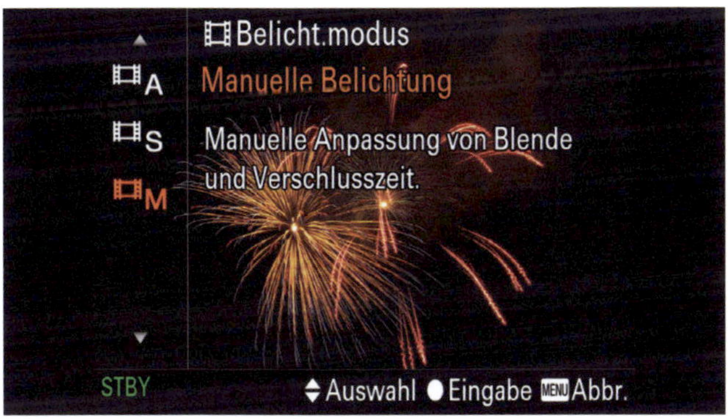

Das Untermenü zur Modusauswahl M beim Filmen

Für einen unscharfen Hintergrund wählst du z. B. einen kleinen Blendenwert. Über das zweite Einstellrad kannst du deine Verschlusszeit einstellen. Beim professionellen Filmen empfehlen wir bei 25 Bildern pro Sekunde 1/50 sek oder kürzer als Verschlusszeit, damit es zu fließenden Bewegungen bei schnellen Bewegungen wie im Kino kommt. Bei höheren Werten wirkt das Bild abgehackt und stockend. Bei 50 Bildern pro Sekunde stellst du 1/100 sek, bei 100 Bildern 1/200 sek ein. Die Regel ist erkennbar: Bildrate mal zwei genommen.

Wenn du das mal ausprobierst und am Tag filmst, siehst du aber auch das Problem im manuellen Modus: Deine Aufnahme ist viel zu hell. Über die ISO-Automatik hat die Kamera schon selbstständig den kleinsten ISO-Wert gewählt, du hast also in der Kamera keine Möglichkeit mehr, das Bild korrekt zu belichten. Dir bleibt beim offenblendigen Arbeiten am Tage nur der Griff zum Graufilter, um den Lichteinfall ins Objektiv auf eine weitere Art zu regeln. Ideal ist die Wahl eines variablen ND-Filters, den du stufenlos je nach Anforderung verstellen kannst. Filmst du in schlechten Lichtverhältnissen, hast du dieses Problem nicht und kannst problemlos ohne Graufilter arbeiten.

Der Autofokus

Die RX10 IV besitzt eines der schnellsten Autofokus-Systeme überhaupt und ist der RX10 III in jedem Fall überlegen. Zunächst musst du entscheiden, ob du bei Videoaufnahmen überhaupt den Autofokus verwenden möchtest. Viele Profis schwören auf den manuellen Fokus, aber auch hier gehen die Meinungen auseinander. Wir empfehlen die Nutzung des AF-C. Mit dem Fokusfeld *Breit* bist du in allgemeinen Situationen gut beraten. Solltest du gezielt ein Objekt fokussieren wollen, wählst du wie im Fotomodus den *Flexible Spot*.

Der Autofokus im Video unterscheidet sich bei den beiden Modellen. Es kann bei der RX10 III zum sogenannten Pumpen oder „Hunting“ kommen, da hier der einfache Kontrast-Autofokus genutzt wird. Das stellt sich durch permanentes Scharf- und Unscharfstellen dar.

Beim Filmen kannst du auch die Autofokusgeschwindigkeit und -reaktionszeit einstellen. Wähle im Menü *AF Speed*. Die Geschwindigkeit steht standardmäßig auf *Normal*. *Langsam* eignet sich besonders gut für schöne weiche Fokusfahrten von einem Detail auf ein anderes. Wenn du bewegte Motive filmen möchtest, eignet sich die Einstellung *Schnell* besser: Die Kamera versucht dann, so schnell wie möglich auf den angemessenen Fokuspunkt zu kommen.

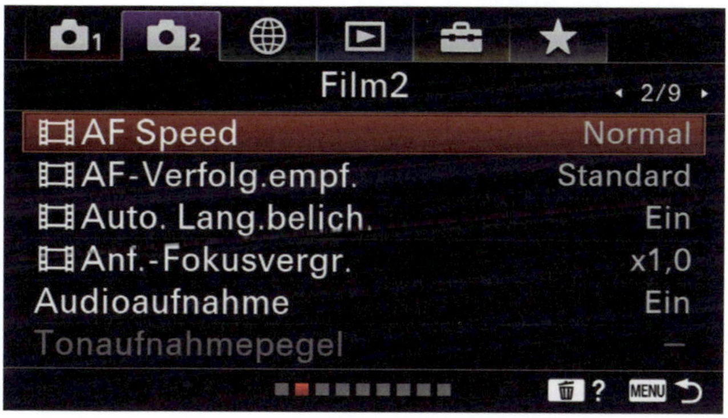

Menüposten zur AF-Geschwindigkeit beim Filmen

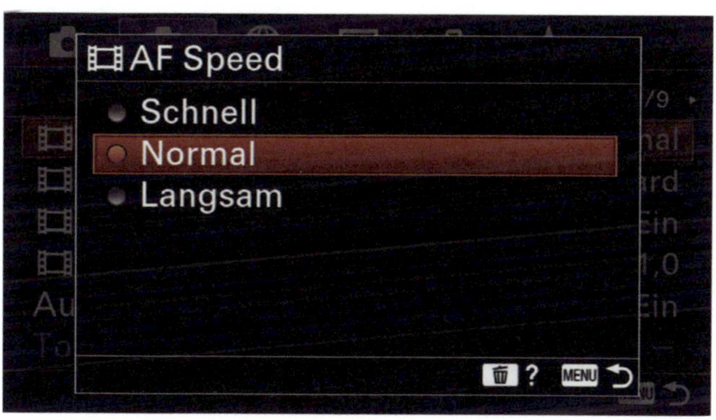

Auswahlmöglichkeiten: Schnell, Normal, Langsam

Neben der Autofokusgeschwindigkeit gibt es noch die Reaktionsfähigkeit des Autofokus, die *AF-Verfolg[ungs]empf[indlichkeit]*. Damit bestimmst du, wie schnell die Kamera von einem verfolgten Objekt ablassen und zu einem neu ins Bild gekommenen wechseln soll. Je nach Motiv kannst du diese beiden Werte abändern. Mit ein bisschen Übung weißt du bald, was zu welcher Situation passt.

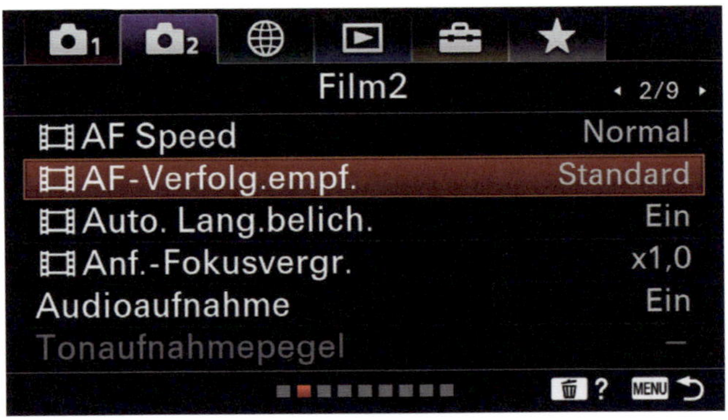

Auswahl der AF-Verfolgungsempfindlichkeit

Der HFR-Modus

Die RX10 kann durch den besonderen Sensor sehr hohe Bildraten erreichen. Im Menü „Film1“ kann dazu bei *HFR-Einstlg*. (HFR = „high frame rate“) die *Aufnahmeeinstlg*, die *Bildfrequenz*, die *Prioritätseinstlg* und das *AUFN[ahme]-Timing* eingestellt werden. Ganz unten im Menü wird der aktuelle Faktor der *Zeitlupe* angezeigt.

Bei den Aufnahmeeinstellungen stellen wir die gängigste Einstellung ein, *25p 50M*. Hier ist die Trägheit des menschlichen Auges überlistet und man erkennt Einzelbilder als Bewegung. Der Vorteil bei 25p ist, dass du einen eindrucksvollen Zeitlupeneffekt bekommst. Das aufgenommene Video wird mit 25 Bildern und 50 Mbit pro Sekunde codiert, was einer sehr guten Blu-Ray-Aufnahme gleichkommt.

Bei der Bildfrequenz gibt es die Einstellungen *250*, *500* und *1000 fps*, und es ergeben sich in Kombination mit der Aufnahmeeinstellung die Faktoren in der Tabelle für die Zeitlupe.

HFR-Bildfrequenz	HFR-Aufnahmeeinstellungen		
	24p 50M	30p 50M/25p 50M	60p 50M/50p 50M
240 fps/250 fps	10x langsamer	8x langsamer/ 10x langsamer	4x langsamer/ 5x langsamer
480 fps/500 fps	20x langsamer	16x langsamer/ 20x langsamer	8x langsamer/ 10x langsamer
960 fps/1000 fps	40x langsamer	30x langsamer/ 40x langsamer	16x langsamer/ 20x langsamer

Diese Tabelle zeigt die verschiedenen Kombinationsmöglichkeiten von Aufnahmeeinstellungen und Bildfrequenz und die daraus resultierende Zeitlupe

Wichtig: Grenze den Moment, den du aufnehmen willst, ziemlich genau ein. Zum einen nimmt die Kamera nur zwei bis vier Sekunden mit der hohen Bildrate auf, was du in der Prioritätseinstellung wählen kannst. Zum anderen wird ein zweisekündiges Video bei den Maximaleinstellungen aber auch 80 Sekunden lang – und es gibt wohl kaum Situationen, die eine 80-sekündige Zeitlupenaufnahme erlauben und dazu auch noch interessant aussehen.

Ein weiterer wichtiger Punkt ist der Moment des Auslösens. Machst du z. B. eine Trickshotaufnahme beim Basketball oder Tischtennis, kannst du dir das Leben sehr erleichtern, indem du beim Menüpunkt *AUFN[ahme]-Timing* die *Auslösung am Ende* wählst. Mit dieser Einstellung nimmt die Kamera fortlaufend auf. Beim Druck auf den Auslöser werden die letzten zwei Sekunden vor dem Auslösen auf der Speicherkarte gesichert. Trickshots, die sehr viele Wiederholungen erfordern, oder bestimmte Bildsituationen, die du erwartest, gelingen so auf Anhieb – und das sogar in Zeitlupe.

HFR richtig aufnehmen

Bei der Aufnahme mit HFR gibt es einige grundsätzliche Dinge zu beachten, da sie sich vom normalen Filmen unterscheidet. Zunächst solltest du zu Beginn am besten im Modus P filmen, damit die RX10 selbstständig die richtige Verschlusszeit wählt. Warum die richtige Verschlusszeit so wichtig ist, bemerkst du am besten, wenn du in den manuellen Filmmodus gehst und die Verschlusszeit 1/10 sek wählst: Es wird kein flüssiges Video mehr angezeigt, da die Verschlusszeit die Bilder pro Sekunde bestimmt. Hier werden zehn Bilder pro Sekunde zu einer ruckeligen Angelegenheit. Übertragen wir das auf die 250 Bilder pro Sekunde, bedeutet das 1/250 sek Verschlusszeit für eine Aufnahme mit echten 250 fps.

Weiterhin kann die Kamera während der Aufnahme keine Belichtungs- oder Autofokusmessung durchführen, zum einen wegen der immensen Datenmengen, die sowieso schon vom Sensor abfließen, zum anderen werden bei einer Kamera üblicherweise 15–20-mal pro Sekunde Belichtung und Fokus gemessen. Das würde also nicht ausreichen, um Schärfe und Helligkeit angemessen anzupassen.

Hast du also den Aufnahmemodus auf HFR gestellt, achte zunächst darauf, dass die richtige Belichtung und Scharfstellung schon vor der Aufnahme eingestellt ist.

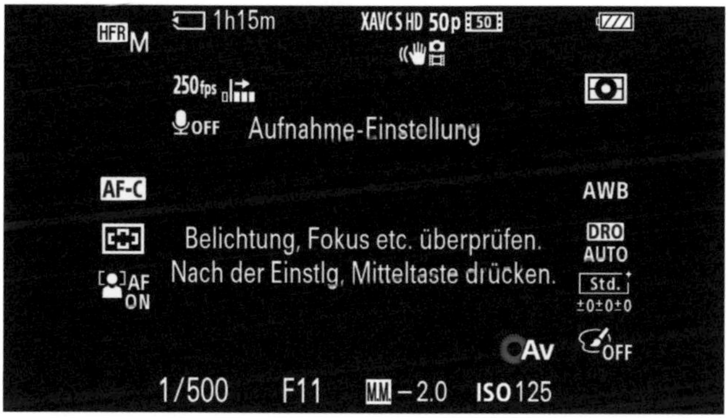

HFR-Aufnahmebildschirm vor dem Drücken der Mitteltaste. Jetzt können noch Anpassungen für Belichtung, Fokus und Zoom vorgenommen werden.

Nun startest du mit der Mitteltaste das Aufnahme-Standby. Jetzt ist die RX10 aufnahmebereit und hat Belichtung, Schärfe und Brennweite festgesetzt.

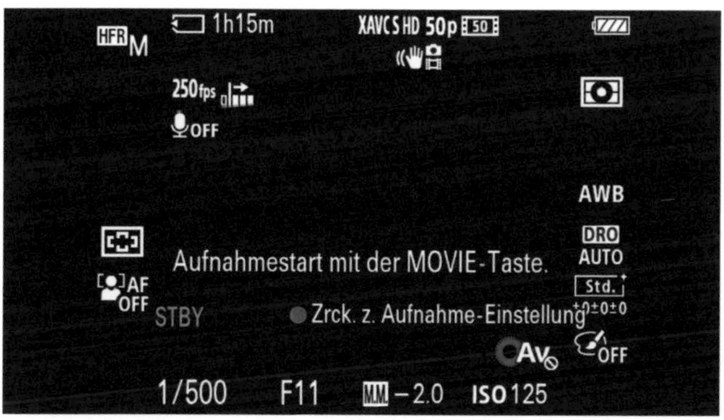

HFR-Aufnahmebildschirm nach dem Drücken der Mitteltaste: Jetzt sind keine Einstellungen mehr möglich.

Jetzt ist der Weg frei für eine eindrucksvolle Superzeitlupe. Es bieten sich viele Situationen an, etwa der Start einer Biene von einer Blüte, die in den Kaffee gegossene Milch oder der sich schüttelnde, frisch gebadete Vierbeiner – deiner Kreativität steht nichts mehr im Wege!

REGISTER

Bibliografische Information der Deutschen Nationalbibliothek
Die Deutsche Nationalbibliothek verzeichnet diese Publikation in der deutschen Nationalbibliografie; detaillierte bibliografische Daten sind im Internet über https://dnb.de abrufbar.

ISBN 978-3-8426-5534-8 (Print)
ISBN 978-3-8426-5535-5 (PDF)
ISBN 978-3-8426-5536-2 (EPUB)

Fotos:
Manuel Quarta, Stefan Gericke
Produktfotos: © 2021 Sony. Alle Rechte vorbehalten.
Stock.adobe.com: Africa Studio; fotos-v, 95; DenisProduction.com, Thomas, 86; koldunova_anna, porntip, 89; Stadtblick Stuttgart, 91; MuhammadSyafiq, 92

Originalausgabe

Die Ratgebermarke der Schlüterschen Verlagsgesellschaft mbH & Co. KG
Hans-Böckler-Allee 7, 30173 Hannover
www.humboldt.de
www.schluetersche.de

Aus Gründen der besseren Lesbarkeit wurde in diesem Buch die männliche Form gewählt, nichtsdestoweniger beziehen sich Personenbezeichnungen gleichermaßen auf Angehörige des männlichen und weiblichen Geschlechts sowie auf Menschen, die sich keinem Geschlecht zugehörig fühlen.

Lektorat: wort & tat, Linda Strehl, München
Covergestaltung: ZERO, München
Covermotiv: Manuel Quarta, Stefan Gericke, Sony
Satz: PER MEDIEN & MARKETING GmbH, Braunschweig
Druck und Bindung: gutenberg beuys feindruckerei GmbH, Langenhagen